U0037912

金剛經宗通

——第二輯

——平實導師 述

ISBN:978-986-6431-37-1

執著離念靈知心爲實相心而不肯捨棄者，即是畏懼解脫境界者，即是畏懼無我境界者，即是凡夫之人。謂離念靈知心正是意識心故，若離**俱有依**（意根、法塵、五色根），即不能現起故；若離**因緣**（如來藏所執持之覺知心種子），即不能現起故；復於眠熟位、滅盡定位、無想定位（含無想天中）、正死位、悶絕位等五位中，必定斷滅故。夜夜眠熟斷滅已，必須依於**因緣**、**俱有依緣**等法，方能再於次晨重新現起故；夜夜斷滅後，已無離念靈知心存在，成爲無法，無法則不能再自己現起故；由是故言**離念靈知心是緣起法**、**是生滅法**。不能現觀離念靈知心是緣起法者，即是未斷我見之凡夫；不願斷除**離念靈知心常住不壞之見解**者，即是恐懼解脫無我境界者，當知即是凡夫。

——平實導師——

一切誤計**意識心為常**者，皆是佛門中之常見外道，皆是凡夫之屬。意識心境界，依層次高低，可略分爲十：一、處於欲界中，常與五欲相觸之離念靈知；二、未到初禪地之未到地定中，暗無覺知而不與欲界五塵相觸之離念靈知，常處於不明白一切境界之暗昧狀態中之離念靈知；三、住於初禪等至定境中，不與香塵、味塵相觸之離念靈知；四、住於二禪等至定境中，不與五塵相觸之離念靈知；五、住於三禪等至定境中，不與五塵相觸之離念靈知；六、住於四禪等至定境中，不與五塵相觸之離念靈知；七、住於空無邊處等至定境中，不與五塵相觸之離念靈知；八、住於識無邊處等至定境中，不與五塵相觸之離念靈知；九、住於無所有處等至定境中，不與五塵相觸之離念靈知；十、住於非想非非想處等至定境中，不與五塵相觸之離念靈知。如是十種境界相中之覺知心，皆是意識心，計此爲常者，皆屬常見外道所知所見，名爲佛門中之常見外道，不因身現出家相、在家相而有不同。

——平實導師——

如聖教所言，成佛之道以親證阿賴耶識心體（如來藏）爲因，《華嚴經》亦說**證得阿賴耶識者獲得本覺智**，則可證實：證得阿賴耶識者方是大乘宗門之開悟者，方是大乘佛菩提之眞見道者。經中、論中又說：證得阿賴耶識而轉依**識上所顯眞實性**、**如如性**，能安忍而不退失者即是**證眞如**、即是大乘賢聖，在二乘法解脱道中至少爲初果聖人。由此聖教，當知親證阿賴耶識而確認不疑時即是開悟眞見道也；除此以外，別無大乘宗門之眞見道。若別以他法作爲大乘見道者，或堅執**離念靈知**亦是實相心者（堅持意識覺知心離念時亦可作爲明心見道者），則成爲實相般若之見道內涵有多種，則成爲實相有多種，則違實相絕待之聖教也！故知宗門之悟唯有一種：親證第八識如來藏而轉依如來藏所顯眞如性，除此別無悟處。此理正眞，放諸往世、後世亦皆準，無人能否定之，則堅持離念靈知意識心是眞心者，其言誠屬妄語也。

——**平實導師**——

目次

第二輯：

第三輯：

第四輯：

第五輯：

第六輯：

第七輯：

第八輯：

第九輯：

自　序

《金剛經》原名爲《金剛般若波羅蜜經》，意爲證得金剛不壞心而產生了實相智慧，由此智慧而到達無生無死彼岸底經典。本經是中國大乘佛法地區佛教徒中，家喻戶曉之大乘經典，在家居士及出家諸僧，多有人以本經作爲日課而持誦不斷者。本經是將大品般若及小品般若的實相教理，濃縮成爲一部文字較少而簡要的般若經典；若再將此經加以濃縮，則成爲二百餘字的極精簡經典，即是大眾耳熟能詳的《心經》，如是亦可證知本經所說的內涵是金剛心，並非解說一切法空。以此金剛心如來藏的實證，能使人看見本來就無生無死的解脫彼岸，由此實證而發起本來自性清淨涅槃的智慧。有了這個無生無死的本來自性清淨涅槃的現觀，知道阿羅漢們捨壽入了無餘涅槃中的境界以後，再現觀此時猶未捨壽之際，自己與眾生的金剛心如來藏，依舊不改其本來自性清淨涅槃的境界，那麼死後入無餘涅槃或不入無餘涅槃，就無所差別了。菩薩因爲如是實證、如是現觀，因此發起大悲心，願意盡未來際不入無餘涅槃，願意盡未來際利樂眾生永無窮盡，不辭勞苦。

然而《金剛經》之宗義，漸至末法時期，由於六識論的凡夫臆想中觀流行於世，同將本經解釋爲一切法空之說，致使本經中所說的第八識金剛心密意全面失傳；縱使有善知識繼出於人間，欲將本經之眞實義廣爲弘傳，亦屬難以達成之目標。由是緣故，必須先將禪宗之開悟實證法門推廣，眾皆信有開悟之事，亦信自身可能有緣開悟，然後教以禪宗之開悟即是親證第八識如來藏妙心之眞義，最後方得以本經之宗義如實闡揚，令大眾周知本經中所說「此經」者，實即第八識金剛心如來藏。然後依金剛心如來藏之清淨自性、離世間相自性、離出世間相自性、離三界六道自性……等，一一鋪陳敷演，得令已證金剛心之大眾隨聞入觀，一一現前證實　佛之所說誠屬眞實語；亦令未證金剛心之大眾歡喜信受，願意盡形壽求證之，以期得入大乘見道位中，眞成實義菩薩。以是緣故，應當講授本經，如實顯示本經之眞實義。

又，《金剛經》屬於破相顯宗之經典，是故講解本經時，除了顯宗以外，亦應同時摧破各種邪見相，令今世後世一切眞正學佛之人，讀後快速遠離各種外道常見、斷見相，亦得同時遠離各種佛門凡夫相。以是緣故，講解本經時，必須於顯示大乘自宗勝法時，同時破斥各種外道相及凡夫相，方能使聞此經典眞實義者同獲大利；由此顯宗同時破相之故，永離無因唯緣論的緣起性空、一切法空邪見，則此一世實證大乘般若實智即有可能。

又，若能如實理解本經中之眞實義，則能深入證實「宗、教不離」之正理，由是得以藉教驗宗、藉宗通教，漸次成就宗通與說通之自利利他功德，非唯自通得以自利而已。從此以後即能爲人解說宗門與教門非一非異之理，則人間有緣眾生即得大利，不久即得因如是善知識之弘化而得實證大乘般若，是故應當講授本經，並應於顯宗之際同時破相，令末法時代佛門四眾同得法利。

又因本經所說皆是直指金剛心之本來涅槃境界，然而未證金剛心之凡夫位菩薩，雖讀而不能現觀金剛心之本來解脫境界，於是不免臆想分別而產生偏差，終究無法如實理解本經中的世尊意旨。爲救此弊，乃出之以宗通之方式而爲大眾講授，是故名之爲《金剛經宗通》；即以各段經文中與中國禪宗互有關聯之公案等，附於每一段經文解說之後說之，藉以引生讀者未來見道而實證《金剛經》宗義之因緣，是故即以宗通方式而作講授。復次，以《金剛經宗通》爲名而講授本經者，亦因鑑於明朝曾鳳儀居士所講《金剛經宗通》並不符實，顯違佛門宗通之智慧，後人讀之難免爲其所誤，以是緣故，亦應於經文中與其有關之處加以拈提，條分縷析而令佛門四眾了知其錯謬所在，不復以其錯謬之宗通註解作爲依止，後日參究眞如本心時，庶能遠離偏斜，則親證本經宗旨即有可能，是故即採宗通方式講授之。今者《金剛經宗通》之錄音已整理成文字，並已略加潤色，刪除口語中重複之贅言，總共達到一百三十餘萬言；今已將之編輯成書，總有九冊，仍以成本價流通之，以利當代學人；即以如是感言及緣起之說明，以爲序言。

佛子　平實　謹序

公元二〇一一年初冬　於竹桂山居

《金剛般若波羅蜜經》

〈無得無說分〉第七

【「須菩提！於意云何？如來得阿耨多羅三藐三菩提耶？如來有所說法耶？」須菩提言：「如我解佛所說義，無有定法名阿耨多羅三藐三菩提，亦無有定法如來可說。何以故？如來所說法，皆不可取、不可說，非法、非非法。所以者何？一切賢聖皆以無為法而有差別。」】

講記：「須菩提啊！你的意下如何呢？如來有得到無上正等正覺嗎？如來有所說法嗎？」須菩提回答說：「如果我眞的瞭解佛陀所說的眞實義理，並沒有什麼一定的某個法可以稱爲無上正等正覺，亦沒有哪個一定的法是如來可以解說的。爲何這麼說呢？如來所說的法，全都不可執取、不可明說，不是法、也不是非法。爲何如此呢？因爲一切賢聖全都是由於同一個眞實無爲的法而有三乘的差別。」

〈無得無說分〉，這是《金剛經》的第七品。上一品中 佛說：「法尚應捨，何況非法。」接著在這一品中又說：「須菩提啊！你的意下如何呢？如來有得到無上正等正覺嗎？如來有所說法嗎？」須菩提答覆說：「沒有一定的哪一個法可以說它叫作無上正等正覺，也沒有哪一個法是一成不變而可以讓如來爲眾生說明。」

這意思在說什麼？這根本就不是在說世間的某一種法或所有法。若是單從字面來瞭解，一定差之千里；因爲這不是意識層面所能理解的意象境界，必須證悟佛菩提以後才能理解。須菩提既要從實相法界來回答 佛的提問，又不能洩露了法界實相的祕密，因爲悟緣未熟的人是不該知道這個宇宙中最偉大祕密的；然而須菩提卻答得很具體，同時又保護了宇宙中這個最大的祕密，也顯示了 世尊智慧的至高無上。也就是說，須菩提實證的空性智慧以及世間法的智慧都很好，他絕對不會自作聰明亂答，所以他講話很小心。

佛問他說：「你意下如何呢？我釋迦牟尼佛有得到無上正等正覺嗎？如來我曾經爲大家說過法嗎？」一般人聽了這話會覺得奇怪：釋迦牟尼佛正是

因爲已經證得無上正等正覺，才會叫作成佛，才會出世度化眾生求證佛法，爲什麼突然間又問了一句說：「我有得到無上正等正覺嗎？」而且明明成佛轉法輪以來，至少初轉法輪的聲聞緣覺菩提都已經轉過了，已經十幾年過去了，已經將近二十年了才開講《金剛經》；明明《金剛經》現在也正在宣講，難道眞的沒有講過佛法嗎？可是現在卻又突然問須菩提說：「我釋迦牟尼有所說法嗎？」當然諸位都知道：佛陀會這樣問，一定是有道理的。因爲 佛是無上正等正覺者，絕對不是精神病者胡言亂語，怎麼可能明明知道自己說法已經十幾年，卻來反問人家說：「我有說法嗎？」明明成佛了，卻問人家說：「我有得到無上正等正覺嗎？」這不是很奇怪嗎？須菩提當然知道這個道理，所以他很小心說話。

面對 佛陀回話時要特別小心，不能隨便亂回答，所以他回答說：「假使我懂得、我瞭解佛陀您所說的法義，以這個前提來說，沒有一個法可以說它叫作無上正等正覺，也沒有一個確定不變的法可以讓如來加以宣說。」這是什麼意思？這就像般若系列的二轉法輪經典常常說的「法無定法」。又說「如來無所得」，因爲成佛是沒有所得的，有所得就不是成佛，只是三界中的有爲法。所以，釋迦牟尼佛成佛以後，臉上不會寫著某某佛的名字，也不會寫著「佛」一個大字在臉上；而成佛純憑智慧，不是憑各種有爲法、有相法，因此也沒有所謂無上正等正覺可說；要從眾生的凡夫境界相對來說，才會說世尊是無上正等正覺。佛說法的時候不會永遠一成不變地說，有時候這樣講，有時候那樣講，所以說「法無定法」。

上週講到〈無得無說分〉第七，說：沒有定法可以名爲無上正等正覺，也沒有一定的法如來可以說它是法界實相唯一的絕待的法。須菩提接著說：「爲什麼會這麼講？那是因爲如來所說的法，都不應該取，也不應該說。」菩薩所悟佛菩提道的這個法，如果要用文字來解釋的話，其實你再怎麼解釋都講不通，也都不貼切。這個法的弘傳最貼切、最主要的還是在中國禪宗，因此，以禪宗的祖師公案來比喻說明這一句經文「如來所說法，皆不可取、不可說」，才是最貼切的。譬如說，有人問雲門禪師：「如何是佛？」雲門回答說：「綠瓦！」淺學凡夫還沒有弄清楚，就認爲綠瓦就是佛；可是明明無情不可能是佛，爲什麼雲門答覆說綠瓦呢？

過後不久，又有人來問雲門禪師：「如何是佛？」這回雲門說：「露柱！」

說是裸露而深插在空地上的柱子。那柱子是幹什麼用的？現代人都不懂，因爲現代人都開汽車而不乘馬。古時有錢人家才可能乘馬，不是很有錢的富人就乘驢子；如果是一般人，那就只能乘五陰自己。以前台灣中部有一句俏皮話說：「要到那麼遠的地方去，身上沒錢，只能搭十一號公車。」十一號（導師以食指、中指向下模仿雙腳走路的動作），這叫作十一號公車，就是自己走路的意思。如果是更沒錢的窮人，那可沒有十一號公車來搭，因爲肩上還要挑擔賺錢。所以，古時候有錢人行旅往來，乘馬、坐驢子，到了客店或者商店前下馬，就要有個柱子給他綁馬、綁驢子，那叫作露柱。前面的人問：「如何是佛？」雲門說是「綠瓦」；過沒多久，另一個人來問相同的題目，雲門卻說是「露柱」。再過一段時間又有人來問：「如何是佛？」雲門老兄竟回答說：「乾屎橛。」就是乾掉的大便；又過一段時間，另外有別人又來問：「如何是佛？」他回答說：「花藥欄。」說是種花藥的欄杆。花藥就是芍藥，很漂亮的芍藥，禪門拿它當作寶貝，所以要用個欄杆把它圍起來，免得有人不識，在未開花時把它當作雜草亂踩、亂摘。雲門竟然說佛就是圍花藥的那個欄杆，他答來答去總是不同。

然後又有人過一段時間來問：「如何是佛？」他乾脆說：「胡餅。」好了！雲門回答了這麼多不同的答案，後來這個胡餅被雪竇重顯禪師拈提了以後，雲門的胡餅就變得很有名了，但他的胡餅不是拿來賣錢的，是專門講給人家聽的。有人來問：「如何是佛？」雲門有時回答說：「胡餅。」胡人所作的餅。雪竇重顯禪師就作了一首頌來講雲門這個胡餅，其中有一句說：「胡餅䂐來猶不住，至今天下有淆訛。」雪竇重顯禪師說雲門這個胡餅，這樣子直直地擲過來，到現在還沒有停下來，然而「至今天下有淆訛」，天下人都還沒有弄清楚雲門的胡餅究竟是什麼意思呢！於是我就說：「胡餅䂐來已千年，時人至今有淆訛。」你們看：雲門禪師的胡餅直直地擲過來，到如今已經有一千餘年了，然而當代的大師與禪人們，對雲門胡餅的眞義還是弄不清楚呢。

如果我們要依台灣的通俗語言來講，現在精確一點來說，應該這麼說：「胡餅䂐來千四年，時人至今有淆訛。」現代海峽兩岸所有宣稱已經開悟底大禪師們，都還是弄不清楚，還有人在雲門的胡餅上面廣作文章，都是情解思惟而亂說一氣；哪一天遇到了眞悟禪師，一定會罵他們：「這些愚癡人，雲門早吃光了，他們還一天到晚在胡餅上壓汁。」直到正覺同修會出現了，終於有人弄清楚雲門那個胡餅究竟是什麼。有時候雲門回答說是綠瓦，有時說是露柱，有時說是乾屎橛，有時候又講花藥欄，有時候又說是胡餅，那麼到底你要認取哪一個答案呢？然而說了這麼多，其實就只是這兩句話：「如來所說法，皆不可取、不可說。」只能從弦外之音聽取。你如果取綠瓦，明天他又說露柱；你如果認為就是露柱，後天他又說乾屎橛，所說並無定法；那到底是什麼？如何是佛呢？雲門就像 佛陀所說的法一樣，其實全都是在講佛、在講如來，都是在講自心如來——此經；但是他可以用很多的語言不著痕跡地講出來，卻是只有已經生起慧眼的人才能聽得懂，所以經中才說「法無定法」。

假使有個人來問我：「如何是佛？」我看他長得矮小，我就說：「長老！您的個頭這麼小！」如果遇到一位世界小姐來正覺會中學佛了，當她來問我：「如何是佛？」我就說：「妳的個頭高，而且生得美！」那我到底是在說什麼？如果你眞的悟了，這都是在講同一個，我都已經告訴你了，已經明講了。可是也許還有誰來問我，我可不一定會跟他講一樣的法；也許張三來問我：「如何是佛？」我就說：「你叫作張三！」王二痲子來了，我說：「你叫作王二痲子！」如果是哪個大法師來了，我就只說：「久仰！久仰！」那我到底是講了什麼？很奇怪！明明就是同樣一個自心如來，爲什麼有這麼多東西可以答？而且眞正證悟底人竟異口同聲說我所講的同樣都是自心如來；所以說，法無定法：「如來所說法，皆不可取、不可說。」千萬別取 佛所說的語言文字，也不要依 佛所說文字來講解。同樣的，禪師們所說法，也都是不可取、不可說的。妳如果取了露柱，明天遇到我，我換別的話說：「妳生得好美哦！」那妳到底該怎麼說呢？所以禪師所說法不可取，你如果依語言文字表面取法了，那你就錯得離譜了。

如果有人問你：「你去見了雲門禪師，他如何告訴你？」你答覆說：「雲門禪師告訴我，就是胡餅。」應對你的人，如果因此就說：「我知道了，佛就是胡餅。」那你該怎麼說呢？你說：「不對！不對！一定不是胡餅。」他要是問你：「既不是胡餅，那到底是什麼？」也許你弄不清楚，邀請了他一起來找蕭平實問：「雲門胡餅到底是什麼？」我卻告訴你：「我也不知道！」「你既不知道，爲什麼就敢上座？在說什麼法？」我說：「就是因爲不知道，所以我才能說法如實。」如果你取了綠瓦、露柱，取了胡餅，取了花藥欄，都錯了；禪師說出來的法，你都不可取；可是在不可取、不可說中，禪師其實已經說了。在不可說之中，諸佛如來都已經說了，並不是沒有說；只是不能在如來所說、禪師所說的那個法—譬如胡餅或者綠瓦—去取、去理解。因爲，如來告訴你諸法的時候，目的不是要你取所說的那些諸法，而是要你取那些諸法所顯示的自心如來。禪師亦復如是，他告訴你綠瓦，不是要你取綠瓦；我讚歎妳生得很漂亮、很美麗，不是要妳取漂亮與美麗；這就是「**如來所說法，皆不可取、不可說**」的意思。

可是眞的全然不可取、不可說嗎？其實也不然！如果要讓大家都懂的話，一句話跟你明講了，你就可以找到你的自心如來了，也不是講不出來。但是我如果爲你明講了（因爲你證悟的緣早就熟了，或者你往世已經悟過而不退轉，只是被胎昧所迷而暫時忘了，才能爲你明講），你還是不能取我那一句話，因爲你也絕不會取我那一句話，你會在聽了我那句話以後，直接就認取你自己的自心如來。所以禪師跟你講很多的東西出來，甚至講出的有些東西，你根本就無處找；譬如有人問雲門：「**如何是佛？**」他回答說：「**東山水上行！**」東山竟然會跑到水上行走、跑到水上移動；世間有這回事嗎？當然沒有。也許有人又來問，他可能會告訴你：「石上無根樹！」說是種在石頭上而沒有根的樹。也許他跟你又講另外一種：「海底泥牛行！」泥巴捏成的牛在海底走路，你見過沒有？你去問那些潛水伕們，他們一定也都沒見過。可是當你眞正開悟了就見到了，原來眞的還有「海底泥牛行」的說法，所以後來悟了就爲人說：「所謂海底泥牛行，即非海底泥牛行，是名海底泥牛行。」能夠通透中國禪宗這一著子，才能叫作開悟；這才叫作懂得般若，否則都是夸夸其談，言不及義。那麼到底你應該取哪個呢？你要取的其實不是「綠瓦」，但是就在雲門回答「綠瓦」之中；後來等你找到自心如來的時候，當然就知道《金剛經》的講經公式，你就會說：「原來雲門講的綠瓦，不是綠瓦，才是他講的綠瓦。」眞的破本參了，你會拍案叫絕：「雲門講得太好了！」

所以說，佛法—眞正的佛法—不是法，也不是非法。這就像道教的《道德經》講的：「道可道，非常道；名可名，非常名。」老子還眞會掰。可是他這兩句話掰得很好，眞的有道理；不因爲他不是菩薩，就說他講的全都沒道理；問題只是他純憑思惟而這樣說，因爲他瞭解：道理一定是如此的。只是還沒有親證罷了。眞正的道，就是自心如來；祂是可以講得出來的，但是當你講出來時，所講的已經不是那個道。你可以把這個道稱爲如來藏、阿賴耶識、大梵、眞我、如來，你怎麼稱呼祂都可以；但是當你講出來那個自心如來時，其實並不是外道所講的大梵，也不是錯悟者所謂的眞如、眞我，其實你講的就是你的自心如來。可是當自心如來的名稱被講出來時，這已經是名詞了，卻不是你所悟的自心如來了；所以你如果找到了，你就不再取自心如來這個名字，就是不取法了。

佛在《楞伽經》中說：我如來廣有多名，有無數名。其實，外道所講的大梵、因陀羅，套一句現在比較現代的名詞叫作造物主、上帝、大梵天，是能生有情及萬物者，講的都是「我」、「自心如來」；而外道們都無法證得這個大我、如來，都是依想像而施設建立、而爲世人亂說一場。可是自心如來到底是哪個？你如果好奇，現在站起來請問：「**自心如來是哪一個？**」我當然不能跟你明講，免得害你知道以後智慧還是生不起來，將來反而可能因此謗法。然而你已經大老遠跑到正覺講堂來問了，我就正經八百告訴你：「**是自心如來！**」這不是開玩笑，我眞的已經告訴你了。你如果有一天眞的證悟了，就會聽懂了，因爲你聽到弦外之音了，這時候你才會眞的懂：**原來那個**

自心如來、那個如來藏並不是一切法，一切法是從祂所生，祂不屬於一切法；祂不攝在一切法中，所以祂不是法，你當然不能說祂是法；從祂所生的才能叫作一切法，可是能生諸法的祂並不是法。

但你悟後還是會再回過頭來，說祂不是法、說祂「非法」；可是被生的蘊處界及三界萬法又明明跟祂同在一起，諸法都是祂所生，依附於祂而運轉，也不能夠說祂不是法，所以又叫作「非非法」。可是不管你說祂是什麼，都不對，因為你說的那個顯示給人家聽得懂的語言，都已經不是祂了，所以禪師問他的徒弟說：「你悟了那個，你要叫祂作什麼？」徒弟回答說：「說似一物即不中。」不管你叫祂作什麼都已經是假名，都已經不是祂了。你只要找到祂、領受祂並且運用祂就夠了，你何必一定要跟祂安個什麼名字呢！安立假名的目的只是為了讓眾生容易聽懂，容易證得祂、找到祂，所以安立的名字本身都沒有意義。所以 世尊說祂有無量名，如果是婆羅門來請法，祂就跟婆羅門開示說：「我叫作祖父。」說這個「我」是你的祖父。因為婆羅門認為所有人都從祖父出生，因為父親也是從祂而來，他是父親的兒子，所以他們就把能生各人五陰的「祂」叫作祖父。可是如果為了度那個婆羅門入佛門，讓他知道說祂其實不是他們想像中的祖父，所以當婆羅門問說：「你是乾闥婆嗎？」「不是。」「你是鬼嗎？」「不是。」「你是神嗎？」「不是。」「那你大概是我的祖父？」佛卻說：「我也不是祖父。」「那你是誰？」「是『佛』。」那麼婆羅門就懂了，於是成爲佛弟子，後來證悟而成爲實義菩薩了；所以說：「無有定法如來可說」。

如來所說的法，你如果聽了以後取法，就落在現象界一切法中；可是你如果悟前就不取法，那麼你在佛菩提道中根本就悟不了般若。那時該怎麼辦？當然還是要去取。雖然要取，然而不是要取佛所講出來的諸法名言，而是要去聽出佛所說的弦外之音：到底這些法講的是哪個？當然是自心如來。可是自心如來是哪一個呢？那就是你自己的事情了。佛負責宣講，禪師也負責指導，我也負責宣講及指導；但是應該如何去取證祂？可就是你自己底事了。因爲我已經講了很多遍了，也直接把祂告訴你了。然而有一天，當你眞的悟了，你一定不會取法，也不會再取非法；所以，取法也不對，取非法也不對。

從另一方面而言，說祂「非法」也可以說是正確的，因爲祂確實不是世間的一切法；可是說祂「非非法」也是同樣的道理，還是正確，因為祂確實存在。可是你如果說祂非非法，那到底祂又是個什麼？所以取法與取非法都不對，然而在不對之中，你卻要先取法——證悟祂，然後再取非法——現觀祂所生的一切法生滅無住，你才能正確判定：什麼是法，什麼是非法。判定了法與非法，於是轉依如來藏的不取法也不取非法，這時才知道錯悟大師們的落處，於是對那些錯悟底大師們說：「非法，你講到的非法是錯誤的；非非法，你講到的非非法也錯了。」可是你知道他們錯在哪裡以後，人家來問你如何是佛，你回答說：「非法。」就對了。如果再有人來問你：「如何是非非法？」你回答說：「非非法。」那也對。只要你眞的悟了，怎麼回答都對；因爲當你回答「非法」或「非非法」時，你所講的並不是「非法」，也不是講「非非法」，已經是在告訴對方如來藏的所在了；只要他聽懂了如來藏的所在，他就會懂「非法、非非法」的眞義。可是對方若還是聽不懂，那就是證悟的因緣尚未成熟。

爲什麼說「不可取、不可說，非法、非非法」呢？須菩提又解釋說：「一切賢聖皆以無爲法而有差別。」既然同樣都證得無爲法了，應該是一樣而無差別才是，爲什麼在佛門中的賢聖們同樣是證得無爲法了，結果竟然會被區分爲三乘賢聖的不同呢？這一點，你們來正覺學久了，聽我講經時也聽多了，當然就會懂。在二乘菩提中，聲聞人是只管現觀蘊處界自我的虛妄，這是他們親證的無爲法；因爲他們相信 佛所說的「**滅盡蘊處界而入涅槃時，還有一個本識常住**」，不是斷滅空，所以他們捨報時願意滅盡自己，不再有未來世的自己，把自己永遠滅盡了——不受後有。這時只剩下他自己的自心如來離見聞覺知而常住，永遠不再出現於三界中而不是斷滅空無；這就是聲聞菩提，他們的無爲法就是這麼修的。

證得緣覺果的阿羅漢，或者是證得獨覺果的辟支佛，他們則是去推求苦的由來是因爲有名色，最後推求名色的由來，想要離苦而不受後有，所以從生老病死等苦去往上推；推到最後，所有的痛苦根源都是因爲有名色，假使可以沒有名色就沒有痛苦了。老子有一句話很有名：「**吾所以有大患者，爲吾有身。**」說他自己覺得最大的災患，就是因爲有這個色身。這句話雖然講得很好，可是問題來了，沒有了色身時就是常住的涅槃嗎？他還是不懂這個道理呀！假使有一天，你遇到誰是老子再來，因爲他沒有辦法出離三界生死，當然還得要再來人間，跟諸位一樣是再來人（你們都是再來人，只是上輩子有沒有證悟的差別而已，所以每一個人都是再來人。如果遇見了一條狗，你說：「你是再來狗。」因爲牠確實也是再度受生而來人間當狗的。所有有情都是重新受生再來的，差別只在過去世有沒有開悟）；當你遇見了老子再來，你就問他：「你要怎麼樣才能夠沒有色身？」我想他還是答覆不了，除非他懂得無色界的境界，才會告訴你說：「我只要證得四空定，就不會再有色身了；下輩子就無身了，吾之大患就消失了。」你就告訴他：「汝之大患仍存。」

爲什麼他的大患還存在？因爲那境界還是生滅法，不外於識陰的生滅無常。你告訴他說：「受生到無色界天兩萬大劫，四萬、六萬、八萬大劫而不中天的話，過足了壽算劫數，還是要下墮到人間來；那時下來可不一定當人，那正是汝之大患。」老子這時候才會知道：原來滅了色身以後我未來還有這個大患，那要怎麼樣才可以沒有大患？他當然會問你：「請問：你沒有『身』之大患、『心』之大患嗎？」你說：「我沒有呀！」他說：「你明明有身，色身有生就必定會滅。」你說：「雖然色身有生滅，滅了以後我可以再取另一個身；可是在我色身的生生滅滅之中，我卻還有一個不生滅的，因此沒有大患。但是你去求無身的境界作什麼呢？在有身當中自有無身，這個無身絕諸大患，乃至一切小患皆離。」你就這樣告訴他，那他會再請問：「我如果跟你學，是要學哪一種菩提？是聲聞菩提、緣覺菩提還是佛菩提？」你告訴他：「隨便你要學哪一種，我都可以教你。」那就要弄清楚三乘菩提的差別了。

所以告訴了他聲聞菩提之後，接著要告訴他：「如果你修緣覺菩提，就要從八苦、三苦等痛苦開始往上追，追到最後，痛苦原來是從名色而來，那就是你以前講的：吾之大患在於有身。可是你還欠說了一樣，應該加上一句：吾之大患在於有名。名就是受想行識。你只知道身是大患，不知道名也是大患。」他這一聽，懂了。可是從聞慧、思慧而知道要離開這些大災患以後，那該怎麼辦？你就教他去探討一下：「你這個名與色是怎麼來的？是從虛空忽然而有的嗎？還是像孫悟空一樣從石頭縫裡蹦出來？或者你認爲有一個造物主造了你？或者說你是盤古開天開出來的嗎？你得要自己詳細推斷看看。」他推斷到後來，一定會說：「那我知道，我一定是另外還有一個心，那個心是我從來都不知道的，我那個心出生了我的色身及覺知心等。」因爲虛空無法，不可能出生老子；因爲那石頭是無情，無情不可能出生有情：「至於人家說的造物主，自從我老子重新轉生到人間來學了好多哲學，那些哲學家都在追問：『上帝在哪裡？』竟然沒有一個人找得到造物主，原來造物主是不可實證的，那當然應該是我自己的另一個心出生了我這個名色，而那個心，我依舊找不到。」你就告訴他：「對了！你講的這個心就叫作本識、入胎識、阿賴耶識、如來藏，就是將來成佛時的無垢識，你要想辦法去找出來。」他自己能夠推斷出有這麼一個本識，他就可以去觀行十二因緣，因此把識陰的種種行滅了，不想再有識陰自己；意根接受了，我執斷盡就可以捨壽入無餘涅槃，再也沒有他所說的大患了！這就是緣覺菩提，辟支佛就是這樣悟了緣覺菩提。

佛菩提呢？佛菩提不一樣。前面兩種人：第一種是聲聞聖人，聽聞而相信 佛說的另有一個本識出生名色，當名色全部入滅以後還有本識常存，不是斷滅空；因此可以無所恐懼而斷盡我執，出離三界生死。第二種是緣覺聖人，生在無佛之世，不必經由別人開示，他自己推斷出一定是有一個本識，才能有這個名色引生的十因緣、十二因緣法；因此他也願意滅盡自己而不受後有，捨壽時滅盡自己而取無餘涅槃。第三種賢聖可就不一樣了，這些人都是菩薩摩訶薩；菩薩並不是像聲聞聖人只是相信，也不像緣覺聖人只是推斷確定，而是要親證那個本識的實際存在；菩薩得要把本識找出來，必須現前觀察：果然我的色與名，都是從我自己這個本識中出生的；原來我的色身不是父母製造出來的，而是我的本識製造出來的，而父母只是提供因緣、提供環境給我的本識來製造我的色身；製造出色身以後，本識就可以流注出名等種子，於是就會有我的覺知心出現來運作了。這樣證明自己的五色根與五塵，證明自己的意根與法塵，證明自己的六識及受想行都是由本識所出生，那個本識就叫作自心如來；而你已經親證，確實現觀而知道了，生起實相智慧而有了中道的現觀，乃至進修一切種智，那你就是證得佛菩提，就成爲菩薩摩訶薩了，已經不是聲聞或緣覺了。

所以，這三種行門同樣都是無爲法，可是因爲無爲法的修證內容不同就有了差別；因此，同樣是修無爲法，有人成爲阿羅漢，有人成爲辟支佛或緣覺，有人成菩薩、成佛；之所以會有三乘聖人的不同，都是因爲無爲法而有差別。所以說二乘聖人不證如來藏，只有菩薩追隨佛陀修學才能證得第八識如來藏。證了如來藏以後讀《金剛經》就懂了，至於能不能像我這樣演說，那卻是另一回事，但是你一定會讀得懂。等到讀懂了，才知道說：「原來以前是自以爲懂。」那眞的是自以爲懂，還不是眞的懂；如果硬是要講「懂」，那就叫作懵懂，不是眞的懂。可是除了二乘人不證如來藏以外，大乘法中有好多人學禪甚至於還打禪；禪竟然可以打！所以就有人打禪二、打禪三、打禪五、打禪七，還有人打四十九天的禪，可是打完了以後公案還是不通。照理來說，打禪打完又被印證了以後，應該已經有禪了才是；既然有禪，那他們打到禪、打完禪了，禪宗祖師開悟的公案應該就會讀懂了，因爲禪宗祖師開悟底公案眞正是禪。禪宗祖師們悟得般若的那些公案，他們現在既然也悟了，應該同樣可以懂才是；結果竟然還讀不懂，那就表示他們悟錯了，就是還沒有禪。

可是有的人根本不曾悟過，連「悟錯」都沒有經歷過；那麼這兩種人——悟錯跟沒有悟——一直都悟不成，其實他們可以再分成三大類。經中有講過，有三種人沒有辦法悟得如來藏：第一種人叫作「身見有情」，他們具足身見。身見有情一定會把識陰認作是常住不壞的自我，譬如藏傳佛教雙身法中的樂空雙運覺知心，是三界中的最粗意識夾帶著前五識；又譬如欲界六塵中的離念靈知心，也是粗意識；又譬如無色界中的非想非非想定中的覺知心，那是一切意識中的最細意識，全都不離身見的範疇。這些具足三縛結、具足身見的人，被身見所繫縛；這個身見，又名薩迦耶見；是認為色身實有，受想行識的功能實有，認定自己是眞實的存在，這就是身見。具足身見的有情在參禪的時候，他找來找去，永遠都會落在身見中，總是錯把識陰中的某一部分認作是常住的自心如來，認作是眞實不壞底「法」，誤認為就是本來面目。因為他沒有辦法把身見斷除，所以常常會誤認識陰中的某一個法，或者甚至於有人認為識陰六識的自性，或者受想行三法，就是自己的自心如來或常住佛性。這些就是身見有情，都沒有辦法證得自心如來。

第二種人叫作「顚倒有情」，顚倒有情有四種倒：常倒、樂倒、我倒、淨倒。把非常的法誤認為常，所以他悟不到眞「法」——自心如來。把非樂的、與苦相應的法，不管那個法是屬於受陰、想陰或者識陰，誤認為常住不壞的法，自以為樂，這就是樂倒。把無常故無我的五陰諸法，誤認為是眞實不壞的自心如來，這叫作我倒。最後一個淨倒，是把不淨法當作清淨法，這叫作淨倒。譬如說意識心，不論是最粗或最細的意識心，明明就是不淨的法，一天到晚人我分別不斷，看見美麗的女性就要盯著她瞧，看見英俊的男性就會盯著他偷偷地瞄；還怕被人家知道，懂得不好意思而偷偷地瞄，這就是意識。意識從來不淨，結果他竟誤認為是清淨法，那就是淨倒。所以有這四倒的人都無法證得如來藏，這就是說顛倒有情不可能證得如來藏。

最後第三種人叫作「空見有情」。空見有情，現在的具體代表者是誰？諸位都很清楚，印順法師等一類人就是空見者，可是他的空見裡面卻還夾雜著常見。只要有人告訴你：「般若經的意思，我知道了，就是一切法空，所有法全部緣起性空。」你就知道：他不可能證得自心如來，永遠不懂「此經」。因為他是空見者。假使不承認有本識常住，說一切法空就是佛法，他就是空見者；當他不承認有一個第八識常住的時候，就不可能去參禪尋找第八識自心如來，所以他當然不可能開悟，永遠與般若智慧絕緣。

這三種人都落在名色之中，他們的知見都不能外於名與色，因此說這三種人——身見有情、顛倒有情、空見有情，都不可能證得自心如來。所以將來你們假使遇見有人是這三類中的一種，或者甚至於他根本就是具足這三類邪見，你就知道對方不管名聲有多大、徒眾有多廣、道場有多麼偉大，他還是未證自心如來的凡夫，同時也一定是未證聲聞菩提的凡夫。所以，想要證得自心如來而通達般若，必須先斷這三種邪見。斷了這三種邪見以後才能證悟自心如來，證悟自心如來以後，凡是有人問佛法大意，你不必出口成章，隨便講都對；不必跟那三種人一樣落在經論中嚼文字穀，回答他們的請問時，不必跟他們一樣來那一套文謅謅的說法。

這就是說，三乘無為法的內涵是不同的；所以同樣修證無為法，有所證以後，會成為不同的賢聖。但是，末法時代有許多人根本不是賢聖卻自稱為賢聖——完全不與無為法相應卻自稱賢聖，你們就問他：「請問大師，如何是佛法大意？」他會質疑你：「你問這個作什麼？」你就告訴他：「你自己已經答了，你知道嗎？」保證他惱羞成怒破口大罵，給你顏色看；可是你別管他會不會惡形惡狀，你只要再一次告訴他說：「你自己答了，你知道嗎？」然後轉頭就走，不必等著看他的顏色。不論他想要給你什麼顏色，你都不必接受，轉頭就走。所以，般若的威德就在這裡，饒他是阿羅漢、辟支佛等三界應供，也拿你無可奈何，這就是佛法般若的勝妙處。所以古時還有阿羅漢的時候，他們為什麼要來中土找中國禪師呢？那阿羅漢可以凌波而行，中國禪師卻不行；可是他們還是要信服及讚歎中國禪師，因爲禪師的智慧不是他們所能想像的。所以般若智慧，《大般若經》有六百卷，中如中品的般若經或者小如小品的般若經，乃至《金剛經》再濃縮到《心經》那麼短，都不是二乘聖人所能思議的。《大般若經》總共有六百卷，已經講完了，佛陀卻說祂是無得無說，這道理又在哪裡呢？諸位來正覺同修會聽經那麼久了，當然知道這個道理在哪裡；但是，要怎麼去證實祂？這才是重要的。

可是你想要證實祂時，卻必須要從禪淨班一步一步去熏習，因爲先要讓你離開不能證得如來藏的三種有情之類。當你已經不再成爲身見有情、顛倒有情、空見有情的時候，接下去最後半年再告訴你要如何參禪，你聽了以後就有了方法可行。當你離開那三種有情邪見的時候，你就有了方向；這樣一來，有方法也有方向，想要不悟還眞的很難呢！諸位來到正覺同修會裡，其實是在創造紀錄；正覺這個紀錄不會去找金氏世界紀錄來記錄，因爲那個是世間的無常之法，沒有意義。但是諸位將會在佛教史上成爲紀錄中的一分子，因爲有史以來，除了佛世以外，佛教道場中明心的人數最高紀錄已經被我們打破了，並且未來還會再繼續增加。

所以你們來到正覺法會中，親教師們負責的就是讓你離開三種有情之類；並且最後半年給你方法，讓你知道如何尋找你的自心如來。兩年半結束了，還得要去打禪三，那時我只是從背後踢你一腳，把你踢進門而已；因爲聞熏修習兩年半以後，你已經準備好了，我只要補踢一腳就好了，那叫作臨門一腳。那時你如果問我：「如何是佛？」我就告訴你：「臨門一腳！」講了這麼多，到底聽懂了沒？聽懂的人就會說：「過癮！過癮！」證得如來藏以後一定聽得眞過癮，可是還沒證以前，就有一點像悶葫蘆。那也沒關係，這悶葫蘆悶久了，總是會爆開，一旦爆開就證悟了；將來你就把那個爆裂後的悶葫蘆，掛在虛空中。這就是你這一世來到正覺法會中學佛，至少要達成的第一個目標。

事說上面我已經講了這麼多，其實已非正式地摻雜了一些理說，也非正式地摻雜了一些宗說。接著我們再來正式講一講理說，這〈無得無說分〉，傅大士頌曰：

「菩提離言說，從來無得人；須依二空理，當證法王身。
有心俱是妄，無執乃名眞；若悟非非法，逍遙出六塵。」

講得太好了！到底是誰講得太好？傅大士已經過去了，他講得太好嗎？也許有人說：「不！是你蕭老師講得太好！」問題是，這偈是傅大士寫的，怎麼會是我講得太好呢？那就只剩下一個答案說：「傅大士也講得好。」當然，也會有人說：「蕭老師也是講得好。」因爲沒有人幫你證悟以前，這首偈究竟是什麼處講得太好，未必有人眞的知道。然而好在什麼處？這就是諸位要探究的地方。傅大士的頌說：「眞正的菩提是離言說的，」由於這句話，就有許多人想：「我知道了，我們只要一念不生，心中沒有語言文字出現，那就是眞的證菩提了。」好極了！這樣一來，證得未到地定的人也算開悟了。所以台北有一位很有名的教禪的大法師書中就寫：「未到地定也可以算是開悟。」可是問題來了，那些已得未到地定的人，爲什麼公案都讀不懂？包括他自己。他們不是自稱開悟了嗎？應該要懂禪宗祖師證悟底公案呀！爲什麼都不懂？這就是個大問題。所以說覺知心離開了言說時仍然不是開悟，因爲覺知心離開言說的時候其實沒有眞的離開言說，因爲還是時時都能聽懂別人言說的意涵；必須是離見聞覺知的心，才可能是眞的離言說底心。譬如說，當你一念不生底時候，別人冷冷地罵一句話：「你這個人不知好歹！」他也沒有大聲罵，就這麼輕輕一句話，你覺知心馬上生起氣來了！可是心裡又想保持一念不生，卻不能開罵，那時只好漲紅了臉，額頭上青筋暴脹。請問：「這離念靈知跟語言相應不相應？」相應呀！心中沒有語言文字還是跟語言相應；這樣的菩提（菩提就是覺），這樣的覺、這樣的菩提，還是不離言說的；依傅大士所說，只能說是妄覺而不是眞覺，當然不是眞正的菩提。

江湖上不是有一句話嗎：「一招半式走天涯。」演歌技藝界也有一句話說：「一首歌唱遍天下。」台灣早期就有這樣的歌星，他只會唱一首歌，去到哪裡都唱那一首歌。這一招諸位可以仿效，你就用「菩提離言說」這五個字來辨正一切開悟者就行了。不管誰說他自己開悟了，你就跟他說：「傅大士講『菩提離言說』，你認爲對不對？」他說：「對呀！對呀！對呀！就是離念靈知呀！」你就告訴他：「離念靈知離言說嗎？」他說：「對呀！離言說呀！」「請問：你現在是不是離念靈知？」「是呀！」「你有沒有言說？」「有，可是我等一下沒有言說，那就是菩提了。」「你這樣忽然有言說，忽然沒有言說，那就忽然是菩提，忽然又不是菩提了。那麼你的菩提正是生滅法嘛！好像有問題喔？」

所以傅大士這一句偈，難倒多少大師，也就在這裡啦！問題是你會不會用這一招？你如果會用這一招，遇見什麼大師都可以跟他講：「傅大士說『菩提離言說』，你開悟證得的心必須是從來都離言說的。」他說：「我如果都不跟你講話，我就離言說了。」那你就請求他：「好，現在起，你都不要跟我講話，我也不要跟你講話；那這樣子，算不算是菩提？」「算。」「好，那就現在開始吧！」才剛開始不說話時，你就說：「這個傻瓜！上我的當了，還不知道。」如果他還沒有反應，你就接著說：「你這個笨蛋！我已經把你捉弄好一回了，你都還不懂。」他終於忍不住：「你爲什麼捉弄我？」眞的忍不住了。你說：「你剛才一念不生時是離言說，還是不離言說？爲什麼我講的言說，你一念不生時都能聽懂？這不是與言說相應了嗎？怎能說是離言說的眞覺之心？」你就用這一招，走遍五湖四海，管他什麼名山不名山的，你照樣把他的禪館踢倒。般若的厲害就在這裡啦！你只要證得自心如來，從證得第八識自心如來的智慧境界中來應對，不論哪一個招數，你都可以用；隨手拈來，都是要命的招數，沒有對方活命之處。

「菩提離言說」，意思到底是什麼？那就要探究。一定是從來離六塵，不在六塵中運作的，都不跟六塵相應的，不領受六塵的，那才能叫作眞菩提——眞覺；所以只有第八識如來藏，才符合這個菩提的定義；連意根都還不行，何況是意識呢。當你睡著無夢的時候意識滅了，意根雖然不與語言相應，可是當你醒來、意識出現的時候，你的意根立刻就跟語言相應了，所以意根的了知性顯然仍不是眞實菩提。那到底什麼才是眞菩提——眞覺呢？只有如來藏名爲自心如來，這個自心如來的知覺性是在六塵外，不像意識與意根是在六塵中的，這樣的眞覺是永遠離言說、永遠都不曾與言說相應過的，這才是眞菩提——眞覺，因爲祂自從無始劫以來都是不與言說相應，自始至終都是離言說相。

「菩提離言說，從來無得人」，這個菩提心，從來沒有人得到過祂。有誰曾經得到祂？都沒有。也許有人說：「你蕭老師不是說你證得這個菩提心了嗎？怎麼又說沒有得到祂？」答案很簡單：因爲你本來就已經有祂，悟前就已經有祂，只是沒有找到祂而已，悟後怎麼可以叫作「得」？開悟時，你只是把祂找出來，那還是你本有的。又不是說：你本來沒有祂，現在開悟所以才有了，那才能叫作「得」。可是這個眞覺、眞菩提心，是你開悟之前本來就已經有的，開悟時只是找到原本就有的眞覺之心，你哪裡有得？如果本來就有的，後來你找到了就算是有得，那麼世間的邏輯就得要推翻了。譬如說，你有一億元存款放在銀行，有一天你忽然忘了，因爲你太有錢了，有好幾百億元，於是把那一億元給忘了；有一天突然想起來說，原來我在某一家銀行還有一億元零錢，於是把它領出來用。這時你能不能夠說你得到一億元？不行。因爲你本來就有那一億元，誰也拿不走，自始至終都是你本有的。所以你後來把它找到了，那時依舊不能叫作有得。

同樣的道理，你無始以來忘記了祂，忘得乾乾淨淨；後來學佛而沒有找到祂，剛開始學佛時你也不知道自己有祂；終於學禪而遇到善知識，人家告訴你說：「**你有這樣一個眞菩提心。**」你說：「**在哪裡？**」善知識說：「**趕快去找。**」有一天終於懂得如何參禪，知見也正確了，於是參禪很久以後找到了。譬如有人歷盡千辛萬苦才找到，又如有人從美國回來台灣找，也找到了；有的人從澳洲回來台灣找，也找到了；有的人是從大陸前來台灣找，也找到了；還有人是本來住在台灣，就比較容易找到了。那麼找到了眞覺之心如來藏的時候說：「**原來我的眞覺在台灣。**」可是他找到了以後總得要回美國、回澳洲、回大陸，當他們回到住家時說：「原來在美國、在澳洲，也在大陸。」那麼眞覺－眞菩提－到底是在哪裡？結果是十方世界都是祂。當你去到極樂世界時還是祂，那時你就說：「原來祂也在極樂世界。」所以說祂是遍十方界的，五湖四海都有祂；你走遍了太湖、鄱陽湖等五大湖，全都看得見祂。甚至於說：「走遍中國五湖還是不夠啦！我到加拿大去看安大略湖。」你去那邊找，原來祂也在安大略湖。有沒有呢？有呀！你去安大略湖找祂，祂還是在安大略湖；然後你回來台灣找祂，原來祂也在台灣。

所以有人問這個菩提心，結果長沙禪師答覆說：「四海五湖皇化裏。」說五湖四海都是在皇帝老子的治化之中，皇帝就是講自心如來。若是像我們這樣以眞覺的法義來講「心包太虛」就對了，可是像古時高麗國的釋知訥禪師那樣落入意識離念靈知之中，教人息卻語言文字妄念而主張「眞心息妄」；再以離念靈知意識心來跟人家說「心包太虛」，那可就大錯特錯了。話說回來，也許你在台灣正覺同修會中參禪參得很久了，有一天厭倦了，你說：「我不學了，反正我是參不到的；我要離開正覺同修會，乾脆移民外國去。」好了，移民去到加拿大說：「我選個好山水住下來吧！」在安大略湖邊安居下來，每天好好地生活著；有一天突然悟了，卻說：「原來眞菩提在安大略湖。」接著又跑回台灣正覺會裡來，又說：「既在安大略湖，也在正覺。」眞的好奇怪！心裡好高興地說：「原來只這一悟，就得到如來藏了。」可是得到以後想一想，又沒有得；因爲祂本來就在：「本來就是我所擁有的，我從來不曾失去過祂，只是不知道祂在哪裡罷了。」所以傅大士說「從來無得人」。

可是當你想要證得法王身，就必定「須依二空理」；不依二空之理，是無法證得法王身的。二空講的是人空與法空，二空如果能夠瞭解，就不會成爲剛剛講的不能證自心如來的三種有情；因爲一定會遠離離念靈知的人我，知道如何是人空。離開了人空，也離開了法空，不要去把人空當作是眞實法，也不要把一切法當作是眞實法，也瞭解眞覺是沒有人我性的，而祂所生的蘊處界等一切法都是緣起性空，不落入所生的一切法中，這樣才能證得法王身。可是不把人空與法空所說的無常底人與法當作眞實法之前，卻要先去瞭解什麼是人空與法空；不要錯把五蘊中的某一個我當作眞實法，也要確實了知五蘊的一一蘊、十八界的一一界、每一法的一一法都是虛妄的，要先了知人空與法空。了知人空與法空以後，參禪求覓眞覺如來藏心的時候，才能證得如來藏——自心如來，這就是證得金剛心法王身。證得法王身的時候，依法王自己無境界的境界而安住下來時，就沒有人空與法空可說了；因爲「菩提離言說」，自心如來的境界中哪裡還會有人空與法空可說呢，當然也沒有證得人空與證得法空的能證之我可說。

傅大士接著說：「有心俱是妄，無執乃名眞。」所以只要誰證悟了，說他證得一個心，那個心絕對是眞的，永遠都是在六塵中了了分明的，那就是出問題了！因爲自心如來，你不能說祂是覺知心；你如果說祂是覺知心，那一定跟眾生一樣都落在識陰中；可是你若要說祂不是心，偏偏祂又能生萬法，怎能說祂不是心？可是，如果你證悟的時候，發覺所悟的那個自心如來是心，也就是說祂能見聞覺知，能了知語言、了知六塵，那麼這樣也都是虛妄的：「有心俱是妄。」只有從來都無執著的，不自覺自己存在著，所以也不知道有自己存在的這個第八識自心如來，才能說祂是眞實法。

可是當你講出這一句話時，那些大法師們可高興了：「我從來都不執著我有這麼多徒弟，我從來都不執著我的道場這麼大。」他顯然誤會你的開示了，那時你可以請問他說：「你執著不執著你自己？」他說：「我對自己也不執著。」（平實導師舉手作了一個打巴掌的手勢說）啪！你突然給他一巴掌，這時候他質問說：「你爲什麼打我？你好大膽！」你說：「我沒有膽，你也沒有膽，你知道嗎？那個沒有膽的，才是眞覺、才是無執。」他質問你：「爲什麼？」你就告訴他：「因爲你身中那個本來就沒有膽的，祂並不知道我打了你；不知道我打了你的那個『你』，根本就不執著、不生氣，祂才是眞正的無執者。」他如果有證悟的法緣，就會立刻禮拜你，求你教導他。他如果無緣，就會罵你：「精神病！」你就回答說：「罵得好！」可是你要附帶一句話給他：「你知道爲什麼我說你『罵得好』嗎？」管保他不知所措，因爲他一定聽不懂你的言外之意。所以，眞正的無執者是什麼心？世間人普遍弄錯了，上從大法師、大居士，中如小法師、小居士，下到初學禪者，全都弄錯了，總是執著自己而口稱沒有執著。傅大士早就洞悉這些凡夫大師們的落處，當凡夫大師們宣稱他們證得一個心，自稱沒有執著了，傅大士卻說：「有心俱是妄。」凡夫大師們說：「我都沒有執著，所以我開悟了。」傅大士卻說：「無執乃名眞。」意思是說，你們這些大師們還是有執著。

「若悟非非法，逍遙出六塵」，可是畫龍點睛，就在最後一句中點出來了。如果能夠悟得非法也非非法的那個，《金剛經》中把祂叫作「此」；悟了「此」，就可以「逍遙出六塵」，你就不在六塵境界中了。也許大師們會覺得奇怪，心中懷疑：「你說謊吧！你看那些禪師們的公案，明明一個一個都在六塵中，因為他們都看見了人、都跟人家講話、都聽見聲音，怎麼你可以說他們已經出六塵？譬如你蕭老師現在說開悟了，你不是也聽見我講話，不是也看見我嗎？當我問你的時候，你還會回答我的問話，明明還是在六塵中，怎麼能說是出六塵呢？你說謊！」你就告訴他：「我在六塵中出六塵。」世間人聽了絕對不懂：「這不是在打啞謎嗎？不然你就是睜著眼睛說瞎話，有看見竟說沒有看見，明眼人竟說自己是瞎子。」可是禪師確實是如此，證得如來藏以後，讓如來藏繼續離六塵，同時讓五蘊我繼續在六塵中領受，這有什麼不好？我兩邊都有：一方面「逍遙出六塵」，另一方面又在六塵中利樂眾生，這有什麼不可以？真悟以後，只要我喜歡，怎麼樣都可以，真悟底禪師就是好在這個地方。

所以，古時候天竺的阿羅漢還特地跑到中國來找黃檗禪師，為什麼呢？正因為禪宗祖師這個智慧不可思議，不是阿羅漢所能知道的。所以你要是能夠悟得這個非法、非非法的自心如來，你還在六塵中就可以「逍遙出六塵」；意識心證得祂以後，無妨意識心自己仍然在六塵中不逍遙，在六塵中為眾生忙、為眾生勞累；可是轉依於所證的自心如來，自己的自心如來卻是很逍遙的，從來沒有煩惱的，從來不在六塵中。所以，當一個人宣稱開悟而寫一首偈出來，久悟的明眼人都可以判定他有沒有開悟。如果自稱為悟，結果寫出來的東西都是在六塵境界中，人家就知道這個人是在騙人，是在籠罩眾生。所以從傅大士的偈裡面，明眼人都會讚歎他絕對是深悟底大士，也知道他絕對不是二乘聖人之類。因為二乘聖人講不出「逍遙出六塵」的話來，他們如果要逍遙出六塵，得要死後入無餘涅槃，沒有辦法在活著當時當下就「逍遙出六塵」。再來的理說，我們看看《大般若經》中，與《金剛經》這一段經文有關的經句中，是怎麼說的：

《大般若波羅蜜多經》卷五百六十九：【「天王當知：凡有言說，名世俗諦，此非眞實。若無世俗，即不可說有勝義諦。是諸菩薩通達世俗諦，不違勝義諦；由通達故，知一切法無生無滅、無成無壞、無此無彼，遠離語言文字戲論。天王當知：勝義諦者離言寂靜聖智境界，無變壞法；若佛出世、若不出世，性相常住，是名菩薩通達勝義。」

釋迦世尊向梵天王開示說：「天王啊！你應當知道：凡是與言說相應的，都名為世俗諦，這個並不是眞實法。如果沒有世俗的眞理以及諸法，就不可以說有勝義諦。這一些菩薩們已經通達世俗諦，並且也不違背勝義諦；由於通達的緣故，知道世俗人所認為生滅的一切法，其實也都是無生無滅、無成無壞、無此無彼，由此而遠離了語言文字上面的戲論，直接會取勝義諦的眞義。天王啊！你應當知道：勝義諦所說的意涵都是離言說的，也都是離六塵而絕對寂靜的聖智境界，是沒有變異與毀壞的法。不論有佛出世或者沒有佛出世，這世俗諦與勝義諦的法性以及法相都是常住的，這叫作菩薩已經通達了勝義。」

勝義就是殊勝的眞實義，凡是有言說的世間法與出世間法都叫作世俗諦，所以蘊處界苦、空、無我、無常，這都是世俗諦；因為蘊處界等我都是虛妄無常的假我，也都是會與言說相應的法性，不離表義名言、顯境名言；所以演述蘊處界虛妄的種種言說，也都屬於世俗諦。滅了蘊處界而入無餘涅槃，仍未與離名言的世出世間法相應，這也是世俗諦，所以阿羅漢們只能與世俗諦二乘菩提相應。可是菩薩證得菩提，卻被稱爲勝義諦，因爲菩薩所證的佛菩提，與二乘菩提不同，不用言說一樣可以證，不像二乘菩提一般必須依靠言說來解釋才能實證。所以古時候的禪師開悟，很多人是被打出來的，不是藉言語開示悟出來的。那被打出來的禪師們，將來接引弟子時也是會用打的，因爲他們認爲：「我是被打出來的，所以我的徒弟也應該要被打出來，這樣才叫孝子，否則我就變成不孝子了。因爲當年我的師父教我開悟時是用打的，我如果要當我師父的孝子，我就得要像我師父，度弟子時要像我師父一樣也用打的。」所以他一生接人都用打的。凡是不明講而打出來的保證是孝子，人家不是說杖下出孝子嗎？世俗法如此，出世間法也如此。

可是因爲我度人都不打人，所以就會出不孝子（大眾笑…），我這樣說就是作踐自己。早年我就是犯賤，才會濫慈悲而明講。不過，雖然有一些不孝子，其餘的孝子畢竟還是比較多，還是佔絕大多數，否則哪能有今天的正覺同修會來住持了義正法呢？所以孝子固然是要用打的，可是用打的方法打出來，不一定比我們現在不打的品質好；因爲，用打的打出孝子來，固然雄猛，可是他也比較剛強，悟後進修速度不會很快。我們都不打人，都用講話的機鋒來引導；講到你終於悟了，這樣總是比較不會太剛強。可是不論用打的或是用講的，其實都不在言說上。然而明明打也是世俗法，言說也是世俗法，這世俗法中怎麼可能會有勝義諦？那不是很奇怪嗎？但事實上正是如此，就是要在世俗法中、世俗諦中，才會有勝義諦可以讓你親證。

佛陀這個開示就是告訴我們：不可以一天到晚盤腿打坐求一念不生而想要尋找勝義諦。所以，好多人跑到山上搭了個茅棚，冬天冷得要死；如果運氣好，有人護持，還可以砌個小磚房，沒有所謂的客廳，就是一個打坐的位子，加上個床鋪，弄個爐灶可以燒水煮個飯麵度日子。一個小磚屋總共不超過五坪（編案：約十五平方米），就這樣住在裡面每天打坐。坐了十幾年下來，腿功倒是不錯，可是若要說到開悟，自己心裡面還是虛虛的。那就叫作盲修瞎練，因爲既沒有正確底知見就沒有正確底方向，沒有方向又沒有方法，就不知道應該要怎麼去悟；連悟的內容到底是要悟什麼，是要找一個心、還是要打坐到一念不生？都不懂，無法判斷定案，然後就一直坐。這樣希望離開一切世俗相，在一念不生中期待突然就悟了，那其實是冷水泡石頭，又叫作緣木求魚；好比拿了釣竿跑到樹上，在樹葉裡面一直甩、一直釣，想要釣到魚，那都不是正法。假使你有正知見，加上有方法，緣木求魚倒是很好悟；問題是知見與方法都沒有，功夫也沒有，眞正是沒辦法悟的，還眞的應了古人的話，還是緣木求魚。現在這經文中告訴你：你要在世俗諦中才能證得勝義諦。也就是應該在三界世俗法蘊處界之中參究，才容易悟得勝義諦。所以跑到山上去搭茅棚在那邊打坐，想要離開世俗諦去求勝義諦，都是錯會般若修行的方法。

「知一切法無生無滅、無成無壞、無此無彼」，這些菩薩們通達了世俗諦而又不違背勝義諦，這才是眞實法。所以通達世俗諦的人就是已證二乘菩提的人，就不會成爲身見、顚倒見、空見等三種有情；離開了身見、顚倒見以及空見，才能稱爲通達世俗諦。如果具足大乘菩提的正知正見，一旦通達了世俗諦，也就是知道般若諸經中的言說不是勝義諦，而是指月之指，全都指向自心如來，就能夠在世俗當中去找到勝義，然後他會發覺原來勝義不離世俗。有的人希望說：「我先證得阿羅漢果，然後再到無餘涅槃裡面去找祂，聽說無餘涅槃裡面就是祂。」可是問題來了，入了無餘涅槃中只剩下勝義的如來藏，已經沒有世俗法蘊處界自我了，那時又有誰能夠證得這個勝義？沒有「人」能證呀！當然得要在世俗法五蘊中才能證得勝義。所以世間眞的有好多愚癡人，沒想到佛門中也有好多愚癡人，想要滅掉世俗自我而證得勝義諦。當你實證般若了，你知道說：原來要證得勝義，不可以離開世俗；不能把世俗法蘊處界捨了，而想要證勝義諦；一定要留著世俗法蘊處界，才能證勝義諦法自心如來。也得要先通達世俗諦而了知蘊處界的全部內容，並且了知蘊處界我全部都是生滅法，才能證得勝義諦法自心如來。當你通達了這個道理，就在世俗中雙觀二諦：證得自心如來以後，可以在世俗法蘊處界中同時現見世俗諦及勝義諦。所以當菩薩最好，菩薩可以腳踏兩條船，都沒有問題，聲聞人可不行。因此，雙觀世俗諦與勝義諦的人，他一定通達勝義，通達了勝義以後，住在勝義諦智慧之中，就知道：「原來一切法根本沒有世俗與勝義可說，一切法本來就是自心如來；你不能把一切法從自心如來分割開，一切法都屬於自心如來。」於是就知道：世俗諦其實是函蓋於勝義諦中。

這樣聽完了，也許有人還是不容易懂，我們作個比方好了。譬如說，禪宗祖師說：「明珠在掌，胡來胡現，漢來漢現。」我們不講明珠，我們講明鏡好了。你說：「明鏡在掌，畫口紅，化妝。」可是很多人只看到明鏡裡面的影像，他找不到明鏡，然後就想：「影像不是明鏡，善知識是這樣開示的，那我乾脆把影像丟掉來找明鏡。」然而把影像丟掉以後，他就找不到明鏡了；因爲那個影像就在明鏡上面，不可分割；離開了明鏡上的影像，你哪裡去找明鏡呢？那就只好往明鏡的影像以外去找，再怎麼找也找不到明鏡的。所以，有智慧的人通達了以後，他說：影像其實也是明鏡的一部分，不能期待那些影像不屬於明鏡。同樣底道理，影像依附於明鏡而生，它本來就是明鏡的一部分。蘊處界等一切法也是一樣，這一切法都從自心如來中出生，不能外於自心如來而存在，本來就附帶於自心如來；既然一切法本來就附屬於自心如來，所以你不能期待說：「把一切法丟開，來找到自心如來。」

當你找到了自心如來，發覺一切法根本就是自心如來中的一部分，是不可分割的。這時候你就會說：「一切法就是自心如來，一切法即是眞如。」一切法，因爲是由自心如來所生所顯而附屬於自心如來；自心如來永遠無生無滅，所以一切法根本就同樣無生無滅。從阿羅漢所證的世俗諦來看，一切法都是生滅的，因此色陰出生了就會長大變老、死壞；可是你如果從自心如來來看色陰，當色陰老壞了，自心如來又會再出生另一個色陰而去到下一世，每一世都是壞了就再生另一個新的。所以你很富有，你有用不完的色陰；這一世用壞了，死後換另一個色陰再來人間，何必像外道在那邊練精化氣、練氣化神。外道的修練確實非常辛苦，結果是維持個五百年、七百年、一千年、一萬年，那麼辛苦維持以後還是會壞掉；我乾脆換一個新的再來，根本不必在色陰上面辛苦用心，不是更好嗎？所以二乘聖人看一切法是生滅的，菩薩看一切法則是不生不滅的，所以菩薩也教導眾生說一切法無生無滅。二乘人當然聽不懂，可是他們不敢毀謗；因爲菩薩太有智慧了，聲聞人所知的一切法生滅及他們所不知的一切法不生不滅，菩薩全都知道，怎麼可能會講錯？心想：「一定是我不懂，不是菩薩講錯。」只有聲聞法中的凡夫聽到菩薩說一切法本不生滅時，才會毀謗；因爲他們是身見未斷的人，具足顛倒見與空見。你如果在禪宗裡開悟而且通達了，就會主張說：「一切法無生無滅、無是無非、……無此無彼。」

「無成無壞」，一切法也沒有成壞，因爲一切法只是在自心如來表面上出現了、過去了，過去以後又有新的出現了，本屬於常住不壞的金剛心中的一部分法，猶如鏡中生滅的影像本是常在的鏡子的一部分一般，所以一切法

「無成無壞」。一切法也不能有彼此，不能分彼分此；因爲不能把一切法從自心如來切割開，一切法本來就附屬於自心如來，屬於同一個本體，不能說一切法不是同一個自心如來，當然不分彼此。但是如果因爲如此就說一切法就是自心如來，可是一切法明明有生有滅，當然也是說不通的；所以一切法跟自心如來不能分彼分此，但也不相等。因爲開悟明心而通達般若了，所以知道「一切法無生無滅、無成無壞、無此無彼」，當然知道一切法確實是「遠離語言文字戲論」的；從此以後可以住於自心如來的境界中，儘管自己仍然繼續有無量無邊的言說相、無量無邊的戲論相，可是自己其實是離語言文字戲論的。這意思就是說，離語言文字戲論的自心如來，以及恆與語言文字戲論相應的五蘊、十二處、十八界是同時同處的，是並存而不一不異的。

我出來弘法的早期，有一些人在我幫助下開悟了，心中可能有一點疑，所以去跟名聞四海的大法師問說：「開悟是證得另一個眞心，我們自己能覺能知的心是妄心。」大法師質問說：「那你不就是有兩個心了嗎？那就不對了，所有人都只有一個心才對。」那可是名聞四海的大法師，他說：「人只有一個心，怎麼可能兩個心？怎麼會有眞心、還有妄心？」原來他是一心說，可是他的一心說，不是唯識祖師說的「一心唯通八識」，而是唯通六識；那麼這樣一來，就跟《般若經》衝突了。般若系的諸經中明明說法界實相遠離語言文字戲論，而且又說一切法都與語言文字戲論相應，屬於三界世俗之法；但是又從金剛心含攝一切法的法界實相中，回頭來說一切法「遠離語言文字戲論」並且「無此無彼」；這顯然是說，離語言文字戲論的金剛心，是與不離語言文字戲論的一切法同時在一起的，是把一切法攝歸金剛心而說一切法「遠離語言文字戲論」，顯然是有第八識金剛心與妄心七識同時同處；所以在一切法和語言文字戲論相應的時候，卻又可以說是離語言文字戲論的；是同時具足眞實不壞底金剛心如來藏和虛妄生滅的前七識，能這樣實證的人才會生起實相般若，這樣才是眞正的通達般若。

所以說，勝義諦所講的境界相、智慧相，都是離語言文字而不在語言文字中的，因爲金剛心從來不跟語言文字相應，所以離語言文字戲論；祂也是永遠寂靜的，因爲祂從來不與六塵相應；祂只管出生五塵、法塵給你去玩，而祂自己不跟五塵、法塵相應。你喜歡五塵、法塵，祂就給你五塵、法塵；你不想睡覺，就給你五塵、法塵，就給你意識種子，讓你的意識去祂所生的六塵中遊玩。有一天眞正開悟了一看，原來意識的你、覺知心的你，是從金剛心中出生的；而你的意識等六識覺知心是在玩什麼呢？只是玩自己的金剛心所生的五塵、法塵。觀察到後來，眞的開悟了以後才知道說，原來都是自己玩自己：由自己的金剛心如來藏出生了被玩的六塵境界，再由自己的金剛心如來藏出生了能玩的覺知心，來玩自己所生的六塵境界。

眾生好笨，竟然都不知道是自己玩自己，邪惡的人還因此而去燒殺擄掠。而他們在外境上傷害眾生時，所接觸到的燒殺擄掠六塵境界，其實都是自己的金剛心所出生的，所以都是在自己的如來藏中幹盡燒殺擄掠的惡行。譬如說，有錢人每年花幾百萬元包養歌星、明星，有很多富翁是這樣作的；假使有一天他改惡修善開始修行而開悟了，他就知道花錢包養明星時，其實也是自己在玩自己，而他所包養的那些女人也是自己玩自己。既然是自己玩自己，還要花那麼多錢幹什麼呢？眞是愚癡。從眞正開悟、深悟底菩薩智慧來看，確實就是這樣；因爲他所玩、所接觸女明星色身的五塵、法塵，也都是他自己的如來藏所生的，覺知心其實沒有直接觸及女明星色身的五塵、法塵，幹嘛還要花那麼多錢？眞浪費！若能把那些錢轉過來利樂眾生，累積成佛資糧該多好！至少未來世可以獲得更多的世間錢財，不會受苦，豈不是更好呢？

所以當眾生使用語言文字的時候，背後的眞正自己—金剛心—卻是離言說境界的；當他在六塵中玩耍玩到不亦樂乎的時候，背後的自心如來供養了玩耍境界中的全部六塵，讓他五陰在那邊玩，可是他的自心如來卻是寂靜的，從來都不住在六塵境界中，這才是法界實相的境界。證得這種「離言寂靜」的境界時，卻是很有智慧的境界，所以這叫作「聖智境界」；這種智慧不是世間智慧，不能用思惟揣摩來了知，必須要靠親證自心如來才能了知。而所證的這個自心如來，祂是「無變壞法」，因爲祂是永遠不會變壞的；三界中永遠不會變壞的只有這個法，所以祂才叫作金剛心，即是一切眾生各自都有的第八識如來藏。不論有佛出世或者無佛出世，這種法性所顯現出來的眞如法相，是常住於三界中的；能了知這一點，能現前觀察這個事實，已經親證這個境界，就有了實相般若，也就是親證了「離言寂靜」的「聖智境界」；這樣的人才可以稱爲實義菩薩，才可以稱爲已經「通達勝義」了。

當你們找到如來藏了，自認爲開悟了，要用《大般若經》這一段經文來印證看看，有沒有相符合？所以，證或者未證，是不能騙人的；否則的話，誰被你印證了，馬上就知道你在說謊。可是，這個法性以及祂顯示出來的眞如法相，並不是證悟了才有；當那些惡人在幹惡事的時候，他自己的眞如法性的相貌還是時時刻刻顯示出來的，從來沒有遮隱。所以佛陀說：不論有佛出世或不出世，這個法性的眞如法相是常住的。並不是有佛出世了才有這個眞如法性，而是眾生在流轉生死當中，或者正在努力參禪當中，或者在盲修瞎練當中，都是有他們的眞如法的相貌時時顯示出來的，所以說這個法性是常住的。能把這個境界實證了，就是「通達勝義」的菩薩。

農曆新年期間，我想大家都很忙；但是離元宵還早，所以在這裡先跟大家拜個晚年，祝福大家：新的一年，事事如意，道業增長，突飛猛進！（眾答：謝謝導師，阿彌陀佛！）這個新年，我們很多同修們都沒有休息，依舊一直在爲正法作事，還有義工菩薩們大年初二就上大溪去拚鬥，幫忙建設正覺祖師堂；大家都很發心，都希望能夠趕在四月時，幫著營造公司把我們的禪三道場趕工完成，可以如期啓用，舉辦精進禪三時就不用再借別人的場所了。

我們之前的《金剛經宗通》〈無得無說分〉，補充資料講完了「理說之一」。

這個理說，我們今天要再談第二個部分：

《大般若波羅蜜多經》卷五百七十四：【爾時曼殊室利童子即白具壽舍利子言：「我所說者，非唯初學不能解了，所作已辦阿羅漢等亦不能知。非我所說有能知者，所以者何？菩提之相非識所識，無見無聞、無得無念、無生無滅，不可說示，不可聽受。如是菩提性相空寂，諸大菩薩尚未能知，何況二乘所知解了？菩提性相尚不可得，況當有實證菩提者？」】

這就是說，佛菩提道不是像二乘菩提那樣容易讓人理解，而且更難以實證。以二乘菩提來說，在我們同修會的實證者看來，它並不深；可是當代的大師與學人們就已經誤會到很嚴重了，才會主張意識是不生滅的，更何況是大乘菩提。而且縱使已經悟了大乘菩提，也不見得就能通達大乘菩提，更何況通達之後也只不過是初地的入地心，想要到達菩薩的究竟位，還要歷經二大阿僧祇劫的精進修道，所以般若波羅蜜多不是那麼容易理解的。

在這段經文裡面，文殊師利童子向具壽舍利子說：「我所說的佛菩提的實相般若妙法，不但是初學大乘法的人不能瞭解，也不能夠瞭解到究竟；乃至已經解脫生死的阿羅漢是所作已辦了，但是他們包括三明六通的人也無法知道。並不是我所說的實相般若妙法之中有一個能知能覺的人，為何這麼說呢？因為菩提眞覺的法相，不是意識思惟所能瞭解的。佛菩提所說的法界實相中的境界相，不是意識等六識努力思惟所能識知；在佛菩提所證的實相之中既不見也不聞，既無所得也從來不是能憶念者，既無出生也是永遠無滅的，沒有辦法用語言來說出佛菩提的具足道理使人一聽就眞的知道，而且也沒有辦法使人聽了就能證得如來藏而可以受持。像這樣的菩提眞覺法性，祂的法相是空也是絕對寂靜。有許多大菩薩們進入了初住位、二住位乃至六住位時，都還不能知道；有的大菩薩證悟而進入第七住位了，也還不能夠知道很多，只知道一個總相而已；甚至於到了十迴向位、初地、七地、八地都還無法具足了知。何況是那些還沒有證悟佛菩提——還沒有明心——的二乘聖人所能了知？在親證佛菩提而轉依了實相法界的如來藏以後，你會發覺菩提之性以及菩提的法相根本就不可得，何況能夠說有誰是實證菩提的人呢？」

從　文殊菩薩這一些開示的字面來看，你如果是已經明心的人，你將會發覺：那一些還沒有明心的二乘聖人，讀了般若經裡面　文殊菩薩的這些說法，一定不免錯會，何況還沒有斷我見而認定意識心常住的凡夫們？他們想要如實了知文殊菩薩所說的道理，確實是不可能的；因爲依文解義的結果，一定會說：「既然佛菩提不可說也不可顯示，那麼這顯然是自由心證，所以你們禪師家講了一大堆開示，印出許多的語錄其實都沒有用；因爲你能證，但別人卻不能證，就是不可重複檢驗的，就不是眞理。」所以，明明是有別人實證了，他們也可以說不是佛法的實證，因爲他們認爲經中聖教說的是「不可說、不可示」。所以才會有印順法師講的禪宗的公案都是自由心證這類的話，認爲都是野狐禪。這就是誤會了般若諸經裡面的眞實義，變成依文解義而產生了那樣的看法。以前昭慧法師也講過：禪宗那些公案是無頭公案，人家南傳佛法次第禪觀都有個次第，怎樣從初禪、二禪修到非非想定，都有次第。你禪宗講的是突然間頓悟，沒有個次第，悟個什麼又講不清楚，那要叫人家怎麼修？她的大意是如此說的。可是問題來了，次第禪觀跟禪宗的禪，到底是不是同樣的東西？這要先弄清楚。當一個人開口評論別人的時候，他必須用同一個標準來評論。比如談速度，你應該要用同一種車輛來比較，才可以評論說誰比較快、誰比較慢，不能夠用不同的車種來比較速度。南傳佛法次第禪觀的本質就好像腳踏車，禪宗的禪悟，本質就好像是六百CC的大機車一樣，這二者是不能相提並論的。

次第禪觀的內容是什麼？只是世間法中的禪定，是從初禪到二禪，乃至到非想非非想定，全都必須按照前後次第來，它所證得的內容都是三界中的禪定境界，即使四禪八定全都實證具足了，依舊屬於流轉生死的凡夫境界，連聲聞初果都證不到。可是中國禪宗的禪是般若、是法界實相的智慧，它不屬於三界中的禪定境界，而且是遠遠超越二乘菩提的解脫境界，與次第禪觀世間禪定根本不是同一類的法。因此說，次第禪觀的具足親證，只能夠是生到天界，不但無法像聲聞人一樣出離三界生死，更不懂菩薩所證的法界實相境界。可是禪宗的般若禪，只要這麼一悟，不用像阿羅漢斷盡思惑，就可以現觀無餘涅槃中的實際；然而阿羅漢即使證得滅盡定了，他對無餘涅槃中的實際卻還是無法現觀的。所以我們說，南傳佛法的次第禪觀就像一輛腳踏車，它得到的境界相最多不會超過四十公里、五十公里的時速；假使是運動專家以特殊腳踏車在運動場上前進，踩到氣喘吁吁也不會超過八十公里的時速。可是般若禪，只要這麼一悟，那是看見了法界的眞實相，那就像六百CC的機車，只要路況好，可以跑一百多公里的時速，而且跑的人不喘也不累。

由於次第禪觀與中國禪宗的般若禪，一是世間禪定，另一是世出世間的智慧，二者體性迥異，不該相提並論，否則會被內行人笑的；所以，阿羅漢三明六通具足，來到一個還沒有斷盡思惑的開悟禪師面前，想要談論般若實相時根本就開不了口，何況是只證得次第禪觀世間禪定的凡夫？這就是說，這兩個東西是不一樣的，不可以相提並論。如果要談同樣的東西——專講次第禪觀，其實我也很歡迎昭慧來找我談次第禪觀；先別談什麼四無量心，也別談五停心觀、一切處觀等對治法；那些都先別談，只要先談最基本的四禪八定就好！雙方可以來談談看四禪八定，每一個部分的等持、等至以及等引，不論是從理論或從實證，我都歡迎她和前輩來當面談談。所以，不一樣的東西是不可以相提並論的。但即使是次第禪觀，從目前全球佛教界的文獻，我已經讀過的來看，還沒有誰是已經證得初禪的；目前所知，所有已經得初禪的人都在我們正覺同修會中；所以若是要談論次第禪觀，也還輪不到她們來談；不論她們請來了帕奧或者一行禪師，即使把阿迦曼活轉過來而搬來台灣時也是一樣。所以說，般若是智慧法門而不是禪定法門，是無相的實相智慧而不是禪定的有相境界；既是智慧法門，當然是一念相應而悟，怎麼可能是有境界相的次第禪觀境界而依照次第得證的呢？

所以大般若眞是不容易傳授，弘傳時也不容易令學者理解。這百年來一直都有人希望藉學術研究的方法研讀經論，理解般若諸經中的眞義，那其實都是在打妄想。那個妄想，當然有一天會打成功——當驢年到來時就成功了。在驢年到來之前是不可能成功的。然而當驢年眞的到來時想要成功，也只有一個辦法，就是把那些般若經典讀過以後，相信般若經典講的是第八識非心心，不是意識心；然後依般若經典建立了正知正見，再於日常生活當中好好去尋找他自己的非心心。當他找到了，自然就能開始懂得《大品般若經》、《小品般若經》、《金剛經》乃至《心經》。如果讀了以後不肯下手去尋找他自己的非心心，繼續認定細意識是常住心而否定第八識如來藏，即使驢年到來了，他也絕無可能成功的瞭解《般若經》裡面的眞義。所以藉學術方法研究經論是沒有用的，在正確研究之後一定要配合實修，才有辦法理解般若諸經在講什麼。有很多人不相信，所以在佛教中專心去辦教育；當然，教育本身其實是好的，問題是出在沒有配合實修。另一個問題是，在教育大眾的時候，自己也不懂《般若經》，號稱是在弘傳般若而否定般若的主體金剛心如來藏，於是成爲一盲引眾盲，然後卻反過來指責明眼人的慧眼、法眼是假的，這就是百年來大乘佛教界的眞實景況。因此，在這個情況下，想要眞正了知《般若經》中那些文字背後的眞義，就變成不可能。

可是這段經文中，文殊菩薩所說「**菩提性相尚不可得**」，那是講證悟而且轉依所悟的金剛心以後的事，不是轉依金剛心本離言語境界之前的事。但是問題來了，想要轉依言語道斷的金剛心——非心心，想要轉依實相法界金剛心之前，一定要先把實相法界的非心心金剛心找出來，否則你要怎麼轉依呢？轉依，就是轉變自己，不讓自己像以前那樣依止生滅性的覺知心，改而依止於所找到的非心心金剛心的眞實境界。既然要轉變自己來依止金剛心的眞如境界，那應該怎麼轉變？當然要先瞭解非心心金剛心的狀況，也就是要先瞭解法界的實相是什麼境界，然後才會知道要怎麼轉變自己去符合祂。想要依止於祂的解脫境界、眞如境界的人，都應該是一樣的觀念，當然先要把祂找出來而觀察祂所住的境界。

譬如說，舊曆年前有很多人嫁女兒，嫁女兒時叫作于歸。要于歸，是要把女兒歸到哪裡去？一定先要有個所歸的對象，你這個女兒才能歸給他；總不能把女兒于歸時像以前一樣繼續歸給女兒（歸給原來的意識）自己，那怎麼叫作于歸呢？也不可能把你的女兒歸給原來的生父生母，一定是有另一個所歸的對象，是從原來的暫時所歸轉換到另一個永遠的所歸。所以，你當然要去尋找另一個適合當你女兒夫婿的人，若是找來找去都不中意，就慢慢再找，一直到找到中意的人才能于歸，總不能隨便找個阿貓、阿狗（粗意識、細意識、樂空雙運意識）就把她于歸了。

同理，你不能隨便找一個處處會作主的意根，或者夜夜斷滅的意識自己，就把自己于歸了；像這樣于歸以後也就變成要時時覺知或者處處作主，那就是歸於生滅的依他起性或者歸於意根的遍計執性了，那就要永遠輪迴生死了，法界實相的般若智慧當然也無法生起來。所以，你一定要找一個跟目前所知的心是不一樣的法，祂一定是涅槃性的，是不生也不滅的，也是從來都沒有煩惱的；你找到了這樣的涅槃心、清淨心、無住心以後，才能夠把自己歸向於祂而依止祂。不管哪一個人，你都要把自己當作是待嫁的女兒，說自己在未來無窮盡的無量世中修學成佛之道時，要找一個究竟于歸的對象，當然是要先去尋找不生不滅的祂。找到了以後，你會發覺說，原來祂從來沒有生死與煩惱可說，也沒有解脫可說；所謂實證而獲得解脫，是從我們覺知心的立場來看待祂，而說祂是解脫的；所謂生死，也是從我們的立場來看我們自己有生死；但是對本來解脫、本無生死的金剛心而言，祂從來沒有所謂的生死，也沒有所謂的解脫，祂根本對自己的解脫都不加以了知的，因此而不會有任何煩惱；祂的解脫與涅槃也是永遠不會改變的，這才是成佛之道的開悟時，所證法界實相的實際理地。所以實際理地沒有解脫可說，也沒有智慧可證；既沒有佛菩提，也沒有佛法僧，更沒有眾生，這就是法界實相的實際境界。

可是法界的實際境界，祂到底是什麼？其實說穿了，就是阿羅漢捨報後，滅盡十八界而入了無餘涅槃之中的境界，在這個境界中是沒有任何一法可說的。這是從那個境界相的理體實相心自身，來看待一切諸法的時候，祂自己是沒有任何一法可說的，是沒有所謂的覺悟可說的，既無無明，也無無明已盡的智慧，所以文殊菩薩說：「菩提性相尚不可得。」法界實相金剛心自己的境界中，是無任何一法存在的，哪裡會有涅槃與菩提可證呢！既然你轉依了祂，那麼你還能夠說你已經證得菩提了嗎？如果說你有證得菩提，那表示你還沒有轉依金剛心的境界，因爲你所證的實相境界中還有所證。實際上你是證了，但你轉依了祂以後，從祂的立場來看你自己所證——既沒有可證也沒有所得，這樣才是究竟的、了義的解脫。所以從金剛心的實際理地來看的時候，再回過頭來看自己所證知的實際理地境界，那麼般若的實證才會成爲可能，般若的實證才能具體親證。這就是天台宗常常主張的：從假入空，從空入假，具足空、假、中，成就中道義。可是天台宗祖師們自己證不到。

因此，在諸有中應該怎麼樣去離開生死，那是二乘聖人的事。可是菩薩也和二乘聖人一樣現觀蘊處界的虛妄，同樣從諸有中現觀一切法虛妄，因此同樣是解脫生死而能出離三界生死的；然而這還只是二乘所證的我空觀，接著想要再現觀眞如法性在一切假有的法裡面，來顯示諸法自性空、而證明自己也已證得菩薩所證的大乘法空觀，就得要去尋找你的非心心如來藏。當你把自己的金剛心如來藏找出來以後，可以現觀祂的眞實存在，也可以現觀祂永遠都是眞實而如如不動其心的常住心；並且你可以狠下心來試著把祂甩掉，看看自己能不能把祂甩掉。以前有人找到祂以後一直甩，想要把祂甩掉，但就是甩不掉；也有人用腿一直踢，想要把祂踢掉，依舊是踢不掉。好！既然甩不掉祂，踢不掉祂，我就來操勞祂，就把祂當老牛一樣不斷地操勞祂，想要看看操到後來祂會怎麼樣，後來的結果只是覺知心自己勞累而睡著了，非心心如來藏還是沒事，祂根本不生氣也不累，你奈何不了祂，這時才發覺祂從來都不會生氣。

已知道金剛心如來藏從來都不會生氣，又想：不然我把祂誘惑看看。於是就去唱卡拉ＯＫ、吃好吃的、欣賞風景、到處去玩；偏偏祂就是不受你誘惑，原來祂永遠都無貪。你也許想：「我想要欺騙祂，其實我現在心裡有另一種想要作的事，但我故意騙祂說不要。」可是祂絕對不上你的當，原來祂根本就不癡；像這樣百般試驗或折磨祂，結果祂都不動於心。後來又發覺說：「我眞的不如祂，我這麼聰明伶俐，祂看來似乎笨笨地，可是我都騙不了祂，也確實不如祂，祂才是眞正的聖人。」可是當你說祂是聖人時，祂根本就不會生氣，也沒有歡喜，根本就不甩你，也不了知祂自己是不是聖人，祂是軟硬都不吃的眞實而且如如。這時候才終於死下心來決定：「原來我該轉依祂。」那就得怎麼樣呢？要改變自己呀！這時發覺：「原來一切不好的事都是我的事，祂從來沒有所謂不好。」那麼金剛心就是眞的什麼都好嗎？祂也不理會你所謂的任何好或不好，祂根本就不在好與不好兩邊。所以，這時候經過再三觀察以後說：「看來只好由我自己來轉依祂了！」轉依了祂，自己就變清淨了，智慧也增長了，就說：「原來我根本不用滅掉我自己而入無餘涅槃，所以我就留著我自己繼續進修成佛之道。這個五陰自己將來壞了，下一世再出生另一個五陰自己繼續修道，走向佛地。」所以這時就從空入假了。入於假有的世世蘊處界之中，卻也不離空性自心如來；於假有中依止所轉依的空性而繼續受生修學成佛之道，這是從空入假而不離空，具足中道的正義。所以你想：一個非心之心的金剛心可以讓你入空，也可以使你返身從空入假，然後由假有之中再雙顧兩邊，空、假、中三者都具足而不墮二邊，具足成就中道。然後你再從祂的立場，而不是從五蘊自己的立場來看待三寶，這時也沒有三寶可說了；所以趙州禪師說：「如果誰來我面前說出一個『佛』字，我得要去河邊洗耳朵三天。」因此而說：「佛之一字，吾不喜聞。」因為你轉依了祂以後，從祂的境界中來看一切法，其實是沒有佛法僧可說的。因此有些禪師說：「如果你來問法，我不得不跟你說了一個佛字，我自己就得漱口三天。」為什麼要漱口三天？因為那時已經落入識陰境界了。

這就是說，實際理地無一法可得，卻是在離言說中包容萬法。從非心心如來藏自己所住的境界來說，那就是萬法的實際，但裡面沒有一法可說。祂雖然一直都是這樣，是離一切言說的，可是祂在離言說之中卻含容了萬法，萬法照樣在祂的離言境界之中繼續出生。所以你說這樣的般若，只證二乘菩提的三明六通的不迴心阿羅漢們要怎麼懂？根本就沒有機會懂得。因爲他們怕生死，不肯再起受生願，不肯再來人間度眾生，當然不該讓他們得這個菩薩大法。只有傻呼呼的菩薩願意吃苦，任勞任怨爲眾生、爲正法付出；只有這樣的牛菩薩、牛脾氣、牛性格，才能證得禪宗祖師說的那一條露地大白牛。所以 佛陀把這一條大白牛送給誰呢？送給菩薩，不送給聲聞人。

這樣解說了，諸位就可以瞭解 文殊菩薩講的是轉依如來藏以後的實際理地境界，祂可不是從意識的境界來說的；然而那些專門研究經論的人，就永遠只能從意識的境界去瞭解那些經文裡的實相境界，那怎麼能相應呢？可是菩薩雖然證得實際理地了，卻不是永遠住在實際理地中，而是住在中道境界卻又雙照兩邊——空與假兩邊雙照，所以菩薩可以橫說豎說，全都有道理；外道說的邪法來到菩薩嘴裡講出來時就能變成正法，可是佛經上的經文正法去到外道嘴裡講出來時卻變成邪法了，因為他們不懂。

因此 彌勒菩薩有一首偈這麼說：「**應化非眞佛，亦非說法者；說法不二取，無說離言相。**」也就是說，其實眞實如來並沒有得到無上正等正覺，得到無上正等正覺的是應身佛、化身佛在示現給眾生看而已；可是應身佛、化身佛都不是眞佛，因為都會變化、也會壞滅，所以應身佛 釋迦牟尼來人間八十幾年以後也是示現入滅了。所以有人夢中夢見了或是定中看見了化身佛，也不過幾分鐘，大不了見到一個時辰以後也是滅失了。既然是會滅的，怎能說應身佛或化身佛是眞佛呢？所以應身佛、化身佛都不是眞佛，那麼應身佛、化身佛來人間說法時，是要說給誰聽的呢？要說給眾生聽。而眾生所聽到的永遠都只是語言文字。但是當應身佛或者化身佛在說法時，眞佛金剛心也同時在說法；而應、化佛所說的法都是在語言文字上面來說，可是眞佛卻不從語言文字上來為人說法，而是從另一方面與應、化佛同時在說法，祂才是眞正的說法者。

可是眞佛說法的時候始終都是「**不二取**」，永遠都沒有落在能取與所取之中。應、化佛說法時還是會有能取、所取的現象，否則眾生是聽不懂的；

所以要告訴你：蘊處界虛妄，要捨掉，才能解脫三界生死；也要用能取、所取的言語來說明如來藏眞實，教你要求證。這都是有所取捨的，是有能取也有所取；是教導大眾：能取的五陰要取自己無取的如來藏，能取的五陰要取二乘菩提，要取大乘菩提，要取佛果或者取阿羅漢果。可是眞佛金剛心說法時，祂自己永離二取，不在能取與所取之中；而祂所說的法，也是離二取的。祂說法時從來不落在能取與所取中，可是祂說法的時候卻都沒有語言文字，所以就沒有說法相，祂是完全離開語言相的。

這聽起來似乎很玄，眞的很玄！可是只要你把自己的眞佛金剛心找出來了，你說：「那一點都不玄，太現成了！」將來如果有人說：「你們蕭平實說的般若妙法，其實都是用一些語言文字去堆砌起來的，只是在籠罩人。」那時你倒是一定會主動替我辯解說：「不！他說的都是眞實話，每一句開示都沒有欺騙你。」因爲我說的是法界中的實相，而實相中確實是如此，這根本就不可能虛構。假使我講的全部是虛構的，那麼多被我印證的人一定會當場抗議，指責我說的都是語言文字的戲論。所以彌勒菩薩這個偈也是說了眞話，可是當我把他這首偈唸出來的時候，彌勒菩薩眞身已經現前了，只是不知道你有沒有看見而已。也許你會大聲抗議說：「哪有？我又沒有看見彌勒菩薩。」那麼我倒是要請問你：「你喚誰作彌勒菩薩？」再不然，也許你說：「彌勒菩薩境界太高了，別跟我談那麼高的境界。」那我們就來講龐蘊居士好了，他可是個居士而不是妙覺菩薩呢。

【龐蘊居士，嘗遊講肆，隨喜《金剛經》；至「無我無人」處，致問曰：「座主既無我、無人，是誰講、誰聽？」座主無對。居士曰：「某甲雖是俗人，粗知信向。」座主曰：「只如居士意，作麼生？」居士乃示一偈云：

無我復無人，作麼有疏親？勸君休歷坐，不似直求眞。
金剛般若性，外絕一纖塵；我聞并信受，總是假名陳。

座主聞偈，欣然仰歎。居士所至之處，老宿多往復問酬；皆隨機應響，非格量軌轍之可拘也。】

龐蘊居士曾經遊歷各處禪師講禪的地方，有一次因爲有人宣講《金剛經》，他便去隨喜。換句話說，他不是從頭聽到尾；有一天他就去隨喜，聽一次看看。正好那個講經的座主講到經中說的「無我相、無人相」的地方，龐蘊居士就站起來問說：「這位《金剛經》講座的座主！您既然說是無我相也無人相，請問現在是誰在演講？又是誰在聽講？」一切爲人公開宣講《金剛經》的人，對這個現實的問題都不能迴避。他既然說無我亦無人，人家聽眾當然有權利問他：「既然你說無我也無人，請問現在是誰在宣講？又是誰在聽講？」這座主一聽：「沒有錯呀！《金剛經》中說無我亦無人，沒有眾生也沒有壽者；我宣講時既然無我，現場聽者也無人，那到底是誰講、誰聽？」因爲他不是愛狡辯而不直心底人，這一下還眞的愣住了，答不上來了。

有時候我曾經想過：假使我哪一年有空了，可以把這些事情都放下，如果有哪個地方在講《金剛經》，我就去聽；等到他講到一切法空，我就問他一切法空；假使他講無我、無人，我就問他無我、無人；我應該學學龐大居士，看講經者能不能答覆。由於那位講《金剛經》的座主無法答覆，所以龐居士就說：「我龐某雖然是個俗人，穿著俗衣，然而我倒是大概瞭解裡面的意思。」這位座主就說：「依照您這樣講的話，請問居士您的意思是怎麼樣呢？」於是龐居士就說了一首偈：

「沒有我也沒有人，這樣子來瞭解《金剛經》，怎能分辨出來誰是眞的懂，誰是不懂？

我好意來勸座主您，不要一次又一次地不停坐上法座講經；您講來講去都跟《金剛經》中的眞義不相似，不如直接去求眞實法吧！

金剛般若的體性若是從外在的事相上來說，連一點點的法塵都是不可能存在的；何況您在這邊講解『我聞并信受』等法語，全都只是假名言說罷了。」

諸位想想看，如果咱家也去人家講經座上去講這麼幾句話，我看大概只能留下半條命回來吧！（大眾笑⋯⋯）因爲現在的講經座主可沒有古時這位座主的雅量呢。這位座主倒是不錯，聽到龐蘊居士的偈以後非常高興，景仰他而且讚歎他。這是因爲龐蘊居士聲名流布，當代大禪師們沒有一個人敢不恭敬他；所以凡是他所到之處，禪門中的老前輩們都得要跟他如理應酬。可是龐居士都是隨機應響，有個什麼機緣來，他就給個相等的響應；這可不是一般證悟禪師的格量所能測量的，也不是一般的軌轍所能拘束他的。

也許五年後、十年後，我就撐了個拄杖到處去，去到任何道場見了堂頭和尚，我就明講：「咱家是某某人，我問你，《金剛經》中說『無我、無人』，您正在講經時是誰說、誰聽？」有空時，應當要把全台灣講過《金剛經》的道場都走一走，可惜我現在沒空。假使只是研究經論中的文字而不參禪開悟的人，也可以通達般若，那麼中國禪宗就可以廢掉了，可是爲什麼中國佛教的主流至今依然是禪宗呢？也可以看見中國和台灣到處都是禪寺林立，你隨便跑到哪個深山去，他們的寺院大多都叫作禪寺。你到處找，大約是這樣，很少只命名作某某寺的，總是在寺字之前加個禪字，可見禪宗還是中國佛教的主流。如果研究經論中的文字表義就可以通達般若、通達佛菩提，那麼禪宗眞的可以廢掉了，爲什麼至今還會盛行不衰呢？顯然禪宗的參禪確實有它的道理。這意思是說，假使你想要通達般若，甚至想要進一步去通達唯識諸經中的一切種智，你都得要先經過禪宗破參明心這一著子；否則不但一切種智不能通，連般若的總相智都觸不到。既然如此，我們就來談談禪宗的教外別傳，從宗門禪宗的所證，來看〈無得無說分〉中到底是在講什麼：

《教外別傳》卷一：**【世尊一日陞座，大衆集定；文殊白椎曰：「諦觀法王法，法王法如是。」世尊便下座。】**（**雪竇重顯頌云：列聖叢中作者知，法王法令不如斯；會中若有仙陀客，何必文殊下一槌。**）

教外別傳，說的就是禪宗破參這一著子——證得法王所住的實際理地。禪宗這一著子，爲什麼會一直流傳下來？因爲教內眞傳傳不到——不能在文字上明白寫出來，佛陀又告誡證悟底菩薩不許明講，要教大眾自己辛苦地眞參實證；所以很多人想要從經教中求得理解，於是依文解義、去道千里。世尊爲了保證教門中所說的微妙法不會失傳，所以就必須要輔以禪宗這一著子，就得要在經教之外別作傳授，因此稱爲教外別傳。這一些公案，都是佛陀在世時的眞實公案，並不是後人杜撰的。這就像我們這幾年來不斷的說明：到了佛陀開始第二轉法輪、第三轉法輪時就有了大乘佛教，可是大乘佛教的出家眾有兩種：一種是出了家，穿起僧服，剃髮著染衣，受了菩薩戒又兼受聲聞戒的人；可是還有另外一種，他們既不剃髮，也不穿著染成壞色的衣服，而且還戴著寶冠，手掛黃金的臂釧，胸佩珍貴的瓔珞，身穿著華麗的衣裳，但他們都是出家菩薩，就住在大乘法的道場中，只受菩薩戒而不受聲聞戒。

可是現在那些崇尚二乘解脫道的法師居士們，那些將二乘菩提解脫道錯當作大乘佛菩提道的法師居士們，都否定說文殊菩薩不是歷史人物，也說維摩詰菩薩不是歷史人物。那意思就是說，他們都藉著否定古人來否定二、三轉法輪的經典，這就是他們否定佛世大菩薩們實際存在之目的所在。當大乘經典被他們以這樣的手段否定成功了，佛教的天下就是他們的了！然後他們就可以「唯『我』獨尊」了（當然不是悉達多太子所說的那個眞我，而是五蘊我），這就是他們處心積慮否定佛世諸大菩薩之目的所在。至於少數日本人出頭這樣子主張，說穿了也很簡單，就只有一個目的：佛教傳到你們中國來發揚光大，可是現在我們日本的佛教比你們中國更高。他們想要脫亞入歐而超越中國佛教，這就是他們的目的。可是問題來了，如果他們所說屬實，爲什麼二十年來我們正覺這麼多的書寫了出來，把大乘經典與二乘菩提講解出來，證明他們全都錯了以後，日本佛學學術界竟然還可以悶不吭聲、充耳不聞而不直接回應我們？我們辨正法義的聲音很響亮，比天雷還要響，那些否定中國傳統禪宗佛教的日本人，竟然可以充耳不聞。看來他們的定力還眞好，已經心得決定：我就是不甩你。（大眾笑…）正是這樣呀！他們這個定力還眞的厲害！所以，教門的所說，既然是從理上來告訴你，來幫你建立方向，可是萬一大家無法從教門中悟入時，那麼教門中其他許多更深的妙法就變成無法繼續流傳了；那該怎麼辦呢？當然要用一個辦法把它鞏固起來，這就是教外別傳施設的方便。

言歸正傳，來談一談 世尊這個公案。有一天 世尊陞上法座，大眾也都來到現場坐定了，文殊師利童子就拿起了木棍，把雲板敲打了起來。打了雲板(「雲板」知道嗎？是一片厚木頭。若是精緻一些的板子就先雕刻著雲朵裝飾，就叫作雲板)。現在寺院起板與安板都是打木製的雲板，簡稱爲打板。你們去參加禪三時，當早上該起床時，輪値的菩薩也一樣爲你們打板，那個木板就叫作雲板。後來也有人把那片厚木板雕刻了魚的形狀，打出來還是一樣木頭的聲音，同樣叫作打板。打板，在古時又叫「白椎」，就是以木槌打板告訴大家：時間到了。文殊菩薩等大眾聚集坐定了，他就打了雲板，向大眾說：「你們要詳細地看一看法王的法，」法王當然是指 佛陀，接著說：「法王的法就是這樣。」這兩句話才剛講完，世尊就下座了，原來這就是法王法。什麼跟什麼嘛！這叫作法王法？但是我告訴你：「珍貴的法王法，眞的是如此。」所以 文殊白椎時告訴大家：「你們要詳細地察看法王之法。」文殊菩薩眞的夠老婆了，他又說：「法王的法就是這樣，世尊正在送給你們法王法。」文殊才剛剛說完，世尊隨即下座了。所以你看，一位是妙覺菩薩、一位法王 世尊，一搭一唱，恰到好處。那麼，到底祂們是誰把法王的法告訴了你？你可得好好端詳端詳。就像閩南語說的：「愛好好參詳。」

後來有一個很有老婆心的雪竇重顯禪師，讀了世尊與文殊菩薩的這個公案，就寫了一首偈，前兩句是：「列聖叢中作者知，法王法令不如斯。」列聖，是說自古以來到現在爲止，有這麼多的聖人；數不清楚的那麼多聖人，叫作「列聖叢中」。「作者知」，「作者」有時候又稱爲「作家」，不論是「作者」或者「作家」，意思都是一樣，都是指稱「行家」。「作者知」，意思是行家們都知道了。雪竇說：「自古以來到現在，有那麼多的聖人，這些行家們都已經知道法王的法；然而法王的將令其實不是像世尊下座那樣，也不是像文殊白椎那樣。」雪竇重顯禪師說的竟然與文殊菩薩說的互相顛倒，明明文殊是白椎以後這麼說：「諦觀法王法，法王法如是。」而且明明世尊是因爲這樣就下座的，雪竇卻說不是這樣。他爲何這麼講呢？是因爲大眾都落在表相上面。一旦落在表相，就會只知其一不知其二，所以智慧就起不來。

譬如人家禪師上堂，拿起了拂子說：「十方世界都在這裡面。」又把拂子一丟，便下座走了。以前香港已故的月溪法師也跟人家學來現用：「世界都在這裡。」可是他的世界是什麼？只是生滅的意識心，這便叫作只知其一、不知其二。雪竇重顯就是太老婆了，所以才會這麼講；可是他這麼講，眾生就能夠眞的瞭解嗎？也不盡然。所以雪竇就說：「**會中若有仙陀客，何必文殊下一槌。**」說當時法會之中如果有一個仙陀客在，根本就不需要　文殊再白椎了，說　文殊白椎是多此一舉。所以，如果你是眞的仙陀客，既不需要　文殊白椎，其實也不需要世尊下座，在法會一開始時，你當時就會了。因此雪竇說「**何必文殊下一槌**」，文殊下那一槌根本就是多餘的。所以我說：文殊白椎以後才悟的，可以當人師；文殊白椎以後還悟不了的，自救不了；如果在文殊白椎之前就悟了的，可以當人天師。你可以把自己秤秤看，到底是自救不了的那個人呢？還是可以當度人師的那個人？或者是可以當人天師的人？到底雪竇重顯禪師意在何處？這可是個大學問！只是得要有大福德和利根智慧才能悟入啊！接著還是宗說，再來看另一件教外別傳的公案，當然還是世尊的公案。

《教外別傳》卷一：【**世尊一日陞座，大眾集定；迦葉白椎曰：「世尊說法竟。」世尊便下座。**】

這位禪宗第二祖大迦葉才剛一悟，竟比　文殊菩薩還要乾淨俐落，不著痕跡。他當時眞比文殊菩薩還要乾淨俐落哦！世尊陞座了，大眾剛集定，他就把雲板敲了說：「世尊已經說法完了。」於是世尊就下座了。如果我已經七老八十了，哪天沒力氣說話，就希望有誰幫我這麼打雲板說：「**蕭老師說法已竟。**」我就可以下座休息了。那麼到底說了法沒？說了！這其實是眞佛說法，不是應化佛說法。所以我才爲這公案作了這一首頌：

世尊說法竟，疑殺古今人；眞實說法處，開口前會取。

白椎與下槌，阿誰是世尊？

文殊菩薩、迦葉菩薩都說：「**世尊說法已經說完了。**」這句話可眞的是要疑殺天下人。古時候多少人在這句話下死掉，一生至死都活不過來；不但古時，一直到現在仍然是如此，總是死在這一句話下，法身慧命終究還是活不過來。那些人總是在文殊、迦葉開口說法的地方去領會，越領會自然就越發遙遠。然而如果是眞的上上根人，不等他們兩位開口，在他們兩位開口之前就已經會了，才眞是上上根的摩訶薩。若是得要等他們打了雲板還開口了以後才會，能作得了什麼事？只能自救。眞要是上上根人，當他們二位大菩薩拿槌子之前就會了，所以眞正說法的地方不在開口處。這兩個公案中的眞實說法處，都不在開口處，所以要從開口前去會取。可是對於現代後代的末法學人，這眞是太難了，因此我便發了悲心說：白椎與下槌之處，你可以去參詳一下，到底阿哪個是世尊？因爲既然說世尊已經說法完了，可是世尊始終都沒有開口說法啊！那你就從這裡下手。所以，其實我比雪竇還要老婆，老婆到眉毛已經拖到地上去了。再舉《景德傳燈錄》卷九來作宗說：

【潙山靈祐禪師云：「從聞入理，聞理深妙；心自圓明，不居惑地；縱有百千妙義抑揚當時，此乃得坐披衣，自解作活計。以要言之，則『實際理地不受一塵，萬行門中不捨一法。』若也單刀趣入，則『凡聖情盡體露眞常，理事不二即如如佛。』」仰山問：「如何是西來意？」師云：「大好燈籠。」仰山云：「莫只遮箇便是麼？」潙山禪師云：「遮箇是什麼？」仰山云：「大好燈籠。」師云：「果然不識。」】

這像不像精神病患者？可是我第一次看見公案的時候，從來沒有起過念頭說「這些人是精神病者」，我都想：「他們一定有什麼祕密藏在裡頭。」潙山靈祐禪師有一天向大眾說：「從聽聞佛法而進入眞實理之中，聽聞了眞實理是那麼的深妙；因此悟了以後心中充滿了圓滿的光明相，因爲智慧生起了，從此以後不再住於迷惑的境界中。假使聞法以後依舊悟不了，心中縱使有幾百種、幾千種深妙的法義，能夠爲人講得非常生動，有時低沉，有時高亢，讓大家聚精會神聽得很歡喜，神采飛揚而抑揚頓挫於當時；然而這種人只是能夠得到那個法座，披起縵衣坐在那邊說法而已，都是自以爲眞的瞭解佛法了，其實只是關起門來在那邊幹自己的活，出不了大門的。如果扼要的來說，那就是『在實際理地之中連一塵都不存在，可是雖然連一點點的微塵都沒有，卻是能夠在萬行諸法當中不捨任何一法。』如果能夠單刀趣入的話，進入到實際理地中來，其實『凡情聖情都不可能再存在了，那時候眞實的法體顯露出來的，是眞實常住的法、永無變異的法，到那時候從理上、事上來看，根本都沒有理與事這二相；這時理即事、事即理，能夠這樣子實證，那就是如如佛。』」溈山靈祐禪師開示完了，仰山慧寂當時還沒有開悟，於是就問：「如何是祖師西來意？」請問說，達摩祖師從西天來到東土，他要傳達的意思是什麼？溈山禪師就指示說：「大好燈籠。」語言上的表面意思，是說那個做得非常好的燈籠。仰山心中有疑，就問：「莫非就是這個嗎？」溈山禪師勘問說：「你說的這個是指什麼？」仰山慧寂答覆說：「就是這個大好燈籠。」溈山勘驗出仰山的敗闕了，就說：「你果然是不懂。」記得哦！前面已經有跟你說「離言說」，教你別落在言說裡面。凡是落在言說裡面聽法，你就聽不出弦外之音了。所以，你眞要是個菩薩，就單刀直入，別想了一大堆言語來臆測。一般人想：「我如果想要證悟般若，必須要把《大品般若經》六百卷都讀過好幾遍；並且要寫下重要的地方，要用功寫下筆記溫習。」這都是錯誤的想法。你若是想要眞正證悟般若，只要好好把它讀過一遍，正知見建立起來，接著就不要管什麼作筆記、不作筆記的事，你只要單刀直入就行了。你得要抓那些賊人的頭頭，不要在那邊想：他有一千個手下，我應該準備一千把刀，一個人用一把刀來殺掉。你不需要準備一千把刀，你也不需要用同一把刀去把一千個人殺掉，只要直接抓住那個賊頭就行了。否則的話，你拉了一牛車來，說這一刀是要殺某甲的，又抽另一把出來說這是要殺某乙的；一千把刀都抽出來了以後，還在那邊數：「剩下這一把刀是要殺那個賊人頭目。」可是你這樣搬來搬去，當你搬到第三把刀時就已經被賊人殺掉了，還能夠殺賊嗎？

所以，不要在那邊說食數寶，你只要單刀直入，依照般若諸經中說的金剛心的清淨涅槃自性去參禪，直接去把祂找出來，智慧就立即出生了，這不就得了？要能夠單刀直入取賊人頭目，不要管他手下有多少人。每一個人的三千煩惱絲是三千個手下，難道你要一個一個去把他們殺光了以後，才要去抓那個頭目嗎？根本就不需要。你繞過那三千個手下，直接抓住賊人頭目就好了，管他三千個手下幹嘛？當你把他抓了，頭目已歸降於你，那三千個手下就得要聽你的了，那時你又何必把他們殺掉？這才是大乘法：不斷煩惱證菩提。阿羅漢是要把那三千個人殺掉才證菩提，你根本不必，你把那三千個人丟在一邊：「我跟你們頭目單挑，我要是贏了，你們全都得聽我的。」只要擒住頭目，手下三千煩惱不就跟著了結？這樣單刀直入就直接解決了。從實際理地來看，等你單刀直入把頭目一把抓住的時候，你發覺根本就沒有頭目可說；其實你自己就是頭目，原來那三千個煩惱絲是你自己所有的；這時你只要使用他們就好了，何必把他們殺掉？到時候你會發覺：原來我當頭目的時候，根本就沒什麼事可說，都給三千煩惱絲去做就好了。

這樣實證三界外的金剛心時，從自己的金剛心的立場來看，連一點點的微塵都不存在了。到那個時候別人問你說：「你開悟了，你是凡、還是聖？」

你怎麼答？你就問他：「你說我是凡？還是聖？」他說：「你是凡呀！」你就說：「我是凡。」別人說：「你是聖呀！」你就說：「我是聖。」也許別人說：「你根本沒有什麼凡、什麼聖，你什麼都不是。」你就說：「我什麼都不是。」確實什麼都不是，因爲金剛心的實際理地中並沒有一塵可說，還有什麼凡聖可說？如果是個什麼，那就不是了。所以這個時候，管它是凡是聖，別人說的，你都照單全收，收了再送還給他就好了。所以當他罵你說：「你是渾蛋！」你說：「我是渾蛋。」他又罵說：「你不是人！」你說：「我不是人。」「那你到底是什麼？」「是眞人。」「你是眞人，那眞人是什麼？」「是眞人。」你以弦外之音把眞人告訴他了，這樣答就好了，不必理會對方聽懂、聽不懂。所以悟後在理上、事上，你都可以隨機運用無所遮障；那就由著你發揮，你怎麼發揮都對；因爲你回應時講出來的都是弦外之音，都是密意，而他們都會落在你的文字語脈上面。所以到這個時候，理上也可以，事上也可以，都無掛礙；因爲這時候從你的智慧所見來講，事就是理，理就是事；理、事並沒有分成兩個，理、事圓融，是不二的。不像阿羅漢們，他們所謂的理是無餘涅槃，是滅盡一切的；事就是五陰，五陰跟涅槃是分割角立的，並不是同一個。可是對你來講，五陰與涅槃根本就是同一個，涅槃就在五陰中同時同處，五陰還在生死的時候就已經是涅槃了，所以理與事不二；既能夠這樣子理事不二，那你當下就是如如佛了，你還要向外求證什麼佛呢？就憑著你這個自性佛，這樣一生一世又一生一世，次第邁向佛地。

可是，開示歸開示，還沒有找到如來藏的人，終究還是無可奈何；所以溈山禪師講得這麼明白了，仰山慧寂當時還是不懂，乾脆直接就問：「如何是祖師西來意？」就是說：「請師父您告訴我，達摩祖師西來，到底是告訴我們什麼？」溈山禪師也老婆，就直接告訴他：「大好燈籠。」那仰山慧寂禪師當時知見確實不夠，就在那邊猜測到底是什麼意思：「莫非就是這個嗎？」仰山既然說是這個，也就是這部經中說的「此」；那麼溈山禪師當然得要弄清楚，到底仰山講的是燈籠？還是燈籠背後這個？所以還得要問他：「你講的這個是什麼呢？」仰山答覆說：「就是大好燈籠。」溈山一聽，就說：「果然還是不會。」

針對這個公案，咱也寫了一首頌來幫助大家：

真實如來無所說，化身如來常言說。化身如來表義說，真實如來熾然說。

大事因緣說正覺，三阿僧祇精勤修；無上正覺無所得，三轉法輪總無言。

無言說中熾然說，會者聽取弦外音。

也就是說，眞實如來其實從來不曾爲你說法，爲你說法的都是化身如來；所以化身佛一天到晚撥弄嘴皮子，不停地在說法，才會講出三藏十二部經典來。

化身如來說的都是從表義名言上面來說法，但是化身佛身中的眞實如來雖然一直沒有言說，祂卻是直接地、很強烈地、很分明地把眞實法告訴你了。諸佛全都是因爲眞如佛性這個大事因緣而來人間演說正等正覺，那是需要三大阿僧祇劫精進殷勤地修行才能達成；可是等你成佛的時候，你會發覺無上正等正覺的境界中根本就沒有所得，始從初轉法輪到末後第三轉法輪說完了，其實你根本沒有說什麼法，連一句言語都不曾有。

都是自己心中本來就有的東西，所以無上正等正覺者說法的時候，並不是到二、三轉法輪才開始說勝義諦無上法，其實是初轉法輪就開始說了，可是祂都沒有用語言文字來說法。雖然沒有語言文字，然而無言說之中卻不斷地、非常分明地、熱烈地爲眾生在說著勝妙法；若是你能夠體會到這裡面的眞實義，你就從這裡面聽取弦外之音吧！

可是沒有言說當中，到底怎麼樣是眞實如來的熾然說呢？當我等了好久以後，還是沒有人會得時，我就只好老婆一些點了出來：

車馬步履更電梯，進得講堂覓知音；

顧問平實尋般若，答者豈如問者親？

〈依法出生分〉第八

【「須菩提！於意云何？若人滿三千大千世界七寶，以用布施，是人所得福德寧為多不？」須菩提言：「甚多！世尊！何以故？是福德即非福德性，是故如來說福德多。」「若復有人於此經中受持，乃至四句偈等為他人說，其福勝彼，何以故？須菩提！一切諸佛及諸佛阿耨多羅三藐三菩提法，皆從此經出。須菩提！所謂佛法者即非佛法。」】

講記：「須菩提啊！你的意下如何呢？如果有人用鋪滿三千大千世界的七寶，以這些無量的七寶用來布施，這個人所得到的福德難道不是很多嗎？」須菩提回答說：「非常多呀！世尊！是什麼緣故而說很多呢？這種福德就不是福德的眞實性，由於這樣的緣故，如來說他的福德非常多。」世尊隨即開示說：「如果還有另一種人於『此經』裡面全然受持，乃至只以『此經』的一首四句偈等言詞來為他人解說，他的福德遠遠勝過前面那個人，這是什麼緣故呢？須菩提啊！這是因為一切諸佛以及諸佛所證得的無上正等正覺妙法，全部都從『此經』出生。須菩提啊！所說的佛法其實就不是眞的佛法。」

這是第八品〈依法出生分〉。依法而「出生」，是出生了什麼？出生了無上正等正覺。可是「依法」而出生，是依什麼法？依哪個法？這可得要探究。若不探究清楚，就不知道會出生了什麼菩提；萬一是依邪法而出生了邪教、邪菩提，並不是我們學佛所想要的眞正覺悟的智慧，卻信以爲眞，可就麻煩了。所以，一定是有一個常住的、本來涅槃的、本來清淨的眞正法體讓你作依止，因此你才能夠成爲無上正等正覺。如果不是有一個常住而本來清淨的法可以讓你作依止，而是無因論的一切法緣起性空，就沒有無上正等正覺可以出生了。這一品〈依法出生分〉的意思，就在表達這個正理。

換句話說，你若是修證二乘法，雖然只能證得二乘菩提，在知見上面也是同樣要有一個法讓你作依止，才能出生二乘菩提智慧而獲得解脫果；否則，自稱是從佛口化生而說自己是眞正的佛子，自稱是佛口化生的證悟菩薩，或者自稱是初果人，是憑什麼法而敢自稱是從佛口化生的？生身是父母爲你所生，可是你的法身慧命是由佛口化生的；既說是從佛口化生，一定是你從 佛陀的教示中證得某一個法了；是因爲證得那個法，所以你的法身慧命是化生的，於是你既是人子，同時也是佛子。

這一品就是在告訴你，有一個法是可以讓你出生無上正等正覺的智慧。所以佛告訴須菩提說：「須菩提啊！你的意下如何呢？假使有人用遍滿三千大千世界的七寶，來布施給眾生，這個人所得到的福德是不是很多呢？」諸位想想看，遍滿三千大千世界的珍寶；且不說遍滿三千大千世界，只要遍滿這一個講堂的珍寶就好了；你想：金、銀、琉璃、硨磲、珠寶等等，塞滿了這個講堂。好多人會這樣想：「我賺上一輩子也不可能賺這麼多，特別是近幾年來黃金貴得要命。」可是他布施出來的珍寶並不是只有這個講堂裝的這麼多，而是遍滿三千大千世界。以這麼多的七寶來布施，當然福德很大，所以須菩提聽了就回答說：「這個福德很多！世尊！爲什麼呢？因爲這個福德就不是福德性，所以如來您會說，這樣布施的人福德很多。」

原來這個福德不是在講世間的福德，須菩提眞的很厲害，他沒有落到文字表相裡去。如果是一般人聽了就會答覆說：「這個福德很大，布施給一條癩痢狗，來世還得百倍之報；若是遍滿三千大千世界的七寶用來布施，那未來世要怎麼享用得完？」一般人會這麼想，須菩提可不是這樣，他回答說：

「這個福德很多，因爲如來所說布施的人應該得到的福德，並不是指世間福德的體性，所以如來才說福德很多。」眞不給 佛陀面子，假裝受騙一下也不肯。於是 佛就開示說：「假使有人在這一部《金剛經》裡面來受持整部經，或者不能受持整部《金剛經》，只受持經中一首僅僅四句的偈子，只是爲人講解這一首四句偈的義理，他所獲得的福德，勝過那一個人用遍滿三千大千世界的七寶去布施。爲何這麼說呢？須菩提啊！一切諸佛以及諸佛的無上正等正覺的佛菩提法，都是從這一部經生出來的。須菩提啊！我所解說的佛法，其實不是眞正的佛法。」世尊與須菩提師徒兩個人到底在講什麼？眞的是遇到了丈二金剛，你摸不到他的後腦勺。所以，〈依法出生分〉就表示說，有這麼一個法，名爲「此經」；這一部經可以讓你作爲依止，依止於這部經而產生了一切的世間法以及三乘菩提等出世間法、世出世間法。

用遍滿三千大千世界的七寶來布施，那世間福德當然是很大；可是這樣布施以後，來世所得的福德到底是由誰得？是由此世這個五陰去得嗎？不是，這個五陰不能去到後世來得這個福德。事實上，今生廣大布施的善業種子，是由這個金剛不壞法「此經」如來藏帶到未來世去，由這個法幫你出生了後世的另一個五陰去享用，所以對這一世的你而言，所謂的福德並沒有福德可說。有人想：「這一世，我護持正覺講堂，這是當代唯一了義正法的道場；不得了，我下輩子多有錢！」問題是，福德是下輩子的你去得，不是你這一世的五陰去下一輩子得，你在高興什麼？根本不值得你高興。因爲下輩子的五陰又不是這輩子的五陰，下輩子的你並不是這一輩子的你；所以那個福德不是福德，是由下輩子的另一個你來得，對於這輩子的你而言，並沒有福德可說。可是在沒有福德之中，下輩子就這樣得了這輩子布施的福德；下輩子那個五陰固然不是你，下輩子的意根卻還是你自己的，受持此世福德種子去下輩子的如來藏卻還是你自己的，這樣才是福德多。如果不是有這個法—此經—金剛心來受持布施後所得的福德種子，那麼布施了以後就沒有果報了，就不叫作福德多了；正因爲有這個常住不壞法—「此經」，所以布施了以後「福德多」。這個法—此經—究竟是阿哪個法？可就得要詳細參究了。

所以，須菩提很瞭解世尊在說什麼，因此他就說：「福德很多啦！因爲那個福德並沒有福德性，它就不是世間的眞實福德性，所以如來才會說福德很多。」因爲下輩子應該得到的福德，從實際理地中來看，眞我此經根本就不會也不可能享受那個福德，那有什麼世間的福德性可說呢？沒有。因爲實際理地的金剛心—此經如來藏—是從來都不會與福德果報的可愛六塵境界相應的。用遍滿三千大千世界七寶布施以後，你下輩子，就算一千億個王永慶的資財也比不上你的福德；可是下輩子得福德的是誰來得呢？主體還是在如來藏。可是對如來藏來說，並沒有福德性可言；因爲祂出生了下一世的五陰，由那個五陰去領受那個福德、去享受那個福德，祂自己可都不對福德實現出來的可愛六塵境界加以領受，所以說這個福德就不是福德性。須菩提當然知道佛陀所講的那個福德是在講這個道理，所以佛才會這樣講：「如果有人在『這一部經』中去受持全部，乃至只受持『此經』裡的一首四句的偈而爲人解說，那個福德是勝過以遍滿三千大千世界七寶去作布施的人。」

因爲那個福德是由這個法「此經」所攝受的，你如果證到了這個法，這個法所有的福德就都是你的；所以說這個福德更大，因此要受持「此經」。但問題是：如何是此經？什麼是此經？此經是指什麼？這就是你要琢磨的地方。因此，如果你能夠受持此經，你的福德一定是超過布施三千大千世界七寶的人；因爲你永遠不會落入三惡道中，可是那個極廣大布施的人在下一輩子享受完了，不免是要造作許多惡業的，下輩子捨報以後就得要下三惡道去，想一想看，到底是誰的福德多？你只要受持了「此經」，就永遠不會墮落三惡道；你只要受持了「此經」，阿羅漢就得聽你的，因爲你的智慧是阿羅漢所不能猜測的。那麼請問：你要不要受持「此經」？那當然要。問題是：「此經」是哪一部經？什麼是「此經」？這就是要點。我把期末考的重點告訴你了，你可要懂得什麼是「此經」。

所以，如果你受持了此經，自認爲證悟而安住下來，即使都不爲人解說；不管誰怎麼輕賤你，都沒關係，你反正就是「福德多」；因爲聲聞阿羅漢見了你，也得要聽你說話，他在佛菩提道中是不能說話的，那麼你說：誰的福德多？阿羅漢是人天應供，諸天天主見了他，還得要供養他；可是他若來到你面前時，還是得要聽你說話，只因爲你受持「此經」，你也知道他所證的二乘菩提也是依於「此經」才能證得，否則就會成爲斷滅空，所以「此經」眞的是寶經。如果你受持了「此經」以外，又把「此經」裡面所有的種種四句偈，從其中抄出一首來爲人家講解；或者乾脆你就自己寫一首四句偈來爲人講解都可以，一樣是「此經」裡面的偈。我說，你自己寫的偈依舊是屬於此經中的偈，因爲此經就是如來藏；你依所證的如來藏寫了偈出來，那就是《金剛經》中的偈。所以你只要從你自心那一部經裡面寫出一首四句偈，爲人家解說了，這個福德就勝過那個布施三千大千世界七寶的人。

爲什麼福德會勝過那個布施遍滿三千大千世界珍寶的人？因爲「諸佛皆從此經出」，而且諸佛所得到的無上正等正覺的一切妙法，也都是從「此經」生出來的；那你說，「此經」珍貴不珍貴？你既然受持了「此經」，就已經可以得到佛菩提果：將來的究竟佛果也還是從「此經」出。將來證得無上正等正覺的所有不可思議勝妙法，也是從「此經」中生出來的。「此經」常住不壞，藉「此經」得到的佛果當然也常住不壞，所以由「此經」生出來的無上菩提法也就常住不壞。可是那個人以布滿三千大千世界的七寶布施，只能轉到下一世去享用一世；如果他不懂得保留分期享受的話，下一世就把布施的福德全都賺到手，他一世享盡以後就沒福德了，而你受持「此經」所得的福德卻是世世享用不盡的；那你說，到底誰的福德多？當然是受持「此經」的人「福德多」。

佛陀很老婆，特別又吩咐了一句話：「須菩提啊！所謂的佛法其實就不是佛法。」這不是很奇怪嗎？佛陀來到人間是爲了一個大事因緣，就是要講佛菩提道的妙法，不是爲了要講聲聞法而來，如今竟然說「所謂佛法者即非佛法」，到底 釋迦老子葫蘆裡面是賣什麼藥呢？如果你會了，就說：「祂賣的就是此經。」如果你不會，就詢問說：「你說祂賣此經，此經是哪一部經？」我就回答說：「《金剛經》。」確實呀！此經就叫作《金剛經》，你不要以爲還有哪一部經，而我已經同時把「此經」的所在告訴你了。我們將來要講《法華經》，我預先告訴諸位：「《法華經》就是《金剛經》。《大般若經》六百卷把它翻出來，讀上好幾個月；得要不上班，請假讀上好幾個月才能讀完；那《大般若經》也是《金剛經》。」你說：「騙人！我才不信，我去把阿含部的經典請出來。」我就告訴你：「阿含部諸經也是《金剛經》，因爲阿含諸經也是從此經出，此經就叫作《金剛經》。」所以你如果聽懂了我現在說的弦外之音，你心裡面就會大叫：「過癮呀！過癮呀！」可是如果還沒有找到此經如來藏，就只能說：「不懂呀！不懂呀！」所以你看，爲什麼會有這個差別？就因爲差了禪宗這一著子。所以研究經論，不可能眞的懂經論，還是要經由禪宗這一著子參破了，才能眞實懂。

我們的《金剛經宗通》〈依法出生分〉第八，上一週已經從文字的表相意思講解過了，今天再從理上來說說看。「依法出生」是依於「法」而有般若波羅蜜多出生了，也就是依於這個法而有到達無生無死彼岸的智慧出生了；當然所依的這個法不會是說世間法的蘊處界，一定是說一切法界中的眞實相，也就是常住不變異的眞如心。只有常住而不變異的眞如心，才可能出生諸法，才是一切法界的實相；凡是會斷滅的法、會間斷的法，或者無始以來一直常住，但是未來也可以壞滅的法，就不可能出生萬法。所以，依法而出生一切法，一切法是包括三乘菩提的；那麼依法而出生諸法，其實說一句大家比較耳熟能詳的話，就是三界唯心、萬法唯識。這個「依法」講的是依自心如來，就是三界唯心的心；祂可以出生三乘菩提，出生世間種種雜染萬法，也可以出生三乘法中的一切賢聖。既然這個法是如此的珍貴，當然受持這個法的人所得的福德，必然也是無量與無邊的。

假設有一個人福報極爲廣大，不只是賺得全世界，而且是把小千世界、中千世界、大千世界都賺到手，這樣他的福德總算夠大了吧！可是這麼大的福德，請問是由誰來受持？還是由他的如來藏出生了五陰才能受持，所以如來藏雖然並沒有直接擁有三界中的任何財物，但是經由祂受持的這些福德種子，卻可以出生了五陰十八界來擁有應該獲得的整個三千大千世界；所以三千大千世界雖然大，卻歸五陰的他所有，而五陰則是歸如來藏所有的；因爲五陰從來不曾外於如來藏而存在，所以這如來藏當然是比五陰擁有的三千大千世界更大。這就好像說，一個國家之中以國王爲最大，即使所有人的力量加起來遠超過國王很多，但還是以國王爲大，因爲大家都歸他所管。同樣的道理，他縱使擁有了三千大千世界，但仍然是在他自己的如來藏中來擁有；離開他的如來藏，他就無法擁有；所以如來藏才是眞正的法，這個法才是最偉大的法。因此所有的福德，不論大與小，推究到最後都歸如來藏所有；乃至小到一隻細菌，連肉眼都不能看見，牠所擁有的福德是那麼少，也是一樣要由牠的如來藏受持那麼微小的福德種子，否則牠可能出生不到幾分鐘，就被別的生物把牠吃掉了，連維持短暫的半天生命都不可能。所以不論福德的多少，還是要攝歸於如來藏中。

由於這個福德是由如來藏來執持，可是如來藏並不領受那些福德，而是由祂所出生的五陰十八界來領受那些福德果報。所以，金輪聖王擁有了一個四大部洲世界，他的如來藏還是沒有受用福德，因為如來藏並不領受福德；祂所含藏的福德種子現行出來，使金輪王擁有整個四大部洲世界，卻是由金輪王的五陰十八界所擁有，如來藏並不擁有。所以，你說這個福德對法界實際的如來藏來講，是不是福德呢？那其實不是福德，因為祂沒有領受；但在沒有領受之中，在沒有福德之中，祂卻使被出生的五陰十八界能夠領受、擁有大福德。所以說，以三千大千世界的珍寶來布施，結果還是沒有福德；能夠現觀這樣的沒有福德的法界事實，才能夠說他的福德非常非常地多。

然而即使是這樣大的福德，把它歸結下來，還是要歸到如來藏來。可是因為大家還不知道如來藏是什麼，佛就用《金剛經》的法義來說明如來藏，讓大家可以親證；所以說：「**若復有人於此經中受持，乃至四句偈等為他人說，其福勝彼**」，說他的福德超過以遍滿三千大千世界珍寶來布施的人；因為那個能布施無量無邊珍寶的人，他不懂得受持「此經」，「此經」就是金剛心如來藏。那個人去作了大布施以後，並不知道這些福德背後的依止是什麼；可是你受持了「此經」，知道所有布施的廣大福德，背後是由如來藏在受持；所以你寧可受持「此經」，而不要受持遍滿三千大千世界的珍寶，因此說能夠受持此經的人，福德超過那個布施三千大千世界珍寶的人。

受持「此經」的福德已經這麼大了，若是再進一步把「此經」裡面的某一些法性，以《金剛經》中的四句偈或自己造的四句偈，清楚分明地爲人解說，這個福德比受持「此經」的人當然更大。爲什麼這樣呢？因爲一切諸佛—包括三世諸佛—所得無上正等正覺的所有難以思議勝妙法義，都是從「此經」而出生的。換句話說，假使沒有「此經」就不會有三世一切諸佛；假使沒有「此經」就不會有過去諸佛、現在十方淨土諸佛，也不會有諸位在眼前存在，因爲諸位是未來佛。沒有「此經」就沒有三世諸佛，當然沒有「此經」就不可能有三乘賢聖的出生與存在；也不可能有諸佛所證的無上正等菩提，因爲無上正等菩提也是從「此經」出，「此經」就是如來藏。

如果沒有十方諸佛出現人間說法，也就不會有阿羅漢與緣覺，因爲阿羅漢們所學的因緣法和聲聞法，全都要從佛聽聞而證；並且阿羅漢以及無佛出世時的辟支佛們，他們的五陰十八界也是從「此經」而出。那你想，一切都從「此經」出，而你今天竟然能夠找到「此經」、受持「此經」，你的福德當然無量也無邊。那個布施三千大千世界珍寶的人，他的福德是有量也有邊；

它的量是什麼呢？就是一個三千大千世界。邊呢？就是一世擁有，再到下一世去就沒有了。他如果夠聰明，趕快再布施，下一世又有世間大福德，而且擁有更多；但還是有量也有邊，因爲可以計算，也只有一世。如果他下一世又把布施的福德全部實現，捨壽以後還是只能一世擁有；如果他那一世不布施，下下世就沒有福德了，所以世間福德都是有量也有邊的。

可是你受持了「此經」，未來世還是會繼續受持祂；因爲你這一世已經悟過了，轉生到下一世時，別人儘管怎麼樣毀謗如來藏，偏偏你一聽到如來藏就好歡喜、好歡喜地想：「我要證這個法。別人怎麼說是他的事，與我無關，我就是要證如來藏。」你聽了如來藏就歡喜，是因爲你前世受持過，所以聽了就歡喜。儘管別人大聲毀謗說：「如來藏是外道神我，你不要去證那個外道法。」你卻說：「我偏要證如來藏，我聽了如來藏妙法時就莫名其妙地歡喜。」等你此世重新又受持此經──等到你又開悟了，這一悟就會比上一世的智慧更好，因此你永遠受持此經。別人想方設法，千里萬里行腳，走到足跛（就是冒泡結繭又爛了），完全不能走路時都還悟不了；但是你不用費吹灰之力，很容易就開悟了，都是因爲往世受持「此經」的功德。而你這個功德沒有量，因爲悟了有功德，有功德就伴隨著福德在一起；所以你只要眞的開悟了，下一世不必愁衣食住行的問題；至少總有個房子住，至少總能過得去；不必像人家奔波一生以後，結果還是買不到一戶公寓裡的一間廁所。

所以，受持此經有大功德，而且會伴隨著福德；既然有大功德，隨便爲人家講幾句法，人家都受用無窮，還會讓你餓著嗎？還會讓你凍著嗎？不可能！這個功德與福德，並不只是一世擁有，而是生生世世都還會繼續擁有，所以也是無邊的。所以說，一切諸佛以及諸佛所證的無上正等菩提，都是從「此經」出。也許有人不信，心想：「**修學佛菩提也許是要證『此經』啦！但是修學聲聞菩提時何必證這個？**」是沒錯，修學聲聞菩提的人是不必證得「此經」，但是他們也得要相信有「此經」才行；他們如果不相信有「此經」常住不滅，聽到證無餘涅槃時一定要棄捨自己的十八界全部，不免恐懼會落入斷滅空中，於是落入意識心中抓得牢牢地，都是斷不了我見的，更不可能斷我執的。如果沒有「此經」，他縱使眞能斷了我執入了無餘涅槃，就一定會變成斷滅空。如果是斷滅法，他就沒有辦法出生解脫的智慧，更無法把解脫道眞正弘揚起來，也就無法來利益眾生，人間又怎麼可能會有二乘菩提存在呢？所以說二乘菩提仍然是從「此經」出。因為「此經」是一切法的根源，所以說，依「此經」這個「法」而出生了無上正等菩提，出生了三世一切諸佛，也是出生了世間出世間一切法，因此這一品才說是「依法出生」。

可是想要證得「此經」，不能用有所得心來求證。彌勒菩薩開示說：

「佛非見果知，願智力現見；求供養恭敬，彼人不能說。」

所以，你如果遇到有個人一天到晚說：「我證得什麼果，我證得第幾住、第幾行、第幾迴向、第幾地。」或者有人一天到晚開口說：「我們早已成佛了，你們顯教還在那邊辛苦地修行。」你一聽就知道這個人根本連我見都沒斷，因為他是以有所得心來見「佛」的實際，這樣就不是真的見佛。成佛與否，並不是從果位上來知道的，是要從法上面來了知的，並且是要從願力與智力上面來現前照見；所以證果以後要從他的願力與智力來現前照見，口說不足為憑。籠罩眾生的事，是在沒有真善知識住世的年代，才可以行得通；可是籠罩人家大半輩子以後，捨報前十年，突然冒出一個善知識來，那他就倒楣了。

所以，若沒有智力，空有願力說：「我要利益眾生。」問題是，他要用什麼來利益眾生？是用我見來利益眾生嗎？是用我所的執著來利益眾生嗎？或者說穿了，其實就是打著利益眾生的名號來建造自己的佛國王宮，那個大雄寶殿金碧輝煌，裡面都是價値連城的擺設，說穿了就是出家當一個小國的國王。把一大片山林建設得金碧輝煌，然後住在裡面當國王，說白了，他所謂的願力只是一個口號；用這個藉口說要利益眾生，其實是在實現自己的名聞，是在實現自己在佛教界的地位，何曾眞正利益了眾生？因此 彌勒菩薩說：「**是不是眞的證果，要從他的願力以及智力來現前照見。**」

如果他的願是在建築金碧輝煌的佛家宮殿，那不是眞的願。如果他的智慧是跟世俗凡夫沒有差別，同樣落在意識之中，所說的佛法都是意識境界，顯然他是沒有智力的；這種人說穿了，就是藉佛法的名義來求供養與恭敬。他一心追求的就是大家對他的大大供養，道場每一個月收入幾百萬、幾千萬元，他都不看在眼裡的。如果是聰明人，幾百萬元送到大道場去，結果人家大師都不看在眼裡，不如去找一個小精舍送過去，人家會非常高興的，會把你永銘在心。譬如說你把三百萬元台幣，分送到三個小精舍去供養，看人家會不會一生一世記得你？一定會呀！所以貪求供養的人，他不會住在小精舍中用功的；他的道場規模是越弄越大的，並且都是幾百億元建設起來的規模；至少也要有五、六十億元蓋起來，而他住在其中享受，這叫作求供養。可是有的人對供養並不在意，卻有一樣很在意：就是不管他走到哪裡，都有一群人當面禮拜他，使他覺得好有面子。他喜歡人家恭敬，金錢倒是不太在意；這可以叫作等而上之，這在末法時代已經算是很好的了。

彌勒菩薩說：「求供養恭敬，彼人不能說。」求供養或恭敬的人，是無法為人宣講般若的，他對於「此經」根本不懂。當你問他說：「如何是此經？」「此經就是《金剛經》，就是應無所住而生其心。」就教你要放下一切，保持離念靈知，他就這樣子跟你講「此經」。有一天遇到個菩薩跟他說：「你這樣講，錯了！」也許他反問：「那不然，你怎麼說此經？」菩薩就回答他：「此經！」「那明明是講《金剛經》，你怎麼講不是此經？那你說，如何是此經？」沒想到菩薩竟然回答說：「金剛經！」管教他丈二金剛摸不著後腦勺。所以，「依法出生」究竟是依什麼法？依「此經」。「此經」就是如來藏，也是將來成佛時的佛地無垢識。如果通達了「此經」，這個人就能為人說法。但是他得要先把我見斷了，要先把我所的深重執著先斷掉一大半，然後才可能去參禪而證得如來藏，才能眞的受持「此經」。受持了「此經」以後，他就能擁有無量也無邊際的福德與功德。假使進而能爲人宣講「此經」，一生之中只要度得一個人親證「此經」，那福德與功德就更不可思議了。也許有人不太相信，那麼我們就來看看補充資料引述的經典中是怎麼說的：

《寶雲經》卷七：【「若善男子、善女人，能令三千大千世界眾生，悉得須陀洹果、斯陀含果、阿那含果、阿羅漢果，得辟支佛果；設得如是功德，猶故不如聞上一句之義，次第受持、讀誦、書寫、爲人廣說，何以故？聲聞、辟支佛功德皆從『此經』出故。因於『此經』能出一切菩薩，及諸佛出現於世；若讀誦『此經』次第句義、分別解說，即是受持一切佛法。」】

這是從《寶雲經》來證明《金剛經》的說法。佛陀說法是一時說、一義說，不會有二語、二義。佛陀不會說兩種話，祂講的永遠是同一個道理；不會今天演說出這個道理，晚上因爲人家質疑，明天早上就改變說法，絕對不會。佛陀永遠都是一語，祂的說法是不會改變的。所以長慶慧稜禪師曾經這麼說：「寧說阿羅漢有三毒，不說如來有二種語。」也就是說，假使要誹謗佛講話有前後兩種不同、互相矛盾，即使只是這麼輕微的謗佛都不要作；假使忍不住而眞的想要造下毀謗諸佛說二語的小惡業，倒不如去造毀謗阿羅漢還有貪瞋癡三毒的大惡業。實際上阿羅漢不可能有三毒，這是極重大的毀謗；如果亂講阿羅漢還有三毒，可就罪過彌天了！但是祖師卻說：「寧可說阿羅漢有三毒，不說佛有二種語。」對佛陀，連一點點小小的毀謗言語都不應該有，因爲遠比重謗大阿羅漢的罪更重許多倍，雖然只小小地毀謗佛陀說法前後不同。所以說，佛陀今天這樣講「此經」，明天還是會這樣講「此經」，雖然看來表面文字及意涵似乎不同，其實前後如一，都不會有所改變；所說只有越廣越深入，但眞實意涵永遠不會有所改變；不管誰來質疑都一樣，乃至諸天天主前來問法時還是一樣。

《寶雲經》這麼說，《金剛經》也是這麼說：「如果有善男子、善女人，能使得三千大千世界的眾生，全部證得初果」，全都證得初果還不算數，「使所有人全部證得二果，乃至全部都證得阿羅漢果或者證得辟支佛果。假設有人能得到這樣的功德，還不如去聽聞『此經』一句正確的法義。」諸位想想看，只是聽聞而不是親證；只是去聽聞「此經」的法義一句，就勝過辛苦度三千大千世界的所有人都證得辟支佛果。想想看，「此經」的功德力有多麼廣大！佛又說：「如果能夠聽聞而且還能夠次第受持，」那功德又更廣大了。次第受持就是先證悟，證得「此經」以後再把「此經」的內涵更深入了知。「假使還能夠讀誦、書寫」，「書寫」在現代就是把它印出來流通；如果再加上「能夠爲人廣說」，那又更好了。假使有一個辟支佛把三千大千世界的人都度化成爲辟支佛，還不如你爲人演說《金剛經》所說的如來藏法——「此經」。那麼 佛陀解釋說：「是什麼道理會如此呢？因爲所有的聲聞人、所有的辟支佛的功德，同樣都是從『此經』而發生出來的。」假使沒有「此經」，聲聞人根本就不可能出生，根本不可能存在人間，何況能證阿羅漢果？辟支佛、菩薩以及諸佛也都是如此。所以說：「由於有『此經』能夠出生一切菩薩及三世諸佛，能使這些大乘賢聖出現在世間；因此，假使有人讀誦『此經』的前後次第法句義理，也能爲人分別及解說，他其實就是受持一切法。」

只要你受持了「此經」，你遲早都會受持一切法、具足一切法。你只要受持「此經」，永遠不捨如來藏，遲早會領受到如來藏中的所有種子。當你具足驗證了一切種子而沒有遺漏的時候，你就是得到一切種智了，那就是究竟成佛了。所以你如果受持了如來藏永遠不退失，即使沒有很好的因緣在每一世都遇到善知識，因此要歷經三大阿僧祇劫去修行佛菩提道；那也沒關係，最多就是修習三大阿僧祇劫，還是會成佛，所以說受持「此經」就是受持一切佛法。既然受持「此經」就能受持一切佛法，而你已經受持「此經」了，你的福德與功德當然是無量也無邊的。

講完這一段引證的經文，我們再回頭來瞭解一下：「依法出生」所說的這個「法」，就只叫作如來藏嗎？不然！祂既名「此經」，又名眞如。祂還有很多的名詞：所知依、心、無始時來界、一切法所依、種子識、阿賴耶識、異熟識、無垢識。禪門裡面又叫祂作本地風光、本來面目、吹毛劍、莫邪劍……等，有無量無邊的名詞；而最常說的就是心，或者叫作眞如。世尊曾說，許多外道也在追求這一個心，但是因爲邪見的關係，所以把這個能夠出生萬法的金剛心「此經」，叫作造物主、上帝，叫作唯一的神，叫作大梵天，叫作大自在天；有的外道就把祂推論爲勝性，有的則說祂叫作冥性。其實，不管他們怎麼妄說這個萬物的根源，其實都是指稱「此經」，都是這個金剛心如來藏，因爲能創造萬物的就只有「此經」。所以禪門裡面常常說這個心叫作眞如，而大乘般若系列的經中也說這個金剛心名爲眞如；因此我們就說眞如是諸法的根本身——法身，諸法以這個眞如法性為身的緣故。

譬如《大寶積經》卷四十八中有記載：「爾時長老舍利子白佛言：「世尊！云何菩薩摩訶薩行毘利耶波羅蜜多時，精勤修獲法身之相？唯然世尊！願為解說。」佛告舍利子：「菩薩摩訶薩法身之相無生無死，堅固難壞猶如金剛不可思議；而諸法身菩薩摩訶薩，為欲化度身壞眾生故現壞身；又欲化諸身不壞者，現不壞身。然此法身圓成具足，非火所燒、非刀能割，如彼金剛堅固難壞。舍利子！安住法身菩薩摩訶薩行毘利耶波羅蜜多故，無倦精進，非有功用；但以其身則能成熟無量眾生，不假其心思量分別。即此菩薩身，自能知了諸身相，隨入自身眞如法性：自身眞如隨入諸法眞如，諸法眞如隨入自身眞如；自身眞如隨入諸佛眞如，諸佛眞如隨入自身眞如；自身眞如隨入去來現在眞如，去來現在眞如隨入自身眞如。又過去眞如不違未來眞如，未來眞如違過去眞如；又過去眞如，不違現在眞如，亦非現在眞如違過去眞如；又未來眞如不違過去眞如，亦非過去眞如違未來眞如；又未來眞如不違現在眞如，亦非現在眞如違未來眞如；又現在眞如不違過去眞如，亦非過去眞如違現在眞如；又現在眞如不違未來眞如，亦非未來眞如違現在眞如；又去來現在眞如即蘊界處眞如，又蘊界處眞如即染污清淨眞如即流轉寂滅眞如，又流轉寂滅眞如即加行眞如，又加行眞如即一切行眞如；而一切行即是眞如，而此眞如即一切行。」】

你們要瞭解，爲什麼佛跟等覺菩薩們，爲大家講般若經的時候要這樣囉嗦，那是有原因的。這也就是說，證眞如以後是很容易退轉的；假使佛及諸妙覺、等覺菩薩不是這樣反覆再三地宣說，去灌輸這一些種子到菩薩們的心中鞏固起來，一般的三賢菩薩不會印象深刻，就容易被惡知識影響而退轉了。這《般若經》，佛陀前後也講了十九年；假使你把《大品般若經》六百卷讀完以後，竟說你不相信有如來藏，不相信這個眞如心的眞實常住，我絕對不信。因爲一而再、再而三、三而四乃至九而十，十若不夠，再增一；然後又從增一到增十，不斷地爲你講各種層次、各種境界中的眞如。你這樣讀下來以後，還會繼續否定眞如嗎？一定不可能啦！那些否定眞如心的六識論者，都是不曾從頭到尾一句又一句詳細閱讀《大品般若經》的人，他們都是依六識論爲主軸而隨意截取某一章、某一段來讀的人，所以變成斷章取義而成爲惡取空的人，才會否定第八識眞如心。

當你不斷地熏習而聽到習慣了，都不厭倦了，那你對於所親聞的這個眞如法種，絕對不會散失的。這就像媽媽跟兒子說：「兒子啊！你去當兵，不要跟人家吵架，不要跟人家結仇。」兒子聽了一遍說：「好啊！我會記得您的吩咐。」過一會兒又來講：「兒子啊！去當兵的時候不要吵架，要守規矩，不要結仇。」兒子說：「好啦！我知道啦！」如果再講第三遍，這兒子一定忍不住回嘴說：「媽！妳到底有完、沒完？」可是 佛陀就是要跟你沒完沒了，不斷地爲你詳細解說；當你不斷地熏習下來以後，你對眞如的瞭解與觀察就會增廣及深入，具足別相的智慧，一定會有絕對的信受；這時候不管誰來否定這個眞如心的常住性，你絕對不會接受。媽媽對兒子沒有辦法不斷地耳提面命，是因爲無法施設許多不同的狀況來講，所以兒子會煩；可是 佛陀不會使你煩，不管祂講了多少遍，你都會喜歡聽聞，這就是 佛的福德力加上智慧力所產生的威德，也是因爲佛陀廣從各種不同層面來爲你解說，你的智慧不斷地增上，聽了就會歡喜而不厭倦。

這種福慧兼具而產生的威德，不管祂講了多少遍，你都會聽得很歡喜。就這樣子嘮嘮叨叨地再三解說：「過去世的眞如就是現在世的眞如，過去世的眞如不能說不是現在世的眞如」，這樣就已經說兩遍了。接著又說：「現在世的眞如就是未來世的眞如，不能說現在世的眞如不是未來世的眞如。」又是重複的講兩遍。把過去眞如與現在眞如的關係跟你講兩遍，現在眞如與未來眞如的關係又跟你講兩遍，這還不夠，接著還說：「未來世的眞如就是過去世的眞如，過去世的眞如不能說不是未來世的眞如。」你看！就這樣還是跟你又講二遍，三個眞如就講了六遍；又怕你熏習得不夠深入，又跟你說：「這個清淨眞如就是染污眞如，你不能夠說清淨眞如不是染污眞如。」就這樣一再翻來覆去地，從不同的層面一直在跟你強調這個眞如，是說其實都是同一個眞如，最後甚至跟你說：「蘊處界眞如也就是佛地眞如，佛地眞如就是一切行眞如，一切行眞如就是蘊處界眞如。」你看，這樣不厭其煩來告訴你，你就不得不相信說：原來在蘊處界的一切行中就有眞如可證，不必像阿羅漢入了涅槃才要證眞如，卻依舊證不到。像這樣不斷地為你熏習，可以說就是在跟你不停地耳提面命，怕你忘記了。這樣，六百卷《大般若經》終於講完了，已經是很多年了！不過，沒關係，怕你信心不夠，智慧不深，又講十卷《小品般若經》，不斷地講。講到後來又為我們總結而說，就成為《金剛經》。可是又怕大眾記不住那麼多，再繼續總結下來，就叫作《心經》。所以說，《大般若經》的主要宗旨是在講金剛心，不是在講一切法緣起性空；因爲《大般若經》、《小品般若經》整個濃縮以後就變成《金剛經》，《金剛經》再濃縮就成爲《心經》，這時就是直接再告訴你說：其實整個般若系列的經典講的都是眞如心，不是指蘊處界那個心，而是能出生宇宙萬有的實相心如來藏。這樣聽下來，般若的主要義理就很清楚了。

「法身菩薩摩訶薩爲了度色身有壞的眾生，他就來這裡投胎，跟大家一樣顯現有這個色身，示現說：擁有這種必壞色身的人類，也是可以證得法身的。」那麼人們看到了就說：「這位法身菩薩跟我們一樣，也是一個頭、兩個眼睛，也沒有多生一個眼睛；他一樣是兩個耳朵，並沒有在背後再多添一個；又跟我一樣是兩隻手，不是三頭六臂。」眾生心想：「他也是一個人類，他既然可以親證法身而成爲大菩薩；我也是人，所以我也應該可以實證。」儒家不也是講嗎：「舜何人也，予何人也，有爲者亦若是。」也就是見賢思齊之意。「同樣都是人，法身菩薩可以作得到，我爲什麼就作不到？既然同樣是人，而他這個人可以證，我應該也可以證。」這樣想，才是有菩薩種性的人。不要像那些大法師們一天到晚長他人志氣、滅自己威風：「人家正覺的菩薩們可以開悟，那是他們大菩薩的事。我們道場裡面的你們這些人，都別想開悟，你們不是那種人。」（大眾笑…）就是有一些法師這樣子說，眞是在壞人法身慧命。看來你們正覺這些人還眞有志氣，他們都沒有志氣。像這樣子繼續下去，他們那些道場怎麼還會興盛下去呢？那些大法師們眞的好愚癡。因為這個緣故，所以正法就永遠只在正覺中存在，就不可能出現在他們那裡。所以，他們將來若是聽到我今天講的這一席話，聰明的話就趕快改口：「正覺同修會如是，我們某某山亦如是；有為者亦若是，我們也一樣可以開悟。」那就共同努力吧！如果努力了十年還努力不來，不然就派個人來正覺留學也行。

因此，菩薩應該要像佛陀這樣作，每一個人都可以成為法身菩薩；但是證得法身的菩薩可不是有果位的，因為果位只是一種施設而已，代表智慧與解脫的增上，並沒有實物上或世間法中的果位。但是法身菩薩每一世死後都可以生到欲界天、色界天、無色界天，他卻不去，都因為願力與智力的緣故，所以永遠留在人間，寧可讓眾生瞧不起，讓眾生蹧蹋，也要留在人間；

他有這個願力，都是因爲不捨眾生。人間是苦樂參半的，天界則是享受的；然而苦樂參半的人類，卻也最容易發起道心。而且在人間取得人身讓眾生瞧不起：「你這個人，什麼大菩薩？我看還不跟我一樣：冷了，你還得要穿衣服；餓了，你還得要吃飯；熱了，你還不是照樣流汗。」就這樣讓眾生去瞧不起，由眾生給他無量無邊的千奇百怪不同的想法以及境界，他就在接觸這些想法與境界當中來利樂眾生、來成長道業；就這樣使他的自心如來中的種子不斷地流注出來，因此他可以更快速具足一切種智。在人間自度度他是最容易流注出一切種子的，這就表示他有願也有智。

所以，從菩薩的示現，從　佛陀的開示中，嘮嘮叨叨無比老婆地告訴你：眞如是不變異的，從染污以及清淨當中去觀察祂是一樣的，墮落三惡道以後祂也還是一樣眞如，生到天界以後祂還是一樣眞實而如如。正在大發脾氣的時候，所謂瞋心大發；或者正在貪欲的時候，一天到晚在想著如何設計把人家的財產都給挖過來，正當貪心盛行的時候，他的染污眞如跟聖者的清淨眞如並沒有差別，有差別的只是眞如中含藏的種子跟五陰的身口意行。這樣一來，就知道說，原來上天下地、十方世界來來去去，那個眞如心都是不變的。

「此經」永遠如此，乃至成佛了還是祂；這樣看來，「此經」還眞的是不變異法。因爲祂永遠不變異，你才能憑藉祂去到三大阿僧祇劫以後成佛；並且成佛以後永遠不壞，因爲祂具有金剛性，沒有任何一法可以破壞祂。

假使不信的話，你找我們同修會中任何一位已經明心的人，問問他們：「你有沒有辦法把你找到的『此經』如來藏破壞掉？」看有誰能找到一個人能破壞「此經」？保證沒有人能找到一個辦法可以破壞祂，因爲連十方諸佛都沒有辦法破壞祂了，何況是我們。所以即使將來阿羅漢入了涅槃、眞實寂滅，那個寂滅眞如也是跟現在菩薩還在人間時的眞如，也是跟阿羅漢還沒有捨報之前的眞如是一樣的，所以說：寂滅眞如其實也就是蘊處界眞如。佛陀講得這麼老婆了，但問題是：到底這個眞如心，祂又在哪裡呢？我想大家都很關心這件事，所以我們接著就講一講宗說，來看看宗門裡的禪師，是怎麼告訴徒弟這個眞如心的所在：

《教外別傳》卷一：**【(一切諸佛及諸佛阿耨多羅三藐三菩提法，皆從此經出。)首山省念，因僧問：「如何是此經？」首山云：「低聲！」僧云：「如何是受持？」首山云：「莫染污。」】**

那僧人問：「如何是此經？」我先大概解釋一下。「一切諸佛及諸佛無上正等菩提都是從此經出」，由於《金剛經》中有這麼說，所以有一天，有一位僧人上來請教首山省念禪師：「如何是此經？」意思就是說：「師父啊！請您直接明明白白告訴我，我的眞如——我的如來藏——是哪一個？」首山省念禪師就說：「低聲！」意思是「小聲一點」。請問你們：到底他明講了沒？你看，很多人都答覆我說：「明講了。」我們可沒有事先演練說：當我問這一句話的時候，你們得要答覆說是明講了。他們可都是自動講出自己的答案。不但首山省念禪師這一句話中已經跟他的徒弟明講了，我也已經跟你們講了，而坐在你身旁的同修也已經跟你明講了。如果你聽完今晚的講經回去寺中了，明早你師父問你說：「你昨天去正覺聽經，學到『此經』沒有？」你說：「我學到了，可是好像又沒學到。」「爲什麼這樣？」「因爲人家問『如何是此經』，首山禪師說『小聲一點』；蕭老師也這麼說，坐在我旁邊的師兄、師姊們也是這麼說，可是我聽不太懂。師父您如果問，爲了跟您分享，我只好有樣學樣說：『小聲一點。』」

所以，公案中那個僧人當然是問不出所以然，雖然首山禪師已跟他明講了，他當然還是不懂，聽不出那個弦外之音。既然經上說要信受此經、受持此經，他就接著問：「此經要如何受持？」首山禪師就指示他說：「莫染污。」其實你如果找到了「此經」，「莫染污」也是受持，「低聲」也是受持。要不然的話，你如果碰巧肚子餓了，剛巧有人來問你「如何是此經」，你就說：「給我一碗飯！」如果他進前再問一句說：「那要如何受持？」你就指示他說：「再夾一點菜來給我！」對呀！這就是受持的方法。我已經請來首山禪師為你說「此經」了，也請隔壁的師兄、師姊為你說了，那到底如何是「此經」？（平實導師等候良久，沒有人提問。）你們不問，我就不說。有沒有人要問？終於有人要問了。（有人問：如何是此經？）你既問，我就告訴你：「在你手上。」那又要如何受持呢？你們大概不太好意思問了，我就主動告訴你：「下週再來看經。」（稍候，依舊無人應對。）不然，再來講《教外別傳》卷七的部分吧！

《教外別傳》卷七：【明招德謙禪師，羅山道閑禪師法嗣。師到雙巖，雙巖請喫茶次，曰：「某甲致一問，若道得，便捨院與闍黎住。若道不得，即不捨院。」遂舉《金剛經》，云：「『一切諸佛及諸佛阿耨多羅三藐三菩提法，皆從此經出。』且道：此經是何人說？」師曰：「說與不說，拈向這邊著；秖如和尚決定喚甚麼作此經？」雙巖無對。師又曰：「『一切賢聖皆以無爲法而有差別』，則以無爲法爲極則，憑何而有差別？秖如差別，是過、不是過？若是過，一切賢聖悉皆是過；若不是過，決定喚甚麼作差別？」雙巖亦無語。師曰：「噫！雪峰道底。」】

明招德謙禪師，是羅山道閑禪師的法嗣。羅山道閑不是個等閑的禪師，他可是過牢關的徹悟者，他的座下有這麼一個禪師叫作明招德謙。有一天明招德謙去到雙巖禪師處，雙巖禪師請他喫茶的時候誇口說：「我雙巖致上一問，如果你能夠答得出來，我就把這個寺院捨了送給你，讓你來住持；如果你答不出來，我這個寺院就不捨給你。」他就舉出《金剛經》來問：「『一切諸佛及諸佛阿耨多羅三藐三菩提法，皆從此經出。』且道：此經是何人說？」這德謙禪師是家裡人，豈有不知？於是就回答說：「說與不說，都拈向這邊放著；只如和尚您決定要喚什麼作『此經』？」你看，人家要得他的院子也不白得；但他說要送，人家也不一定會要；可是這一出手可得弄分明，所謂「入門須辨主，當面分緇素」；宗門裡面自古以來就是如此，進了人家的門庭，或者別人進了你的門庭，都得要當面分辨清楚：你是有主或者無主？我也要證明我是有主或是無主。凡是還沒有悟底人，或是悟錯底人，都是依草附木精靈，都是無主可依的孤魂野鬼；眞正悟了才算是有主底人，這叫作「入門須辨主」。接著我還要當面分清楚：你是白衣或是黑衣？你也要當面把我分辨清楚：我究竟是白衣還是黑衣？如果你悟不了或悟錯了，你把衣服染成黑色的，家裡人看著還是白色的；如果你眞的悟了，就算穿得雪白、雪白，人家還是會說你眞是黑衣——眞正的出家人。菩提達摩大師就是這麼說的。

雙巖禪師才這麼一講，明招德謙禪師就說：「《金剛經》的『說與不說』，就拈向旁邊放著，暫時不提，你究竟要把什麼叫作『此經』？」單刀直入，直教雙巖難以招架；這雙巖空有一張嘴，竟然講不出話來。明招德謙禪師這時早知他的落處，就說道：「《金剛經》中說：『一切賢聖皆以無爲法而有差別。』則是以無爲法作爲最究竟的軌則，既然同樣都是最究竟的無爲法，實證者應該都無差別才是，卻是依憑於什麼而有三乘賢聖的不同差別？這個差別也就暫時放著不說，只如三乘賢聖們既有這個三乘差別，這究竟是過失？或者不是過失？如果是過失，那麼一切的三乘賢聖全部都是有過失底人；如果這個差別現象不是過失，你能夠確定要把什麼不同叫作差別呢？」

你看！人家眞是出言不俗，不落俗套。明招德謙質疑說：「『一切賢聖皆以無爲法而有差別』，這可是你雙巖舉出來的《金剛經》中所講的；既然同樣由於所證的最究竟的無爲法而有了三乘賢聖的差別，那麼同時也應該說無爲法就是究竟法了（「極則」就是到此爲止，不可能再超過）；既然無爲法是究竟法，不可能再有什麼法可以超越無爲法了，那麼一切賢聖就應該同樣都是阿羅漢或辟支佛，或者都同樣是菩薩、佛；卻是爲了什麼原因，使一切賢聖因爲這個究竟的無爲法的實證，而產生了三乘賢聖的差別？」憑什麼會有三乘賢聖的差別？既然無爲法是最究竟的法，同樣都是證得無爲法，本來不該有三乘賢聖的差別；可是明明就有三乘賢聖的差別存在，有聲聞、緣覺、菩薩的不同。「而《金剛經》中也說都是因爲無爲法而有三乘賢聖的差別，您雙巖禪師既然自認爲是實證無爲法的人，那就請您雙巖禪師說說看：《金剛經》中說，都因爲這個無爲法而有三乘賢聖的差別，這個差別到底有過失、還是沒有過失？」這可不好答了！如果說有過失，他顯然是在責罵 佛有過失；因爲 佛說「一切賢聖皆以無爲法而有差別」，而須菩提也跟著認同，那麼須菩提顯然也有過失了。如果他要說是有過失，就成爲一切賢聖都有過失；如果要說這句經文沒有過失，那麼請問您雙巖禪師：「您爲什麼要說有差別？您是依據什麼而說應該有差別？」總得要說出個道理來。

雙巖禪師自以爲悟了，遇到了眞悟底明招德謙禪師，他可就說不上話了。而且他說話也不算話，後來也沒有記載他捐出了寺院，明招禪師也沒開口向他要，不然就該稱爲雙巖德謙禪師了。所以，行家一伸手，便知有沒有；武林如是，禪林亦復如是。如果手上沒有東西，肚子裡面也是空空的；卻又把頭頂往後仰，下巴也抬很高，只想籠罩人們，其實是籠罩不了多久的。肚子裡面有貨的人，上得門來，一樣一樣擺設出來；他家沒貨，該怎麼辦？當場就要吊鼎！沒得炒了！所謂無米之炊，炊不起來的。人家有很多米，可以在鼎裡、釜裡不斷地炊出飯來。他家無米，可怎麼炊得出飯來？所以就像台灣話講的：「要吊鼎了。」他無法再炊飯了。

所以明招德謙這麼一問：「如果《金剛經》中說的『一切賢聖皆以無爲法而有差別』這一句話沒有過失，那您就說說看：什麼是差別？」要問雙巖禪師差別在何處，他就講不上話了；因爲他根本就悟錯了，辨不清楚三乘菩提。明招德謙看他講不上話，等了他一會兒，看了他一會兒，知道不論再等多久，雙巖都答不上來，於是就說：「噫！雪峰說底。」在這一句話「噫！雪峰說底」之中，就把差別、無差別都解釋清楚了，也把「此經」說清楚了，只是難會。

所以，我們很多年前就提出來說：「三乘聖人所證是有差別的，雖然同樣是無為法，卻不一樣。」從那個時候講出來開始，我都還沒有拈提任何人，但那些大師們卻已經開始氣我了！因為從他們的立場來講：解脫道就是成佛之道，既然這樣，應該阿羅漢也就是佛，佛與阿羅漢是沒有差別的。他們心中都是這樣認定的，偏偏佛教界出來一個蕭平實，不懂得察言觀色，敢出來講不同的法，與大師們說的相反：三乘菩提法義不同，所以證得無為法的賢聖就有三乘差別。當然各大山頭的徒眾們都要去問各自的堂頭和尚：「師父！蕭平實這麼說，他又提出經典根據，與師父您說的不同，這到底是什麼意思？」這一下，大師們支支吾吾的想要講解，來顯示「師父我也是有證量的」；可是又講不出來，最後就只好這麼講：「他的說法不如法，你們都不要學他的法啦！他的書，讀了以後會中毒的。」這就是他們一貫的作法。然而大師們其實都知道：我平實的書中都有法毒，讀後一定會毒死我見，會毒死我所執、我執、邪執。被毒死以後，大死一番過了，法身慧命便能活轉過來。但是他們怕徒眾們悟後跑光了，只好說是有毒，卻不說明是什麼毒。

所以，雙巖禪師自以爲悟了，遇到了眞悟底明招德謙禪師，他可就眞的說不上話了。像明招禪師這樣才是眞正的禪師，我坐在這裡的時候已經不是禪師了，已經叫作法師了！現在是說法的人，是在講經，所以也叫作經師。禪師，我什麼時候當？只在禪三的時候當。當然，現在宣講《金剛經宗通》時也得稍微當一下禪師，但是當得很隱晦，所以大家不容易聽出來。我既然是宣講《金剛經》的「宗通」，當然得要從宗門來講，不免要稍稍當禪師，只是不能像禪三精進共修那樣當得很明顯；然而你如果是上上根人，《金剛經宗通》開講到現在，應該已經悟入了；如果現在還沒有悟入，那表示你還不是上上根人。那也沒關係，當個中根人，可以到禪三時共修去；在禪三期間當個中上根人，也是可以悟入的。如果去禪三時依舊悟不了，就當個中中根人，來打二次禪三也沒關係。如果二次還是悟不了，三次、四次也沒關係，當個中下根人也行！假使還不行，就當個下根人，長期努力打三，反正就打三打到開悟爲止（大眾笑…）。而且我們現在有自己的禪三道場，不像以前怕沒地方肯借我們打禪三。

言歸正傳，如果對這個「噫！雪峰道底」，沒聽出來弦外之音，我們且再來看看宗說的第三則。這是《景德傳燈錄》卷二十六的公案，永明延壽禪師的。我爲什麼要選他呢？因爲有些人故意無根毀謗，說我們正覺教團在否定永明延壽禪師。天曉得！無論是拈提公案或者在私下說法中，不論是在言語上或者文字中，我們從來不曾否定過他的開悟事實。這眞是「欲加之罪何患無辭」，若是眞的想要把某人扣上罪名時，眞的有無量無邊的罪名可以扣，問題只是扣得眞與假的差別而已；那都是題外話，且不談它，就來談談永明禪師怎麼說。

《景德傳燈錄》卷二十六：【**永明延壽禪師　僧問：「承教有言：『一切諸佛及佛法皆從此經出。』如何是此經？」師曰：「長時轉不停，非義亦非聲。」僧曰：「如何受持？」師曰：「若欲受持者，應須用眼聽。」**】

喔！他眞的很老婆。永明延壽禪師是淨土宗裡面非常重要的一位祖師，在淨土宗裡面甚至有人推崇說他是阿彌陀佛化身。但是我跟諸位保證說，他不是阿彌陀佛的化身。因為，如果是阿彌陀佛的化身，一定會顯示一切種智的證量；但是我們可以看出他還沒有道種智，所以對《釋摩訶衍論》等偽經、偽論，他並沒有能力分辨出來。這是題外話，可是他畢竟是眞實證悟底人，這一點是無庸置疑的。

有一位僧人上來問：「承蒙經教中有這麼一句話開示說：『一切諸佛及佛法皆從此經出。』請問什麼是『此經』？」永明延壽禪師隨即答覆說：「『此經』是很長很長的時劫以來一直都在運轉著，始終不曾停止過的；但是祂自己卻沒有什麼道理可說，祂也不能從聲音上面來顯示祂。」「此經」眞的「長時轉不停」，你如果想要悟得「此經」，就從自己身上去找，因為永明延壽禪師說有個「長時轉不停」底心，說這部經一直在運轉著，可是要記得別落到他說的那一些語言文字上面去。這個僧人聽不出永明延壽的弦外之音，於是就問：「如何受持？」永明延壽禪師答覆說：「如果想要受持此經的話，應該要用眼睛來聽，不能用耳朵來聽。」這已經講得太白了！李太白如果來了，不免要對永明禪師說：「請你以後改名作『永明太白』。」因為他已經講得太白了，我就不好狗尾續貂了，否則就不免犯了法戒—法毗奈耶—而成為虧損法事、虧損如來的最重罪了。

那麼我們再來講第四則好了！既然「此經」是這麼重要，所以我在這一段經文的宗說中，就特別講解四則。《景德傳燈錄》卷十七：**【澧州欽山文邃禪師 僧問：「一切諸佛法，皆從此經出。如何是此經？」師曰：「常轉。」】**

澧州的欽山文邃禪師，有一天，僧人上來請問《金剛經》中的法義：「一切諸佛所證的佛法，都是從『此經』出生的。如何是『此經』？」欽山禪師答覆說：「常時都在運轉。」欽山禪師說，常常都在運轉的就是「此經」。他說「常轉」，到底是在哪裡轉呢？欽山禪師說：「常轉。」大家好像還是聽不懂，不然我們就來加油添醋，讓那個僧人好吃一點吧。有一位將軍已經封帥，他姓王，人家都尊稱他王公。王公有一天派來手下的一位將軍，送上一大筆銀兩給趙州從諗禪師；那筆銀兩送來的目的，是要請趙州禪師轉經。如果是一般的寺院，那堂頭和尚接了銀票，就說：「好！我明天開法會為你誦《金剛經》一整日。」說這樣叫作轉經。可是趙州禪師呢，他不是回覆說明天、後天轉經，也不是什麼時候再去誦什麼《金剛經》、《法華經》，他不這樣轉經；他叫侍者當場把銀票收了，然後隨即下禪床轉了一圈，立即又上禪床去坐，就吩咐那位將軍回去稟告王公：「轉經已畢。」人家大座主、大經師、大法師收了銀票，那可要誦經好幾天；轉經要這麼轉，好辛苦的，那銀票不好賺。沒想到老趙州下禪床走一圈，又上去坐定，就說已經轉經完畢了。

這到底是轉什麼經？欽山文邃禪師答覆僧人說「常轉」，意在何處？欽山文邃禪師曾經遇到臨濟門下的定上座，這個定上座可眞不好惹，當時欽山受完戒，還不曾悟入，隨便說話就吃了定上座一場大虧；還好有巖頭與雪峰爲他說情，才平息了一場禍事。這且先不談他，先談一點題外話，來說說定上座的禪鋒猛利，或許你們聽了就開悟了。有一次定上座赴信眾供養的回途，走累了坐在橋墩上休息，正好旁邊有三位有名的講經大法師，其中有一位自以爲把禪已經悟得透徹了，在那邊講了一大堆禪，又說：「如何是禪河的最深處呢？這可得要窮究到底才行，否則都不算數。」定上座問了他的悟處，明明悟錯了，那法師竟還不認錯，定上座就將那位法師一把抓住，眞的要把他丟下河去，要叫他窮到底去。這就是說，明明連破初參都沒有，竟敢誇口教人說要窮到底、過三關。那時另外二位直心而沒有誇大口的講經座主就替他求情說：「算了！算了！他不該拂逆您，您且看在我們面上，慈悲放過他吧！」那定上座就說：「如果不是看在兩位座主的面子上，我就叫他下河窮到底去。」

這定上座非常猛利，欽山文邃悟前因爲一身傲氣，也曾吃過他的虧。這個公案典故是這樣的：有一天巖頭、雪峰與欽山文邃等三位禪師，路上遇到定上座，說要去拜見臨濟義玄禪師；定上座說他的師父臨濟義玄已經捨壽了，他們三人無緣拜見；於是巖頭與雪峰就請問定上座，看臨濟曾說過什麼妙法，讓他們二人可以抵充一下嚮往之情。定上座就舉示說：「臨濟禪師有一天開示大眾說：『赤肉團上有一個無位眞人，就在你們的面門上出入。還沒實證的人，自己小心看看。』當時有個僧人出列來問：『如何是無位眞人？』臨濟禪師就立刻走下禪床，將那僧人攔胸抓住，質問說：『快講！快講！』那個僧人正想要回答時，臨濟禪師就把那僧托開了，說：『無位眞人，是個什麼乾掉的大便。』就回去方丈室了。」巖頭全豁禪師聽到定上座說出臨濟禪師的作爲，不知不覺地吐舌表示驚訝與讚賞。這時候欽山文邃還沒有開悟，根本就不知好歹，竟然敢向定上座開口道：「你們當時爲何不說那不是無位眞人？」話才剛說完，就被定上座攔胸抓住逼問他：「無位眞人跟不是無位真人，二者相差多遠？快講！快講！」欽山文邃根本就還沒有真的開悟，這時候臉上一陣青、一陣黃，根本就沒有辦法開得口，作不得手腳，無法下台。好在巖頭與雪峰二人好言來勸定上座說：「這欽山文邃只是個新受戒出家的無知僧人，他不該拂逆定上座您，我們二人希望您慈悲放過他。」這時候定上座才緩和下來說道：「如果我不是看在這兩箇老漢的面子上，就築殺你這個尿臭未乾的小子。」你看！古時候叢林的真悟禪師就是這個樣子，一點人情都不賣。誰要是在行家面前不懂裝懂，可得吃苦頭，不只是講話訓斥一番而已。

古時候禪門裡就是這樣的，禪門中禪師愛打人；你挨打了，沒有道理可說。你縱使被人家丟下河淹死了，也沒道理可說，你就投胎再來吧（大眾笑…）。禪門本來就是這樣的，哪像現在有些人，你好意給他一句機鋒想要幫他開悟，他完全不懂，竟然說：「你在罵我，我要告你！」（大眾笑…）這真是門外漢，把人家對他掏心掏肺的萬般美意給蹧蹋了。末法時期的現在，若是有人上門來問：「如何是佛法大意？」你好心幫他，於是給他一棒，他卻去法院告你說：「他打我，公然侮辱。」（大眾笑…）這種人哪有資格參禪？

連禪門機鋒都不懂了，還要參什麼禪？等驢年到來時再來參啦！所以你要是眞的懂得禪，才會知道禪師那棒下是多麼慈悲，才會瞭解禪師那惡毒言語中是多麼老婆。

可是現在，禪師可不能隨便當；假使哪天有會外的比丘、比丘尼來請問「佛法大意」，我只能說：「你小聲一點！」如果他質問說：「我問你佛法大意，你怎麼叫我小聲？這是非常重要的事情。」我說：「笨蛋！法不是大聲就能得到的。」可能他明天就去法院告我說：「他罵我，公然侮辱我，罵我笨蛋。」你看，現在能當禪師嗎？眞的不能當。他們完全不懂我的慈悲所在。眞要有人能懂得我的慈悲所在時，一聽就悟了。所以我平時不給人家棒子，也不給人家任何老婆無比的惡毒語言，我都不要給。我若是要給，一定留到禪三時再去給；所以會外人士來了，我只從皮毛上輕描淡寫地講去就好。

欽山文邃也是一樣，他遇到過很猛烈的機鋒，所以他悟後接人的作略也是很猛烈的。可是這一回僧人上來請法時，他沒有像以前一樣猛烈，那僧人問他：「如何是『此經』？」他只回答說：「常轉。」到底阿哪個是常轉者？如果你能夠言前薦得，從此就常轉此經；「薦」是官員薦任幾級那個薦。若是在我言前薦得，在我開口說明以前就會得了，你自然可以常常轉經。如果我講了這麼多，還會不得，那你每天就會被經所轉。所以我說：「言前若薦得，從此常轉經；言下會不得，逐日被經轉。」每一天都只好被「此經」所轉；你到底是要作轉經者，還是要當每天被經轉底人？就由你自己來作個選擇。也許你心裡這麼說：「蕭老師！你講了老半天的『此經』，可都沒有告訴我是什麼。你總得慈悲、慈悲，我們大老遠來聽你講經，你為何都不跟我們講？」好嘛！既然如此，我就讓你值回車票錢，那我就告訴你：「常轉。」（良久，平實導師又問）且道：阿哪個是常轉者？

〈一相無相分〉第九

【「須菩提！於意云何？須陀洹能作是念『我得須陀洹果』不？」須菩提言：「不也！世尊！何以故？須陀洹名為入流，而無所入；不入色聲香味觸法，是名須陀洹。」】

講記：「須菩提啊！你的意下如何呢？須陀洹聖者可以生起這樣的念頭說『我得到須陀洹的果位』嗎？」須菩提回答說：「不可以的！世尊！是什麼樣的緣故而不可以這樣想呢？因為須陀洹名為預入聖流，其實卻是無所入的；不進入色聲香味觸法之中，這才能名為須陀洹。」

接下來是第九品〈一相無相分〉。只有永遠都是同一相的法，才會是真正無相的；也只有永遠是無相的，才會是永遠一相而沒有二相。凡是有相的法，都會有很多相。譬如意識心有很多相，在人間，意識心的行為全部都像人；如果某人的行為開始不像人了，下一世就不能再當人了，他就去當畜生。譬如說，人講究的是五倫——天地君親師；所以，一般的父親、母親都疼愛兒子、女兒，都當作是寶；不管子女長得多麼醜，或者病歪歪地，也都是寶；照顧唯恐不及，這就是人倫。可是如果有父親把女兒也拿來修雙身法，母親把兒子也拿來修雙身法，或者把女兒送給男喇嘛修雙身法，把兒子送給女喇嘛修雙身法（這種事例確實存在，當女兒受不了時只好自殺，自殺的原因當然會被迷信喇嘛的母親隱瞞下來），這就是失去人倫了。但在西藏密宗所謂藏傳佛教的三昧耶戒中是可以這樣的，他們也認爲應該是這樣的；所以也有密宗的大師把舅媽當作雙身法的明妃來合修雙身法，也有父女合修雙身法的，也有母女共事一位喇嘛的，這是不是人類應該有的作法呢？當然不是，這樣作的人就失去了未來世繼續當人的格。既然失去人倫了，就是沒有人類應有的格了，所以下輩子當然不能再繼續當人，於是捨報後就生到畜生道去，這個道理懂了嗎？如果他是離欲的，總是住在初禪中而都厭惡與欲界的六塵接觸，不想再出生於人間，也不想再有人類眷屬了，那他也同樣失去了人倫和人格，他只有色界天的格，捨報後就生到初禪天去，不再受生於人間當人。

可是話說回來，這是以什麼心在造作善惡業呢？都是意識。當某人造了惡業，到了下輩子，因爲他這一世已失去人倫的規格，他原有的人類的格失掉了；當人的格失掉以後，下輩子只能去當畜生而擁有畜生的格，沒有人格了。下輩子的畜生格，跟這輩子的人格是兩種相，並不是一相。接下來，如果下輩子牠連畜生的格也保不住，因爲牠在畜生道裡面無惡不作，見了人就咬，咬死了好多人（這個「人」是指同類或他類的畜生），目的只是愛殺生而不是爲了食物，牠的福德喪失殆盡，只好下墮餓鬼道了。在餓鬼道裡面的格，跟畜生道的格又不一樣，因此心裡所想的又不一樣了。畜生道眾生心裡想的是有什麼食物可以吃飽，但畜生道裡最壞的阿修羅，心裡想的是：「我今天想要咬多少『人』來顯示我的凶猛。」後來淪落到餓鬼道裡面，他想的是：「我要怎麼樣才能吃到一口濃痰？」因爲他肚子餓壞了，同時也渴死了；如果他能夠保住鬼格，倒也是好的；但是他如果心地不善良而成爲鬼道中的阿修羅，常常以不正當的手段去迫害許多其他的鬼道眾生，又當厲鬼在人間作惡；那麼他再下一輩子，連鬼格也保不住了，只好墮落地獄去了。墮落到地獄以後，他的心相跟餓鬼道又不同了，他的意識心中想的只是：「怎麼樣逃避痛苦？」因爲他一天到晚都在逃避痛苦，都是在逃命。如果地獄道的苦受完了，終於知道去惡修善，或者遇到 地藏王菩薩告訴他：「你會受這個苦，就是往世怎麼樣行惡而來的。」也把具體的因緣告訴他，他聽了以後極力懺悔，於是離開地獄，一一經歷過餓鬼道、畜生道以後終於回到人間，重新獲得人類的格；然後他廣行善事，那他這時不但跟地獄道的意識心相不同，甚至又跟人類的意識心相不一樣了，因爲他持五戒、行十善，具有欲界天人的格了，於是死後就往生欲界天當天人或天神去了，那他就有天格、神格了。

有時候可以看到神龕上面寫了四個字「神之格思」，有沒有看過？嗄！你們都沒看過？孤—陋—寡—聞—（大眾笑…）。神的格思是什麼意思？是說神有神的格，以及他的思想，這叫作神之格思。神之格思有一個具體表現，就是不管眾生多麼囉嗦嘮叨，今晚對同一件事情一問、再問、三問了，明晚又來問，欲界天神還是會同樣有耐心地去指示。天神都不會厭煩，會厭煩的神是鬼神；會生起大瞋心而用大火、大水來懲罰人類的都是鬼神，不是天神，所有欲界天的天神都不會對眾生厭煩或厭惡，更不會藉故處罰人類。譬如一個不識字的老太婆，剛才這位天神降乩爲她講了一大堆，問她：「知道了？」她知道了，於是告辭回去了！然後天神繼續處理第二個人的問題，沒想到剛才還說已經沒有問題的老太婆又來問：「某某上帝！某某爺！我剛剛記不清楚，那事情到底是該怎麼樣？」天神還是會很有耐心地告訴她。說清楚了，老婆婆走了，天神正在辦別人的事情時，她又來問，但天神還是很有耐心地繼續詳細告訴她，都不生氣。

凡是欲界天的上帝們，那些天神都是很仁慈的，都不會輕易生起瞋心來對待那些愚癡的人類，這表示他的天界神格是具足顯示的。而他的思惟是什麼呢？也是在度眾生，希望所度的眾生都不要下墮惡道，所以為了眾生的利樂而在人間非常地辛苦。這就表示說，他的意識已經是天神的格，跟以前生在人間的時候不一樣了，那又是另一種法相。如果當天神以後又修得禪定時，心相又不同了，他的天格變成色界天人的格了，所以在欲界天中死後就生到色界天去，那又是不同的心相了。接著可能再生到無色界去，那時他的意識心相又不一樣。這顯示什麼呢？顯示出意識有許多種的變相，在無量劫中是變換不定的，不是常相、無相，所以並不是一相；而且不是永遠一相而會繼續變化，所以意識覺知心是有相而不是無相的心。

再回過頭來看「此經」——這個如來藏。當一個惡人死後下墮到地獄去，哭天搶地、怨天罵地，詛咒一切有情，當他正在地獄裡痛苦到不得了的時候，他的如來藏照樣離見聞覺知、不貪不瞋，連一點點的生氣都沒有。後來終於生到天界去了，乃至讓他當上某一天的天主，一生之中天樂無窮，每天在欲界天中貪著五欲、享受快樂，興高采烈非常歡喜；可是他的「此經」眞如心照樣離見聞覺知，依舊不貪也不瞋。後來又因為證得四空定，死後往生到無色界天去，他的「此經」如來藏也還是如此不變。甚至於後來證得阿羅漢了，捨壽前，他的「此經」依舊如此一相不變；甚至他捨壽後入無餘涅槃了，他的「此經」還是如此一相不變。如果他沒有入無餘涅槃而迴心成為菩薩，死後重新受生時又證悟「此經」而成為實義菩薩了，他的「此經」在他這個菩薩身上，還是同樣一相而不改變。將來成佛了，他的「此經」金剛心如來藏還是一樣都不動心，永遠都是這麼一相，叫作眞如相。可是這個眞如相並沒有形色，雖然沒有形色，卻有眞如法相可以讓你實證，這才叫作奇妙。每一個有情的「此經」永遠都是眞實性、如如性，同樣都具足顯示出來；「此經」的這種眞如法相，隨諸有情具足顯示，不論在清淨佛土的境界中，或是在染污穢土的境界中；不論在天上或是在人間，也不論是在西方極樂世界或生到東方琉璃光如來的世界，都是如此永遠不變，也永遠都是無相的一相，叫作眞如法相。

當你證得這個如來藏了——證解「此經」了，你就沒有證果可說了；所以當你看到須陀洹的時候，你心裡開始思惟：「什麼叫作須陀洹？」當須陀洹告訴你，說他是須陀洹時，你卻可以告訴他說，什麼樣的智慧境界才能叫作須陀洹，這時換他啞口無言。所以 佛爲了提示這一點，就說：「須菩提！你意下如何呢？這須陀洹初果人他可以這樣想嗎？心裡說『我已經得到須陀洹果了』嗎？」須菩提說：「不可以的！世尊！爲什麼這樣說呢？因爲須陀洹初果雖然名爲入流，其實他無所入；他不入色聲香味觸法，所以才叫作須陀洹。」爲什麼名爲入流時竟然沒有所入？因爲須陀洹人否定十八界自己，每一界都已觀察證實出來，全都是因緣假合而有；連最寶愛的意識覺知心自己，連最寶愛的處處作主的自己，全都被自己推翻了，因爲全都是生滅假有而不是眞實的自我；這時候，他還會認爲進入六塵中的六識自我是眞實不壞我嗎？當然不會。初果人的所知所見就是這樣的，所以他在見地上面是無所入的，不再認定六塵中的意識或六識自我是眞實的，因此須菩提說：「須陀洹名爲入流，而無所入；不入色聲香味觸法，是名須陀洹。」既然不入六塵就無我了，無我時還能自稱是須陀洹嗎？當然不能再自稱是初果人了。

須陀洹就是初果的聖人，可是初果聖人來到正覺同修會中並不算是聖人，只能說他是賢人。這有兩個原因：第一個原因，由於他遇到了我們明心的菩薩時，菩薩們知道他的初果是什麼樣的智慧境界，可是他並不知道菩薩們的智慧境界，所以他開不了口。因爲他知己而不知彼，但同修會裡的已悟菩薩們知己也知彼，所以論法的時候菩薩百戰百勝，他屢戰屢敗，使他不敢再開口了。菩薩知道他的所證就是斷我見——知道十八界全都虛妄，而他的所證，菩薩也有實證。但是菩薩同時又證得「此經」，「此經」名爲如來藏，就是《金剛經》中所說的金剛心；菩薩知道如來藏的所在，也就是知道「此經」在哪裡，就能現觀而了知「此經」的眞正義理；所以 世尊才說：「凡是有『此經』的所在，一切人天都應供養。」而須陀洹不知道「此經」在哪裡，所以他也不知道要怎麼供養「此經」。菩薩證得「此經」就證得眞如，現觀眞如法性，就能會通般若諸經；而初果須陀洹不能會通，所以這初果人不管是從哪個地方迢迢來到正覺同修會中，在這裡還是不會被我們承認爲聖人，最多只稱他爲賢人，因爲依菩薩道而言，他還在六住位中，還沒有進入第七住位。而他在正覺同修會外面時，大家依舊都稱他爲聖人，原因就在這裡。

第二個原因要從另一面來說：初果人叫作入流。入流就是參預了聖者之流，但也只是預先把他算作已經進入聖者之流的人，請問：「在實質上，他有沒有被算在聖者之流中？」結果是沒有，所以他不能叫作聖人，只是預先把他算作聖人。譬如說，假使我開立了一家明星學校（譬如我辦學店），我有個很要好的朋友說他兒子要來我的學校就讀，我不好意思拒絕，就說：「好啦！我預先把你收了。」在他還沒有來註冊入學之前，算不算是我這個學校的學生呢？當然不算。只是預先把他算進去，還不是正式的；所以，預流果並不是眞的聖人。乃至二果人薄貪瞋癡，已經努力在修道了，所以貪瞋癡很淡薄了，也都還不算是聖人，因爲他還有欲界性，目前還離不開欲界貪愛。在解脫道中，眞正的聖人至少是三果人，所以初果與二果是方便說爲聖人。

然而從另一個層次來說，這個須陀洹名爲入流，算是進入聖者之流；其實他是無所入的，因爲他是把十八界否定了，不承認有眞實的自我了，怎麼還會有入流可說呢？否定了十八界，意思是說他不再承認色陰爲眞實不壞底自我，也不再承認識陰六識爲眞實不壞底自我，更不承認色聲香味觸法爲眞實我；這時候是否定六識與六塵的，怎麼可能還會認定有六識的自我眞實存在呢？又怎麼可能認爲六塵是眞實法呢？當然他的見地不會再入於色聲香味觸法中來認定六識自己是眞實自我了；所以說：「須陀洹名爲入流，而無所入；不入色聲香味觸法，是名須陀洹。」

可是話說回頭，「初果聖者」這四個字，不管是語言或文字，是不是都在色聲香味觸法中？顯然是！如果離開色聲香味觸法時，就沒有這四個字的文字，也沒有這四個字的聲音。如果他說他是須陀洹，他就已經落在色聲香味觸法中，從大乘實相般若來看，那他顯然就不是須陀洹。所以如果有誰眞的斷了三縛結成爲初果人了，他可以對別人說他是初果人；但他如果來同修會中告訴你說：「我已經斷三縛結，我是初果人。」你就依大乘實相般若反問他說：「你現在說自己是初果人，顯然還在色聲香味觸法中，那你還不是須陀洹人。」他聽了也是沒得講。如果他硬要堅持到底，反問你說：「你根據什麼而這麼講？」你說：「你難道沒有讀過《金剛經》嗎？」他就會想到這一段經文，那時他也只能啞口無言；因爲他確實落在色聲香味觸法中，落在十八界裡面，那怎麼能叫作須陀洹？因爲進入聖流時其實是無所入的；可是他現在分明落在六塵中，他是有所入，所以不是須陀洹。

上週講完了，接下來要針對第一段經文來談一談理上怎麼說。在《金剛經宗通》〈一相無相分〉第九，共有四段經文，其中的第一段在禪門裡面，關於一相無相的理，其實也說得不少，我們就舉出龐蘊居士的說法：

【龐蘊居士所至之處，老宿多往復問酬，皆隨機應響，非格量軌轍之可拘也。元和中，北遊襄漢隨處而居：或鳳嶺鹿門，或廛肆閭巷。初住東巖，後居郭西小舍；一女名靈照，常隨製竹漉籬，令鬻之，以供朝夕。有偈曰：

心如境亦如，無實亦無虛；有亦不管，無亦不居，不是賢聖。了事凡夫易復易，即此五蘊有眞智；十方世界一乘同，無相法身豈有二？若捨煩惱入菩提，不知何方有佛地。

居士將入滅，令女靈照出，視日早晚，及午以報。女遽報曰：「日已中矣！而有蝕也！」居士出戶觀次，靈照即登父座，合掌坐亡。居士笑曰：「我女鋒捷矣。」於是更延七日。州牧于公問疾次，居士謂曰：「但願空諸所有，愼勿實諸所無。好住世間，皆如影響。」言訖，枕公膝而化，遺命焚棄。】

在中國禪門裡面，龐蘊居士是一個非常有名的居士，自古以來禪師們都很敬重他，乃至當代的所有大禪師們也都很敬重他；但是也有許多大法師很恐懼他，因爲悟錯了，就很怕他上門踢館。龐蘊到處去尋訪同參道友，只要是悟得正確的，他就會當眾加以認同讚歎；如果是錯悟而在誤人子弟的假善知識，他也會把對方的底細掀開來公諸天下，所以記載中說，諸方老宿大多會與他往復問答互酬，原因就在這裡。他悟後曾經把所有的金錢財寶丟棄到大河裡，然後跟女兒兩個人編竹漉籬（就是用竹子編的濾水用的東西），編好了讓女兒拿出去賣，就這樣過著很淡泊的生活。

他有一首偈，我們就拿來解說，幫助大家瞭解《金剛經》中的這一段經文。「心如境亦如，無實亦無虛」，意思是說，找到眞實心的時候，那個眞實心是一切時都如；因此在一切境界上也就無所關心，所以於一切境界中也都是如。證悟了這個眞如心以後，你會發覺祂無實亦無虛；因爲這個心不能夠說祂是實有，那是由於祂不在三界法中，所以你不能夠說祂是欲界有、色界有或無色界有，都不能說祂是「三界有」；但是也不能夠說祂是虛幻無實的，因爲祂是眞實存在的，而且祂有自己的功德性，有祂的眞實作用，譬如入胎出生人類或畜生的五陰。無形無色，卻又有功德體用，所以說祂「無實亦無虛」。

龐蘊又說：「有亦不管，無亦不居，不是賢聖。」證悟祂而轉依了祂以後，對世間法不再執著了，但卻不會因為無所執著就立刻自殺或入滅，所以接著說「有亦不管」。悟後可也不會住在斷滅空的空無裡面，因為眞如法性是眞實而如如的，悟者因此就不會墮在空無之中，所以「無亦不居」。如果說金剛心眞如是三界有，那是不對的；但如果說這個眞實心空性是不存在的，只是緣起性空而空無，那也不對；所以證悟底菩薩們既不住於三界有之中，也不住在斷滅空。但祂既不是三界有，當然不是欲界、色界的五陰，也不是無色界的四陰；既然不是三界有之中的五陰、四陰，當然祂就不可能來當三界中的賢人或聖人了，所以也不能夠說祂是賢聖：「不是賢聖」。

「了事凡夫易復易，即此五蘊有眞智」，如果禪門開悟這一著子大事已畢，已經修完了，那麼回頭來看求悟般若這件事情時，其實凡夫想要悟得「此經」眞如心，也眞是最簡易中的最簡易。意思是說，一旦了達這件開悟的事情了，即使原來是凡夫，想要悟得這個眞實心也是非常非常簡單的，一點困難都沒有。他這句話，說的其實也是事實，開悟眞的很容易。但也有一半並不是事實，這就要看是對什麼人而言了。所以，有一次他跟太太以及女兒，剛好在一起談法的時候，他就有感而說：「難！難！難！十碩油麻樹上攤。」意思就是說，想要開悟明心這件事情是很困難的，就好像有十碩可以炸油的那些麻仔，想要平攤到樹葉上面而不會掉下來一樣地難。十碩是很多的，一碩有十斗，十碩的油麻顯然是很多的。想要把十碩之多的可以搾麻油的麻仔，全都攤到樹葉上而不會掉下來，顯然很困難的；龐蘊居士認為一般人想要開悟明心，就像這樣子困難。確實非常難，這是事實，所以我們不怪各大山頭的堂頭和尚都悟錯了。所以他有時覺得很容易，有時又覺得很難。

這老龐的妻子聽了，卻反過來說：「易！易！易！如下眠床腳踏地。」意思是說，很簡單啦！很簡單啦！就如同早上醒來要下眠床的時候，把腳踏到地上那麼容易。她的意思是說，開悟明心這個事情其實非常簡單，一點兒都不難。然後他的女兒靈照聽了，跟他們夫妻兩人的說法又不同，靈照說：「也不難、也不易，百草頭上祖師意。」一個說很難，一個說很容易，老龐的女兒卻說：「既不困難也不容易，就好像百草頭上的祖師意一般。」所以他的妻子一向都認為很簡單，而他大多認為很困難，但他女兒都說不難也不易；他們一家才三口人，三個人竟有三種不同底講法。

事實上，他們三個人的講法也都對，就看是對什麼人來講。對老龐來講，他是針對一般知見不夠的凡夫們來說的；對龐婆而言，她是針對佛法知見與福德都具足的人而說的，因此開悟當然是很簡單的，就像從桌上拿個杯子來喝水一樣，就這麼簡單。然而對他們的女兒靈照來講，她是從各種不同的根性來說，所以說「**也不難、也不易**」；對某些人來講，開悟明心是很簡單的事；但對不同根性的某些人來講，開悟明心是非常困難的；全部綜合起來，想要開悟明心的事，其實不難也不易，只要從百草頭上的祖師意去領會就得了。所以老龐的偈中說的，大多認為開悟這件事情，其實是很困難的；然而他說，如果已經了事，也就是參禪應該具足的知見都已經正確了，應有的參禪功夫也已具足了，這時即使只是一個凡夫，想要悟時其實也是很簡單的。但這可是從建立正知見及修集福德都了事以後來看的，這時才說是很簡單的，因為只要向自己五蘊身中參究便行了。這是因為眞如心不在極樂世界，也不在很遙遠的琉璃世界，因為祂就在你自己的五蘊身中；所以老龐說：「**在你自己的五蘊身中，就有眞實的智慧可以實證。**」

「十方世界一乘同，無相法身豈有二？」到了十方世界去，不論去到哪個佛世界或五濁眾生的穢濁世界去，佛菩提道所證的大乘眞如法，永遠都是同樣的一個法，不會有二乘、三乘可說；因爲所悟的都同樣是這個無相的法身，也就是「此經」如來藏；而這個無相的法身，怎麼可能會有兩個種類呢？所以不可能說祖師悟的是那個法身，而我悟的是這個不同的法身；也不可能說古時證悟祖師悟的是一種法身，而我們現代禪子證悟時是另一種法身；更不可能說世尊以教外別傳的方式所傳下來的是一種法身，而世尊在經教中所說的又是另外一種法身，永遠都不可能這樣。不論古今，也不論是從宗門或從教下悟底，只要悟得眞如法性身的時候，所悟永遠都是同樣的一種，不會有兩種或三種差別不同。

「若捨煩惱入菩提，不知何方有佛地。」如果捨掉了人間的煩惱或三界的煩惱而入涅槃去了，竟想要悟入佛菩提、想要進入諸佛的智慧境界中，那就像愚癡的人想要出到三界外去找如來藏一樣，好像愚癡人想要出三界外去證諸佛的智慧一樣。參禪人想要找尋如來藏時，一定得要住在三界煩惱中來找；捨離三界煩惱而出了三界，五蘊十八界自己都不存在了，還有誰能找得到「此經」如來藏呢？還有誰能證得佛菩提的覺悟智慧呢？所以說，如果把煩惱捨了，見、思惑斷盡而入了無餘涅槃，那是二乘菩提；進了二乘菩提所證的無餘涅槃中，就不可能知道哪個地方有諸佛所安住的智慧境界了。

這意思就是說，眞如心是無相的；這個無相的法，不管你是在娑婆世界的現在，或者上一世在東方琉璃世界，或者下一世往生去到西方極樂世界，祂永遠都是你的無相法身；不論你哪一世去到十方世界的哪一個世界中，你擁有的都是相同的一個眞如法身。所以，不論古今中外、教證理證，都不可能會有兩種不同的法身。因此一切有情自己的法身都是在現前就可以實證的，不是等到將來入了無餘涅槃、出了三界以後才能實證的。

這龐蘊居士即將入滅時，他選定一個時間要入滅，也就是選在午時，這樣他的家人處理他的遺體時比較方便，不會忙到很晚。他就吩咐女兒靈照：「妳幫我出去看看太陽，是否到了正午？」他女兒出去看天空，看完回來就騙他說：「這日頭已經到了正午，但是卻有日蝕。」她不想爲老爸辦後事，就故意引他老爸出去看；老龐一念好奇而出屋去看，看到並沒有日蝕，等他返身回到屋中的時候，他的女兒靈照已經合掌坐在他的座位上離開人間了，這時老龐只好留下來先爲女兒辦後事。辦完後事，少說也要忙個五、六天，那就乾脆順延七日再走人。因爲消息傳出去了，到了第七天，當然人家會來看他，所以州牧——也就是知府，這位「知州」姓于，這位于公就來看望他的疾病。龐蘊居士就說：「但願空諸所有，愼勿實諸所無。」要把所有的三界有全都空掉，不要計較說還有什麼是自己所沒有而想要把它充實起來，那就不對了。「好住世間，皆如影響。」對世人來講，這是一個很好安住、很好受用的世間，其實都只像是影子不可把捉，又好像是聲音在響一樣，人的一生就那麼一會兒就過去了。他這樣子講完了，把頭枕在于公的膝蓋上就走了！他也是走得很利索。他事先有交代說：把他的遺體焚化以後丟棄就行了，不必留下什麼。

這個道理就是說，法身這個法是無相的；無相的法就一定不會有二相，永遠都是只有這一相而不會改變。不會說某甲悟得一個眞如心是這個樣子，某乙悟得另一個眞如心又是另一個樣子；眞如心永遠都不會有兩個樣子，所以一切有情各自底眞如心，永遠都是同一個樣子；如果兩個人所悟的法身有所不同，諍論就一定會生出來。假使我十幾年前出來弘法的時候，我悟的跟各大法師同樣也是離念靈知，今天佛教界就不會有諍論；因爲大家都一樣是離念靈知或放下煩惱的覺知心，當然就不會有諍論。但問題是我悟的不是意識境界的離念靈知，也不是放下煩惱的意識覺知心，而是第八識如來藏，與所有大法師們都不同，所以就一定會有諍論生出來。但是從理證與教證上都證明我說的開悟是證如來藏，他們悟錯了，不能再辯解，就傳話說：「各人悟各人的，何必互相批評？」但我們說的並非批評，而是法義辨正。所以到了末法時代，當大家同樣都落入意識離念靈知境界時，只要有一天眞善知識出現了，就一定會有這種諍論；但這個諍論不是由善知識所生，因爲善知識是如理說、如法說、誠實說，當然不是諍論之說；只是凡夫大法師們未悟言悟而在這時開始流失名聞利養了，當然會出來硬說意識就是眞如心。悟錯了卻要狡辯而不肯認錯，才能說是諍論。

然後要等到眞善知識的妙法傳了六十年、一百年以後，大家都認同了，就不會有諍論了；那時一切悟得離念靈知的錯悟者，就不會再出來諍論了，因爲大家都公認正覺所悟的眞如心才是正確的。可是當所有的善知識在人間消失了，不再有眞善知識於人間住持第八識正法時，證悟的法漸漸失傳了，後來大家都漸漸改為認定離念靈知是法身的時候，你又受生而突然冒出頭來，說如來藏離見聞覺知，悟得如來藏時才是眞悟，那麼諍論就又重新在凡夫錯悟大師之中開始出生了。這是五濁惡世當中無可避免的，就像我們剛出來弘法時，我們都不希望跟人家諍論；所以不論有誰來問到哪一位善知識時，我都讚歎，從來都不作負面的評論。但是我一味讚歎也就出問題了，因為我總是讚歎他們、承認他們，可是我的法跟他們不同，不可避免地顯示出他們還沒有悟，所以他們就要毀謗我；因此我一味地讚歎他們而當好人，最後還是沒有辦法與他們和平相處；我讚歎了他們五年以後依舊被他們私底下不斷地否定，還是要被他們毀謗的，正法邪法是無法兩立的。

這意思是說，離念靈知心都是有相的，始終不離六塵相與覺知相；如來藏眞如則是無相的，從來不曾落入六塵相與覺知相中，而這個一相的法是永遠無相的；舉凡所悟的法若是有相的法，那就是錯悟了。離念靈知到底是有相還是無相？他們都說祂是無相的，因為無形亦無色。然而我們可以請他們一起來探究一下：這個離念靈知有沒有瞋相？有沒有喜相？有沒有捨相？有沒有愚癡相？有沒有智慧相？答案是「統統有」，沒有一相是無。這樣就表示祂不是只有一種相，更不可能是無相；那就是說離念靈知的心相是有多相的，因爲離念的靈知相，會與許許多多的世間相相應；所以在離念靈知的了知境界中，會有對於凡夫、聖賢之了別，會有對於邪魔、賢聖之了知。但如果是如來藏法身，祂永遠都同樣是眞實而如如，永遠都不了別聖、凡；祂心中既無凡夫也無賢聖，既無智慧也沒有愚癡，也是沒有瞋、喜以及捨相，所以祂永遠都沒有喜相、樂相、苦相，也沒有憂相以及捨相，永遠都是一味無相的眞如相。而「此經」就是像這樣的一相，永遠都不跟諸相相應，這才能叫作「一相無相」；這樣悟得，才符合《金剛經》的聖教。

《金剛經》這段經文說到初果，那麼在理說上面呢，傅大士還有一首頌是這麼說的（相傳傅大士是彌勒菩薩化現），他對聲聞初果是怎麼頌的呢？傅大士頌云：

捨凡初入聖，煩惱漸輕微；斷除人我執，創始證無爲。

緣塵及身見，今者乃知非；七返人天後，趣寂不知歸。

這是說聲聞初果人捨棄了凡夫的見解，才剛剛進入聖人的見解之中；因爲發起了解脫的見地，因此煩惱漸漸地開始轉爲輕微了；由於相信有眞實法恆存不壞而願意斷除人我執，不再像凡夫一般執著五蘊十八界的假我是眞實法，這樣才算是初次證得無爲法而進入無爲法中。以前在凡夫位時，總是緣於六塵萬法以及身見，不知道全都是錯誤的見解；如今終於知道凡是會與六塵萬法等法相相應的都是錯誤的生滅心，全都不離身見的繫縛；這回終於斷了身見的繫縛，捨壽以後經歷七次的人天往返，將會斷盡五蘊、六塵、七識而趣向絕對寂滅的無餘涅槃之中，可是卻依舊不知道進入無餘涅槃以後所歸依的本心。

這就是說，聲聞人不知「實相一相、無相一相」的道理，所以聲聞人斷了身見（我見）以後，他們將會七返人天而趣入全無六塵的絕對寂靜的無餘涅槃之中，卻依舊不知道何處是他的歸趣；所以聲聞聖人沒有實相般若，不會像菩薩一樣留惑潤生，不可能繼續世世受生再來人間。這意思就是說，在佛菩提法中是要證悟那個無相心，而且永遠都是只有這個無相、一種相的如來藏（那個一相就是無相），是只有「此經」才會有的唯一的無相；因爲證得一相無相的「此經」，就有了眞如法性作爲自己的歸趣。這不是像二乘聖人斷除煩惱而進入無餘涅槃中，永遠沒有歸趣，因爲他們並不知道滅盡自己以後的涅槃實際是什麼；菩薩則是有歸趣的，就是以法身如來藏爲所歸。二乘菩提的實證者，也就是二乘聖人，都是沒有歸趣；他們都是在最後把蘊處界全部滅盡，使自己完全不存在了，所以不是歸趣於如來藏；而是滅盡自己進入無餘涅槃的絕對寂滅境界中，完全沒有未來世的自己；自己永遠不會再存在了，當然是沒有歸趣的。所以佛菩提的修證是要有歸趣的，是歸趣如來藏以後，由不生不滅的如來藏作爲所歸依的究竟法；然後生生世世不取無餘涅槃，繼續向佛地邁進。可是想要走上這一條路，有一個大前提，就是必須先證得法身如來藏，也就是「此經」。

這個自心如來——金剛心如來藏，祂一直藏在你身中；想要找到祂，是很困難的。可是在很困難之中，爲什麼我們正覺同修會中卻能有很多人找到祂而證悟了？一般人在參禪求悟的過程當中，一直都說：「**這如來藏不曉得藏在哪裡？我始終找不到。**」可是證悟後的人卻說祂從來沒有隱藏，祂一直都很清楚顯示出來給你看；只是因爲你還不知道祂的所在，才會說祂在躲藏；有一天你如果找到祂了，才發覺祂其實根本就沒有跟你躲藏過，一直都很分明地示現給你看。只是祂從來都沒有作過一個動作，從來沒有跟你招手說：「喂！我在這裡呀！」只差這樣而已！但祂一直都很分明示現給你看，從來都沒有隱藏過，所以不能夠指責祂說：「這如來藏一直都隱藏著，都在跟我捉迷藏。」正因爲祂從來沒有跟你捉迷藏，祂一直在顯示給你看，就等於是在爲你分明地演說實相般若，祖師們才會說祂一直都在爲你說法，而且是「熾然說」。

祂只是沒有跟你招手說「我在這裡」，只是這樣而已。因此，想要證得祂，其實也並不難。假使能轉依正確的知見，確信有第八識如來藏法身，並且把參禪應有的動中功夫修好了，心夠細了自然就能專注而不漏失所應觀察的如來藏心的所在，就比較容易證得祂。證得祂以後，轉依這個如來藏的體性，轉依經教中所說祂的自性而不去否定祂，祂就變得更清楚了！所以眞的很容易找得到。反過來說，假使不能接受如來藏，不斷地執著離念靈知，那麼他想要證如來藏，就會變得非常困難；就好像自己用一重又一重的黑布遮住眼睛，卻想要看得很清楚，當然始終都看不見祂。所以說，能不能悟，因緣都在各人自己，而大家的如來藏都不曾有絲毫的隱藏。

因此，我們接著就要來看看，禪門是怎麼樣能夠住在六塵中卻不入色聲香味觸法？證悟的人一直都處於六塵中，可是卻又一直都離六塵；得要這樣子實證，才叫作親證佛法，否則只能夠說他還是凡夫，或者說他修的是聲聞法而離六塵。所以，阿羅漢們出去托鉢，拿著鉢，眼睛只能看著前方幾尺的地方；到了施主門口振錫或者出聲乞食以後，當人家送飯出來時還不可以看著施主的面，只能看著鉢；因爲他們聲聞人得要「藏六如龜、防意如城」，要把六識六根向內收藏，好像烏龜把頭、尾巴及四隻腳都收進殼中來，免得被六塵所刺；六根就是要這樣隱藏起來，使六識不能向外攀緣，這叫作「藏六如龜」。最重要的就是意根與意識要守得住，要好像城牆一般防守住，不讓外法進入覺知心中來，因爲聲聞人都不想要接觸六塵。

聲聞聖人去托鉢時，是不得不接觸六塵，但他們都不想要去攀緣，因此就只看著前方路面的地上；到了施主門口以後，當人家施食的時候就只看著碗，不能看施主的臉孔；當施主布施了什麼食物時，也不能想說：「這個好吃，這個不好吃。」他們都不能動心。可是菩薩卻不一樣，菩薩看了食物就說：「哎呀！這個眞好吃！感謝施主。」或者看了就說：「我今天倒楣！托鉢到這個不好吃的食物。可是施主您別難過，這是我自己的因緣。而施主您今天布施了這些食物給我，未來世將會大有福德，感謝您啊！願您世世富有健康，並且能夠實證三乘菩提。」菩薩就這樣全都住在六塵中，可是卻又同時離六塵，可以轉一切因緣成爲佛法，這樣才是實證上妙佛法。理說講完了，那麼我們就來看看，在宗門裡面是怎麼樣達到這個境界的？這當然不是靠打坐修定而證得的。

《續傳燈錄》卷一：【潭州神鼎洪諲禪師　自遊方，一衲以度寒暑。嘗與數耆宿，至襄沔間；一僧舉論宗乘，頗敏捷；會野飯，山店中供辦，而僧論說不已。師曰：「三界唯心、萬法唯識，唯識唯心，眼聲耳色，是甚麼人語？」僧曰：「法眼語。」師曰：「其義如何？」曰：「唯心故，根境不相到；唯識故，聲色縱然。」師曰：「舌、味是根境否？」曰：「是。」師以箸莢菜置口中，含糊而語曰：「何謂相入耶？」坐者駭然，僧不能答。師曰：「途路之樂，終未到家；見解入微，不名見道。參須實參，悟須實悟，閻羅大王不怕多語。」僧拱而退。】

潭州神鼎洪諲禪師，他常常遊方。遊方就是像龐居士悟後一樣到處去參訪那一些在弘法的老宿，就是參訪已經出道很久而很有名聲的大師。神鼎禪師不論去到何處參訪何人，他始終都是「一衲以度寒暑」；冬天穿那麼多，夏天也是穿那麼多，看來他好像是有特異功能。將來如果有空（我還是要說這一句話），我很想去各大山頭參訪大法師們；因爲這是古來禪門的宗風，中國禪宗的門庭從來就一向如此。「一衲以度寒暑」，這公案中的文字，都是古時候的白話，現在竟變成古文了，我們且來解說一下。因爲這個公案，我曾看過別人拈提，竟然連斷句都斷錯了，就表示他們那些拈提這件公案的人，是連讀都讀不懂的。

這位潭州神鼎洪諲禪師遊方的過程當中，曾經跟幾位耆宿（這幾位耆宿就包括欽山文邃、雪峰義存等幾位禪師）共同行腳。他有一次到襄沔等地遊方時，當時有一個僧人對於宗門，也就是對於禪宗門下開悟的那一些典故很嫻熟；但因爲很聰明，所以與人應答時都很敏鋭快捷。那一天剛好因爲在野外行腳，他們在山中的野店相遇了，而且是在吃午餐的時候。因爲以前參訪諸方善知識時靠兩腳行路，都是要爬山越嶺；有時前不著村、後不著鎮的荒野地方，就會有人在那裡開個小飯館，就稱爲野店。那時就在山中的野店裡供辦，就是請店家準備午齋。正在等候上菜上飯的時候，那個僧人還一直在講禪。這個狀況我也遇過許多次，但不是在山店，而是在城市的素食店中，我也是常常遇到的。因爲我沒有侍者，常常要自己出去辦事，中午就找個素食店吃飯。所以我常常聽到隔壁桌或後面桌或者前面桌，有人在講禪，講得口沫横飛；我如今總是聽都不聽的，好在他們都不認識我。

已經上菜了，這位僧人還是一樣講個不停，講到洪諲禪師耳朵快要長繭了，不耐煩了，於是就說：「請問你：『三界唯心，萬法唯識』，唯識、唯心，講的就是眼聲耳色，這是什麼人講的？」因爲這個話不合常理，應該說是眼色耳聲，法眼禪師偏偏說「眼聲耳色」，所以不合常理，人家就特別會記住。洪諲禪師就特地提出來問那個僧人：「這個是什麼人講的？」僧人就說：「那是法眼大禪師講的。」洪諲禪師接著問：「那是說什麼道理呢？」那位講禪的僧人回答說：「唯心的緣故，所以六根和六塵境不會互相接觸；唯識的緣故，聲音與色塵就明顯地接觸到了。」這時候洪諲禪師就說：「請問你，法眼那一句講的是眼耳，是聲與色，」接著就問：「請問舌根以及味塵是不是根與境？」不論怎麼答，不答他根與境也難；洪諲這麼問，那僧人當然要答「是」，不能答「不是」，因爲明明舌根與味塵都是根、境。這時洪諲禪師就拿了筷子，剛好上菜不久，他夾了一大口菜送進嘴巴裡，一面嚼就一面語氣含糊地問：「怎麼樣說是根與境相入呢？」三界唯心的心是不與根塵相入的，這時洪諲就問對方：「什麼叫作根與境相入？」顯示他們的境界都與六塵相入，卻不是眞如心的根與境都不能相入，座上所有人聽了都嚇一跳，因爲都聽不懂呀！不知道他在搞什麼。如果知道了不相入的眞如心，就會心一笑，不知道的人只好駭然；因爲他特地夾了一口菜塞進嘴裡，含含糊糊地質問，實在問得太誇張了！

這個僧人到這個節骨眼，答不上來了，所以就該洪諲禪師訓話了：「參禪這個法，若還在半途而得到的快樂，那終究還沒有到家；」意思是說，稍微懂得一些禪，還只是在半途，還沒有眞的回到故鄉；「縱使所說的法顯示出你的見解已經到達非常微妙的地步了，那仍然還不是見道。參禪得要眞正的參，開悟得要確實地悟了，否則，臘月三十到來，閻羅王可不怕你多話。」你解釋得再多，閻王可不聽你的。這個僧人一聽，知道遇著行家了。因爲眞的不懂洪諲禪師在搞什麼，想要狡辯或毀謗又不行；因爲萬一謗錯了，那可是大因果。可見這個僧人還是有一些知見的，因爲他知道說：由於唯心，所以根境不相到；由於唯識，所以聲色縱然。他還知道這一點，可是你看現代的所謂開悟大師有哪個知道這些知見呢？唯心，一定是聲色不相到的：「三界唯心」唯哪個心？唯是那個金剛心、眞實心如來藏；祂從來都是「聲色不相到，根境不相到」，祂根本不在六塵中了知的，祂也不會透過六根去觸知六塵，一向不會去了別六塵；所以說：「唯心故，根境不相到。」可見這個僧人在經教上是很通的，只差尚未開悟。

這僧人也知道說：「唯識故，聲色縱然。」唯識就是講八個識和合運作，因爲「一心唯通八識」；當這八個識和合運作時，那就聲色都非常地清楚了。可見這僧人眞的有深入教典去研究，他只欠腦後一槌；看有哪位禪師願意給他腦後一槌，他也就悟了，就差在這一點上。可見這個僧人也眞的不簡單，他可以走遍五湖四海，沒人能跟他抗衡；可是他倒楣，遇到了神鼎洪諲，遇到了個作家。如果他遇到的都是還沒有悟的大法師、大居士，他都可以佔上風；問題只是他還欠禪宗這麼一著子，偏又遇到了神鼎洪諲，所以他知道遇到高人了，答不上來，有自知之明，也就「拱而退」了！也就是合掌或抱拳恭敬地退下去，不敢再講話了。可見這個僧人絕對有可能會開悟的，很可能後來就悟了。假使他一千年來沒悟，今天也應該開悟了，可能就在我們會中。這是眞話，因爲以他這樣的見解，目前人間還不容易找到；甚至現代專門研究唯識學而寫出書來的人，都還不一定知道眞心如來藏離見聞覺知呢。你們看，現在有哪個大師知道說「唯心故，根境不相到」？有哪一個大師這麼講過？我目前還沒有看過。也許我孤陋寡聞，希望將來會看到；但不是我講了這些話以後，他們才開始這麼講。希望在我的《金剛經宗通》整理成書出版以前就有人這麼講過，表示那個人這一世縱使悟不了，下一世也會開悟的；因爲他這一世不會信服我，但在下一世他忘了這一世的所有事情，重新開始時，就會崇拜說：「以前那個蕭平實多厲害。」他就願意學習正法了。

所以說，眞實法並不容易理解。你看神鼎洪諲，把菜夾了，塞進嘴裡說：「好吃！」那眞是「聲色縱然」！但是沒有關係，正當「聲色縱然」時依舊是「唯心故，根境不相到」。但，如何是「根境不相到」？這就是個關鍵。這個關鍵，當代有多少人知道？大部分人寫公案拈提時，總是把公案中的關鍵丟開，然後在那些末後語及閑機境上面多所著墨，寫出來的都是言不及義，根本是沒有用的東西；都是放過了那一些關鍵，專在禪師的閑機境上面講一些沒用的話，誰讀了都沒用，所以末法時代的參學人眞的可憐。你如果有興趣，應該參詳：怎麼樣能在六塵中不入六塵？又如何不入六塵而竟然可以根境相入？言歸正傳，初果人是預流，可是預流聖者卻不入色聲香味觸法，這才是眞正的菩薩初果；若是對大乘見道眞的有興趣，想要眞的親證《金剛經》，就請你從這裡端詳、端詳看看。接著說同一品的第二段經文：

【「須菩提！於意云何？斯陀含能作是念『我得斯陀含果』不？」須菩提言：「不也！世尊！何以故？斯陀含名一往來，而實無往來，是名斯陀含。」】

講記：初果人進入初果中，其實是無所入，不入色聲香味觸法；那麼到底二果人入不入色聲香味觸法，有沒有「一往來」呢？在第二段經文中這麼說：「須菩提啊！你的意下如何呢？這斯陀含能夠這樣想『我已經證得二果』了嗎？」須菩提答覆說：「不可以的！世尊！爲什麼呢？因爲斯陀含這二果人的名稱就稱爲一往來，雖然是死後往生到欲界天，然後那邊捨報了再來人間，這樣一往來就可以出三界生死；可是他其實沒有往來，所以他才叫作斯陀含。」

我這些解釋，講了好像也是沒講，大家還是聽不懂，這就是依文解義的過失；如果是自己不懂還要故意瞎編一些道理來講，可就不只是依文解義的過失了。得二果的人心裡面不可以說：「我已經得二果了。」也不可以跟人家講：「我已經得斯陀含果了。」如果是世俗人，他一定不想要這樣的初果與二果果位，因爲世俗人的想法是說：「我證得初果，我就要告訴人家：『我是初果聖人。』你們要恭敬我。」「我是二果聖人，你們要供養我，我是聖人欸！」世俗人的想法都是這樣。可是等到他證果的時候，才發覺原來只是把自己否定掉，變成沒有眞實我了，那到底還有誰證果？無我時當然不能說有自我來證果了。菩薩也一樣，菩薩跟二果人同樣把自我否定了，然後又證得「此經」如來藏，轉依了如來藏；結果發覺自己轉依如來藏爲眞實我，接著依如來藏而安住其心的時候，如來藏卻完全沒有我性，完全沒有眾生性，而如來藏也沒有證果。原來證果的是五陰的我，而五陰我卻是假有的，結果是如來藏和五陰我都沒有證果，原來自己什麼都不是。探究到後來說，原來得要「什麼都不是」才是眞的明心開悟；這時才是完全轉依成功了，這時眞的沒有辦法跟人家炫耀說「我明心了」。

連明心都不好向人家講，因爲覺知到「我明心」時就有我了，那就顯然還沒有轉依如來藏。轉依如來藏的時候沒有我、沒有人，也沒有明心，更沒有生死可說，那還有誰明心了？所以佛法眞的很奇怪，跟凡夫眾生的想法都正好顚倒。所以 佛度眾生眞的很辛苦，剛開始時要跟眾生說有初果、有二果乃至有四果，說明證得四果時最好，成爲人天應供。等到眾生證了四果以後，自己發覺說：「原來是我要把自己全部滅掉而沒有我，全然沒有五陰自己這個假我時才是證得第四果。」度大乘人時，剛開始也告訴他說：「有個如來藏，祂很奇妙；你如果證得祂以後，你的智慧將會非常神妙。」可是證得祂以後，你卻說：「原來是這樣，好像也沒什麼。」在「好像也沒什麼」之中，當你回家以後，把以前讀不懂的《般若經》《金剛經》《心經》請出來讀時，卻又可以懂了。經中有許多是人家所不懂的，你還能爲人家宣講；這時人家說：「你爲何這麼有智慧？」你卻說：「我哪有什麼智慧！我只是知道這個而已。」就只是這樣呀！

所以說禪宗祖師好比把小孩子來哄騙：「我這手裡有黃金。」結果他拿出來的其實只是一片黃葉——如將黃葉止小兒啼。就是這樣呀！一開始時得要騙他是黃金，那小孩子歡喜地說：「我得到黃金了，好歡喜！好歡喜！」於是心安而不再哭鬧了。等到他知道那不是黃金的時候，他已經長大了，有能力自己賺黃金了，根本就不哭了。佛法就像這樣，所以佛法的眞實內涵跟一般禪師的想像剛好是相反的，一般禪師都是說：「我要能作主，我要當自己，所以我要找回自己。」於是找來找去都是自己，自己就是五蘊十八界，都住在六入當中，不離根與境。佛法卻告訴你說：要把自己滅掉，滅掉了自己全部以後剩下一個永遠不會滅的另一個第八識眞如心，才是眞實的自己。所以你看二果人，所有證得二果的人都不可以炫耀說「我證得二果」。好了！如果是一般初學者，他聽到這一句話時，心裡一定想：「我要重新考慮要不要再學下去，我看恐怕還是不要學的好；因爲證得二果時也不能告訴我家裡人說『我是二果』，家裡人也不會對我好一點。」淺機者往往會這樣想。

所以證果的事情在聲聞道中其實都不存在，就在不存在當中才能夠說有證果。如果有人一直稱說他有證果，一直稱說他是聖人，那他就不是眞的證果，也不是眞正的聖人。度眾生的時候要爲眾生說有果可證，那是要引誘他，讓他產生喜樂說「證果以後就是聖人了」。結果他當了聖人以後卻向人說：「什麼聖人？根本就沒有『人』了，哪還會有聖人？」這時候他就不會再跟人家爭了！以前悟錯了，以為自己眞的是聖人，常常會跟人家爭辯說：「我是三果人，我是四果人。」就像以前有一年的夏天，我有一天中午獨自在麵攤吃麵時，有一個人是因為老闆偷偷把我的身分告訴他；他就來跟我議論佛法很久，總是自認為證得阿羅漢果了，其實卻是我見具足存在；後來他跟我說：「喂！你很會講佛法，我不跟你講了。」打開玻璃門轉身離去時，他轉頭對我說：「我自己知道我是阿羅漢就好了，你承認或不承認，都無所謂啦！」他跟我丟下這一句話，然後就走了。可是等他將來有機會證阿羅漢的時候，他就不會講這一句話了。所以如果有誰跟你講這一句話：「我是阿羅漢，是人天應供。」你就知道他是個凡夫，這是最好判斷的方法。佛在這一段經文中為什麼要這麼說，我們再從禪宗祖師說的理上來看。

【黃蘗禪師云：「供養十方諸佛，不如供養一無心人，不可得。無心者，無一切心也！如如之體，內外如木石，不動不轉；內外如虛空，不塞不礙，無能無所，無方所，無相貌，無得失。趣者不敢入此法，恐落空，無棲泊處，故望涯而退。」】

這一段禪宗祖師開示的語句，常常有人舉出來講解，卻總是連斷句都斷錯了！還是老話：表示他根本讀不懂。黃蘗希運禪師說：「供養了十方諸佛，不如去供養一個無心道人；可是想要供養一個無心道人，事實上是不可得的。」因爲沒有心的道人根本找不到，一定有心的人才有可能是道人。自心如來是沒有三界有情所知的一切心行，不論是欲界心、色界心、無色界心，自心如來本身都沒有，所以眞正的無心道人是你的自心如來。然而你的自心如來，你要怎麼供養祂？你永遠供養不到，因爲不論你供養什麼，祂都不受。就好像乞丐去討到了一碗飯、麵，他覺得今天要到的這碗飯、麵非常好，趕快拿去王宮要供養國王，但國王根本都不見他。同樣的，你要供養你的自心如來，祂絕對不跟你領受的，祂也不見你；所以說，想要供養一個無心道人，眞的不可得。這是從法界眞實理上來說的，不是從意識境界的層面來說的，所以我講出來的意涵當然不同於悟錯底意識境界大法師。

一般大師都難免落入意識心中來解釋黃蘗的話，可是黃蘗禪師又有方便開示說：「我所謂的無心，是說沒有一切心。」想要杜絕野狐禪師意識思惟底胡說。然而他說沒有一切心，很多人還會跟你爭執：「你說的沒有一切心，應該就是覺知心不動，所以不會產生瞋心、貪心、惱心、怒心、恨心、愚癡心等等無量無邊的心。」其實黃蘗禪師說的無一切心，是永遠都不會產生這種心，不是曾經產生這些心，經由修行然後才沒有這些心而叫作「無一切心」。可是有的人會跟你爭執說：「無心道人或無一切心，不是你講的這樣。」他們全都誤會了。所以黃蘗禪師有進一步的解釋：「如如之體，內外如木石，不動不轉。」說這個無一切心的如如之心，對內法、外法都一樣，祂一向都是如如不動的。當你身體裡面肚子痛了，頭腦裡面疼了，或者身體裡面心臟痛了；不管哪裡痛，祂都不動心，祂不會趕快說：「這個痛了，你覺知心要趕快來處理。」祂是不動心的，猶如木石一般。當身外有人在罵你，罵得一塌糊塗，你覺知心氣得要命，但祂也是不動心；不論是在什麼狀況下的覺知心的狀態，這個法身自心如來永遠都不會有，祂無一切心，所以黃蘗禪師說祂「內外如木石，不動不轉」。你想要轉變祂，是不可能的；想要使祂生氣起來，也不可能；你若想要使祂起貪心，也不可能。今天獨自上館子，這一餐花了一萬塊錢，這眞是頂級豪華的美食了，你覺知心讚賞地說：「名廚！眞是名廚！好好吃！好好吃！」起了歡喜心，祂卻依舊都不動心。你會動心，祂一向都不曾動心，所以「不動不轉」，你想要轉變祂，永遠不可能！

黃蘗禪師又說祂「內外如虛空」，祂對內、對外都一樣，都猶如虛空一樣；既不會被閉塞也不會被障礙，始終都沒有能與所。能、所，譬如說能吃、能領受，那都是有「能、所」二法相對的境界，是有一個能吃的以及所面對的所吃食物。能領受的，就是一個能領受的覺知心，來面對所領受的各種境界相，這就有能也有所，就是三界中的流轉境界；所以，只要有能有所，全都是妄心。那些自認爲已經開悟的大居士、大法師們，主張離念靈知就是眞如心，認爲離念靈知是離能所的；但我們可以看看離念靈知有沒有能、所：離念靈知面對色塵、或者不面對呢？有面對。離念靈知心不可能離色塵，一旦面對時就有領受了，就有能與所了。離念靈知有沒有面對聲塵乃至香味觸法塵呢？都有呀！人間的離念靈知都沒有辦法離開六塵的。即使是無色界的離念靈知，最少也得要有一塵存在；也就是最少得要有一個定境中的法塵存在，無色定中的離念靈知才能存在；因此空無邊處乃至非想非非想處的定境中，還是有定境法塵存在而讓祂面對及依止，那就有能也有所了。既然有能、所，顯然祂不是黃蘗禪師所說的「無能無所」如如不動底心。

無心者即「無方所」，離念靈知則是有方所的。所以，離念靈知現在看到這個境界是在色塵這裡，待會兒聽到聲音時則是在聲塵那裡，祂都有方所；可是無一切心的如來藏都不在這上面作任何的了別，所以祂沒有方所。離念靈知有相貌，看見了一個漂亮的景色，即使心中仍然沒有語言文字，總是會把腳步慢下來看一看；可又怕人家說：「你貪看美景！」所以他腳步不停，但是會稍微慢下來，眼光會一直瞄著那個美景。請問：這離念靈知有沒有相貌？有呀！是貪色的相貌。吃到好吃的，聽到好聽的，以及法塵上人家向他讚歎：「您眞是開悟的聖者！」離念靈知都知道意涵，所以歡喜而有相貌。如果聽到人家讚歎他說：「您眞是開悟的聖者！」他一時還沒有會過意而尚未動心，人家接著補上一句話說：「可惜，悟錯了。」這一下呢，臉色可就鐵青了！雖然他心中還是一念不生的，卻已經臉色鐵青了。那表示什麼呢？表示離念靈知心是有相貌的，祂的心相被人家看得清清楚楚，連凡夫眾生都可以看得出來。可是他自己的自心如來可都沒有這些相貌，因此黃蘗禪師說：「無相貌。」

那麼談到「無得失」，這離念靈知在剛才午齋時由於一桌好飯菜，到現在還齒頰留香；可是過了兩個鐘頭，因爲他身中的火氣太大，就不是吐氣如蘭了，而是變成如鮑魚之肆的味道，因爲口氣已經變臭了！他希望原來的香味繼續存在，可是現在卻已變臭了，他得要趕快去把它除掉，所以趕著去刷牙漱口；甚至於還買漱口水，還吃香香的喉糖，這表示離念靈知心是有得有失的世間心。即使是像白居易寫的那個很會彈琴的人，他彈出來的琴音猶如大珠小珠落玉盤，說它繞梁三日；然而三日後還在不在呢？早就不在了！這也是離念靈知所領受的，在聽聞當時有得，後來則是有失。離念靈知既然有得有失，那就不是黃蘗禪師說的「無得失」的眞心了；可是自心如來從無始劫以來一直都是無得失的，不管你五蘊是有得或者有失，祂都不管；有也不管，無亦不拘，祂從來無得失，因爲祂對六塵是離見聞覺知的。

黃蘗禪師又說：「趣者不敢入此法，恐落空，無棲泊處，故望涯而退。」可是對這樣的證悟境界有興趣的人，一生努力參禪就是想要證得這個無得亦無失的心，卻又全都不敢進入這個無境界法之中，總是依舊把握住有方所、有得失的覺知心自己。又因爲聽到眞悟禪師說開悟了這個法以後是無所得，反而是什麼都要丟掉、都要否認掉，所以他們心中恐怕落空。如果落到空無之中，就想要趕快抓個什麼東西作依靠；可是入了如來藏境界以後，是什麼都不能夠棲止的，就好像在大海中沒有一個棲泊之處一般，什麼依靠都沒有，才是眞解脫。證悟以後只能依靠如來藏，可是依靠祂的時候卻是什麼都無所得、無所依；所以一般參禪人知道這個事實眞相以後，心中恐怕落空，恐怕悟後沒有棲泊處，「故望涯而退」。涯，就是說看著好像很廣大，渺渺茫茫無邊無際，什麼都沒有。譬如站到很大很大的湖中的小船上，向四邊望去時都看不到邊一般；或者站在湖邊一看出去，什麼都沒有，只能看到無邊際的水，那時你要不要自己一個人進入湖中冒險？一定不要啦！這就是一般人的想法，參禪人知道悟後的境界時，心中恐怕落入空無之中，所以黃蘗禪師說一般參禪人「望涯而退」。

因此，當你解說眞實證悟的境界——直接說出如來藏的所在，假使你眞的把它講出來，那一些自稱開悟的凡夫大師們，他們會接受嗎？保證不會接受。不接受還不打緊，他還會毀謗你，他一定會馬上寫文章：「我知道了，正覺同修會的人是證什麼東西。笑死人了！那個叫作如來藏、叫作開悟？」他會開始罵，那就會害他下墮無間地獄，因爲毀謗這個最難以信受的如來藏妙心，是謗菩薩藏，是一闡提罪，使他成爲斷善根人，是無間地獄罪。同修會外其實有很多人在刺探，想要知道正覺的會員們明心時到底明個什麼；所以，我聽說大陸也有許多人在研究我的著作，不只台灣如此。他們想要弄清楚：「到底你蕭平實弘揚的如來藏是什麼內容？」這並不一定是學佛的人，有些學術單位也在研究；台灣的學術界起步更早，早好幾年就在研究我們所悟的內容了。然而我們若是眞的把這個證得如來藏的境界公開講出來，他們一定不會接受；因爲他們想要證悟如來藏的基礎條件還不夠，聽了一定會毀謗。所以 佛會特別交代要善護密意，不但大乘經中這麼隱晦地講解如來藏密意，在二乘經中也已經講了如來藏，但都是隱覆密意而說，看來好像很不容易理解，就是考慮一般人的善根與福德都不夠，明講而使他們知道了密意時，一定會謗法而下墮地獄。所以**爲人明說密意的人**，佛說那是**毀犯了法戒**，就是說這種人犯了**法毘奈耶**，不但是**虧損法事**，同時也是**虧損如來**，這二罪都是三界裡的最重罪，因爲**法戒**是聲聞戒與菩薩戒的基礎。

接著再來看看經上是怎麼說的，這是要告訴大家：凡是修學佛菩提的人，一定要先知道二乘聖果與大乘聖果的差異所在；這個差異不能不知，如果不知道——不能區分其中的差別，將來學佛之路就會變成盲修瞎練；因爲：你到底要走向哪裡呢？在邁開步伐之前，並不知道有二條路叫作二乘之路，另外一條路叫作成佛之道。這三條道路走完後得到的智慧與果位是不一樣的，但你還不知道，可別隨便走進去，得要有善知識先爲你說明。二乘法的路，走到最後只能成爲阿羅漢、辟支佛，路途很短，是一條短路；可是大乘之路，當你實地瞭解大乘道以後，會發覺原來二乘之道含攝在大乘道裡面；然而二乘之路的內容是殘缺的，不能使人成爲菩薩，更別說是成佛了。而且那兩條路很短，精進而且慧力好的人，若是因緣具足時，只要一世就可以完成了。但這邊的佛菩提道內容卻是具足圓滿的，其中不但有大乘道，也把二乘道函蓋在裡面，卻是要走三大阿僧祇劫之久；當你走完大乘道第一大阿僧祇劫的時候，同時就走完了二乘道，然後爲了繼續成佛之道及斷除習氣種子而留惑潤生。

二乘道那二條路很短，佛菩提道成佛之路卻是很長的；請問你要走短路？還是要走長路？世間法中愚癡人都是活不下去了就走短路，所以有智慧的老人家就勸他：「請你不要尋短。」勸他不要走短路。同樣，我們也要勸佛教界一切人，大家都要走長路，不要走短路，因爲走短路就是自殺。二乘解脫道是短路，就是教你要自殺；確實是教你自殺呀！而且是究竟的殺盡自己。二乘聖者死後都不再受生於三界中，都是灰身泯智呀！把自己的色身滅盡而且永遠不再於三界中受生、出現——不受後有，當然二乘解脫道的智慧也跟著消失了，他所得的二乘菩提智慧已經跟著五蘊永遠滅失而不存在了，那不是究竟的自殺嗎？眞是走短路呀！二乘聖者是究竟的自殺，世間人的自殺其實殺不掉自己，因爲死了以後又會重新投胎再來人間或三界中，結果還是沒有死盡。可是二乘聖人是死了不再來三界中——後有永盡，永遠不見了，因此他是眞的自殺，還眞的叫作「尋短」。

可是當你走上大乘道時，當你在走這條很長、很久遠的長路時，不但已經包含了這條二乘聖人所走的短路，而且還把這條短路延展、加長；因爲二乘菩提的短路走完的時候，菩薩們在隨後又把原來的二乘菩提短路延展爲長路——再加上很長的斷除三界愛的習氣種子的長路，所以才要留惑潤生。二乘聖者一世所能走完的短路，佛陀在這條短路後面又爲菩薩們拓展出一條長路，就是斷除三界愛的習氣種子，而二乘聖者只是斷除三界愛的現行，不斷習氣種子。佛陀為菩薩們延展出來的斷除三界愛的習氣種子，這條長路要在二大阿僧祇劫中才能斷盡；也就是要在第一大阿僧祇劫中慢慢斷除三界愛的現行，不急於求取無餘涅槃，在入地前證得二乘涅槃；然後留惑潤生，從入地後的第二大阿僧祇劫開始，就得要開始斷除三界愛的習氣種子，得要再修道整整一大阿僧祇劫才能斷盡，同時增益無生法忍增上慧學；所以這條路很長，保證不會短，這是二乘聖人所不知道的。

第三大阿僧祇劫就得要斷除變易生死，全部都屬於一切種智；而且一切種智的修證，路也是一樣那麼長，要像斷除習氣種子一樣歷經另一大阿僧祇劫，所以才會說這條成佛之路—佛菩提道—是大人之路。二乘道，只能夠說他叫作小人，不是奸詐不軌那個意思所說底小人；而是說，二乘聖者在三界中是人天應供的大人物，但在佛菩提道中只是小人物。因此說，聲聞之道的究竟果，最多就是成為阿羅漢，了不起成為辟支佛；可是佛菩提道不但能得到阿羅漢果、辟支佛果，而且將來還可以成佛，也是一切阿羅漢、緣覺之所歸依。並且假使你到達最後身菩薩位——成為一生補處的妙覺菩薩了，當你下來受生在人間的時候，那時如果人間還有辟支佛，不管他們有多少人，都會馬上自動離開人間而入無餘涅槃，不會再住於人間；因爲當妙覺菩薩來人間應化而成爲佛陀時，他們繼續住在人間已經無所利於眾生了。這就好像說有一顆星星非常明亮，是眾星中尊，像這樣的星星有許多顆；可是當太陽出來時，連它們都得要消失於天界而不可能再被人們看見了，何況其餘不很亮的星星。佛就好像太陽，辟支佛就像那些很亮底星星，阿羅漢就像其餘不很亮底星星。所以說，不同的法道所能得到的果報以及智慧，當然也是不同的。

在《大般若波羅蜜多經》卷三有這麼說：**【若菩薩摩訶薩，欲令十方殑伽沙等世界有情，以己威力，未見諦者令得見諦，住預流果或一來果或不還果，或令證得阿羅漢果，或令證得獨覺菩提，或令證得乃至無上正等菩提，應學般若波羅蜜多。】**

這意思在告訴我們，如果你將來在人間弘法時不是完全靠佛力，而是靠自己的智慧力來度化眾生，讓眾生可以證得初果、二果、三果、四果，乃至證得辟支佛果；或者讓眾生可以進入佛菩提中，未來可以成就佛果；如果想要讓自己在將來擁有這樣的能力，你就必須要修學般若波羅蜜。這意思是說，般若波羅蜜是函蓋二乘菩提的，它不只是大乘菩提而已。因爲你若修學般若波羅蜜，一定同時會斷我見，一定會同時薄貪瞋癡；也一定會同時證得三果乃至證得四果，就看你在般若波羅蜜上面有沒有深入的實證。所以，修學般若波羅蜜不但在佛菩提道上可以成就，也可以成就二乘菩提；具足了三乘菩提的智慧以後，就能夠利益許多的有情，不限定在二乘種性的有情上面。所以菩薩能幫助別人證悟佛菩提時，當然也有能力幫別人斷我見、斷我執；但他自己故意不斷盡我執，從第二大阿僧祇劫開始，留惑潤生而繼續世世都在人間受生，卻可以教別人斷我執而成爲阿羅漢，也可以教別人斷除因緣觀中的無明而證得緣覺果，卻不是由別人教導才成就這種功德的，而是純憑自己的無師智而擁有這樣的功德；唯有這樣的人，才能叫作聖位菩薩。大乘菩薩可以依自己所證的解脫道智慧教人證得二乘菩提，也能教人實證大乘菩提——佛菩提，但是二乘聖人沒有辦法使人證得佛菩提，絲毫都不能，因此這三乘菩提中的實證者差異是非常大的。唯獨大乘菩薩所修證的佛菩提道，實證了般若波羅蜜多時發起了實相般若，才能有這種大功德，這就是般若波羅蜜多的功德。可是，般若波羅蜜多的功德這麼大，到底要怎麼樣才能發起這個功德？且看宗門裡對般若波羅蜜多的義理是怎麼說的吧。

關於一往來，在宗門裡面有這麼說。這是《溈山警策註》卷一裡面說的：

【「往來三界之賓，出沒爲他作則；此之一學，最妙最玄；但辦肯心，必不相賺。」此明修道之人雖有三界往來，正如作客一般，一者優游自在，二者作他規則。所謂玄而又玄，衆妙之門，只在當人自肯，佛法豈得賺人？向上專爲利根而說，向下別開中根之法；若有中流之士未能頓超，且於教法留心、溫尋貝葉。法運衰微，中根居夥；頓超，即參禪學道、頓悟玄機。】

溈山靈祐禪師的意思是說，菩薩於三界中生死時，可以好像三界中的賓客一樣來來往往，在三界中頭出頭沒而不受拘束，作爲眾生的準則。如果把三界譬如一個監獄，監獄對於賓客而言，是可以進來也可以出去的；對於犯人而言，卻是把他關住，不讓他出去的。所以如果是賓客，進去探望犯人以後又可以自由出去了；如果是三界牢獄的犯人，就永遠被關在三界牢獄中不能出去。請問諸位，你想當三界牢獄的犯人呢？還是想要當賓客呢？（有人答：當賓客。）當然要當賓客，當三界牢獄的住客就不好玩了。如果你可以說：「我今天想要在三界牢獄中住一天，那我就住一天。」住過了一天，你說：「我要離開了。」跟三界牢獄中的犯人們說：「日後再見了。」就走人了，那不是最自在嗎？所以勸請大家都要當三界牢獄的賓客，別當住客。當了賓客就可以作為那些住客的準則，大家都要向你看齊說：「他可以來來去去，我不行。那我要怎麼樣跟他學，才能像他一樣在三界牢獄中來來去去不受拘束？」

這個眞的要學，在三界中你只要證悟了以後都不否定正法、不幹惡事，更不要洩露密意以致犯了**法毘奈耶**——不**虧損法事**、**虧損如來**，臨命終時不必去憂愁命終是什麼過程，反正就是由如來藏自然轉移到中陰境界去就行了。好了！到了中陰境界時，十方佛土你都可以隨願往生。就好像大學聯考，總分是六百分；你考到了五百九十九分（雖然還只是妙覺菩薩而沒有成佛，所以還不到六百分），或者換個說法，你考到了五百九十九分，有資格進入台灣大學了，熱門的台大醫學系也可以去讀；這時你隨便選擇某一個學校去就讀，有哪個學校不歡迎你？如果那時你開口說：「我想要來你們中原大學就讀。」或者說：「我想要來你們文化大學就讀，好不好？」當然好呀！大家都歡迎，不會拒絕你。所以當你開悟後說：「我死後想要去極樂世界進修。」阿彌陀佛一定這樣說：「好呀！這種學生最好教導了。」因為死前在娑婆世界時就悟了，而且悟後還在正覺學了不少一切種智妙法呢！極樂世界爲什麼不接受你？

那你如果發了大悲心，願意陪著這個苦難世界的親屬們繼續修道，因此說：「我不去極樂世界了，我死後再來投胎，還是在這個人間投胎好了。」那時有誰敢跟你爭那個母胎？中陰境界中的你，身邊都是護法神，有誰敢跟你爭同一個母胎？因爲你的願就是要在人間繼續利樂眾生護持正法，你的護法善神的層次也會跟著提高。當你眞的開悟了，悟前的護法神多數會跟著你開悟，他們的層次就跟以前不同了，全都跟著提升了；那時候你去投胎，高層次的護法善神陪著，其他的凡夫大師中陰身們，還有誰敢跟你爭？他們的護持善神也都不敢出頭來爲他爭取，何況一般世俗人的中陰身？那時你選定了說：「我需要這一對父母，下一世取得這個身分以後，將來出生長大了就方便弘揚及護持正法。」那時別人可都不能跟你相爭。這是事實，中陰境界的法界中就是這樣的。

當然，如果那時又來了另外一位中陰有情，他的證量更高，他的護法神的層次當然也非常高，那你當然得要禮讓了！因爲你那時若是有智慧，得要打定主意，下一輩子要跟他學，要跟定他了，當然得要禮讓，自己再去尋找有緣的來世父母。所以只要你證悟了，又沒有惡業，都不謗正法、謗賢聖，也不洩露般若密意，死後十方世界隨你的願，沒有不能去的。只要你發願：「我要去東方琉璃世界，要去面見藥師琉璃光如來。」藥師佛馬上會知道，就接引你去了。這種學生，十方世界沒有一佛不接引的；所以，這樣一來，你不就當了三界牢獄的賓客嗎？假使你後來不想當菩薩，那就把我執滅盡而成爲阿羅漢，這一生中也可以成辦；然後你再留惑潤生：「我即使三賢位中應修的解脱道成就了，思惑斷盡了，我可以再起一分思惑來三界中受生利樂眾生。」這時候，還有哪個地方你不能去？那不就跟三界牢獄的賓客一樣了嗎？所以應該要當「往來三界之賓」，而且「出沒爲他作則」。

可是這一個義學之門實相般若，可以說是最妙也最玄；妙是因爲這個智慧深奧廣大而且至高無上，可是它卻又最玄。最玄就是最黑，完全看不清楚，你根本摸不清楚它裡邊是什麼。且不說般若經以及第三轉法輪的唯識經典，光說初轉法輪時期所說的二乘解脱道，就有好多人摸不清楚了。如果談到佛菩提的見道，也就是禪宗的明心，你看有很多人把《景德傳燈錄》《續傳燈錄》讀到快破了，可還是覺得這些公案都不曉得在講什麼；禪師出語、作事，都好像沒頭沒腦地，你說它玄不玄？當然玄！玄就是黑暗，看不清楚。所以從年輕時就出家了，後來知道有這個法，然後入了叢林去參禪，參到老、參到死，還是悟不了，一生就這樣空過了。這種人，現在還是很多；你們要不信的話，去南投縣國姓鄉山裡走一趟看看，有好多茅棚呵！都是精進地在那邊參究佛法，可是始終沒有辦法悟入。因爲實相般若眞的很玄，想要藉般若而波羅蜜—想要藉實相智慧而到無生死的彼岸—眞的很困難。

可是話說回來：「但辦肯心，必不相賺。」「賺」字兼有欺騙的意思。如果眞的肯用心去學、去參，眞悟禪師們絕對不會騙你。那你想，能不能悟？當然能！因爲祖師已經告訴你：「但辦肯心，必不相賺。」你只要把肯學、肯參底心準備好了，禪師絕對不會賺你的。也就是說，禪師會平白送給你，都沒有跟你賺錢——都沒有欺瞞你；但是你要付出該有的代價，也就是願意死心塌地努力修學及努力參究，這就是你要付出的代價，這就是「但辦肯心」。可是禪師讓你悟了，也沒有賺到你；他不但沒有跟你賺錢，甚至還倒貼許多法要，也就是絲毫都沒有相欺的意思，還教你如何悟後進修成佛之道。然而我出來弘法卻是還要倒貼錢財的，我不曾在弘法過程中賺錢，而且還倒貼——總是要捐款來護持正法，所以我也眞的「必不相賺」；而且我幫你們證悟的是如來藏，這個第八識是否眞是如來藏，你們都可以依理證及教證，來作雙重的檢驗，證明我沒有絲毫欺騙你們，也眞的「必不相賺」。

這就是告訴我們說，修菩薩道底人，雖然仍有三界中的生死往來，但是就像在三界中作客一樣，既能夠優游自在，又能夠作爲別人效法的規則。可是「所謂玄而又玄，眾妙之門」，這個實相般若正法確實「玄而又玄」，也就是說，不像一般的東西，只要眼睛夠明亮，還可以看出一些光亮，它的暗度不是很徹底；可是這個實相般若妙法卻是暗到烏漆墨黑，暗到你根本都看不到究竟是什麼；然而這個法門一旦悟入了，它卻是眾妙之門，可以通達三乘菩提，可以了知宇宙萬法的實相。就看自己願不願意努力去修，所以問題「只在當人自肯」；只要自己肯努力去學、努力去參，那麼實相般若正大光明的大乘佛法是不會賺人的，也就是眞實可證而不會欺騙別人的。

這個向上一路，可以說專爲利根人而說；可是利根人畢竟太少了，只好「向下別開中根之法」。因此在末法之世，正法需要力量的時候，你必須要爲中根人開出種種方便法。如果有人自認爲是中流之士，沒有辦法頓超，那麼就在教法上面好好地留心；也就是說，要從教門中把正知見建立起來：自心如來離見聞覺知，從來不思量，從來不作主，於六塵萬法從來如如不動，可以不依任何一法而獨自存在。這個正知見要先建立起來，所以說要先「溫尋貝葉」，要從經教中去研讀而建立起正知見。古時的經典是以貝葉裁整齊而磨平才寫下來的，所以貝葉代表經典。閱讀經典中的教理時還不可以魯莽，要細心、耐心地研究探尋其中的眞正義理，然後才可以正式開始參究，因此才說要「溫尋」。

「法運衰微，中根居夥」，這意思是說，當宗門正法的法運開始衰微的時候，表示說上根人大概都離去了，留下來的人大部分是中根人，此時善知識就必須要別開中下法門，必須要爲大眾說明證悟佛菩提時應有的條件，爲大眾演述教理而把大家的正確知見建立起來，也要爲大家開闢大福田而讓大家廣植福德。等到這一些條件都具足了，那就已經不是中根人，已經超脫中根的境界而成爲上根人了。所謂中根與上根的差別，就在於你的功夫有沒有達到一心不亂，會不會一直向外攀緣？能否在動態中依舊制心一處而專心參禪？再來就是你的福德有沒有依照善知識的教導去修集？然後是你的正知正見有沒有建立起來？對自己的信心有沒有建立？對法的信心有沒有建立？把這些條件都具足建立了以後，如果一一去檢查，發覺這些條件都有了，那麼你已知道自己時時可以處於一念相續的階段，可以看話頭，可以發起疑情了，你就知道自己「悟在不久」，只要等到某一個時節因緣出現時，將會找到如來藏，這個時候你就已經是上根人了。來正覺同修會的目的就是要把自己從中根轉變為上根，所以去到禪三精進共修時，只要四天三夜就解決了！若不是上根人，怎能四天三夜就解決了？所以善知識還是要廣設方便，才能使正法久住。

禪宗一門就是頓超的法，所以想要頓超聲聞、緣覺之地而入菩薩數中，那就只有參禪學道來頓悟玄機，除此以外別無他途。有的人主張說：「好好研究經教，那就是學佛；好好研究經教，就可以得到般若智慧。」但是這話有對有錯，前半句講好好研究經教就是學佛，一半對一半錯；因為研究經教時，是要用六識論的前提來研究經教呢？還是要用八識論的前提來研究經教？如果用六識論來研究經教，那不叫學佛，那叫作戲論；用八識論來研究經教，才能叫作學佛。如果說好好研究經教就能有般若智慧，那我不能認同；因爲他那樣的般若智慧，只是表相般若，跟眞正的實相般若不相干。所以經教研究完了，還是要進入禪宗，要經由這個禪宗的悟入才能有智慧，因爲這樣才是實證，才有能力研究經教中的眞實義；否則他是沒有能力研究經教的，只是在那邊說食數寶，所研究的都是佛的、菩薩的，數來數去永遠是別人的法財，他只能建立正知正見而不能實證；所以單憑經典文字上面的研究，不可能得到眞正的般若智慧。既然要得般若智慧，只有研讀經教而建立正知見以後，轉而參禪頓悟才能得到；所以應該還是要在研究經教（正確的研究）之後把自己證悟所需的條件建立起來，然後進入禪門求悟；這一悟了以後，以前所研究的就全部丟掉了，出生了眞實的智慧了。

《金剛經》中這一段經文說的是二果人，聲聞二果人是一往來而得解脫；換句話說，他生到欲界天以後，也許是幾百萬年後在欲界天捨報了，然後回到人間，在人間就成爲阿羅漢了，所以說聲聞一往來的二果人是有往來的。可是菩薩二果人並沒有往來，菩薩是現前解脫、現前涅槃，卻跟外道的現見涅槃不一樣。外道的現見涅槃是誤會的涅槃，而菩薩現前看見阿羅漢將來入了無餘涅槃時，還是他的如來藏獨住的境界；可是他的如來藏不必等他入無餘涅槃，祂就已經不生不滅、不生不死了。不生不滅就是涅槃，他的如來藏本來就已經不生不死，爲什麼他還一定要入涅槃？於是他就迴心大乘而留惑潤生來利益眾生，這不是很好嗎？因爲他現前就涅槃了，所以不必去入涅槃。可是不迴心的阿羅漢們不願意，因爲如果再生起一分思惑來人間受生，他想：「這個成佛之道三大阿僧祇劫，眾生這麼惡劣，這不好玩！」他不願意。所以說菩薩是悲心增，阿羅漢是無悲心，只願意活著的時候，還沒有捨壽之前，隨緣隨分爲眾生說解脫道；他不願意一世又一世來人間，他光想到入胎的事，心中就怕了；想到進入母胎中的十個月，他就怕了。出生以後當菩薩，還要給眾生蹧蹋，他才不要呢，他沒有大悲心。菩薩就是悲心增：「沒關係！眾生蹧蹋就蹧蹋；這一世把我蹧蹋完了，下一世我就要度他了。這一世度不來，由著他蹧蹋我，沒關係！只要他懂得在捨報前懺悔，懺悔完了，下一世就會被我度了。」菩薩就是這樣想，菩薩不記仇、不記恨。如果哪個大師、哪個大居士，你說了他一句不是，他對你說：「你給我記住！」從此以後總是給你白眼，那他就有問題了，因爲菩薩都不記恨的。所以說，菩薩是親證第八識金剛心而現前解脫，二乘的聲聞二果是一往來得解脫。可是菩薩二果這個現前解脫，要從哪裡去看？我們來看一看禪門裡面怎麼說。

【朗州中邑和尚（嗣馬祖）。每見僧，拍手鼓唇曰：「嗚！嗚！」仰山到參，從東過西立，師曰：「子甚處學得此三昧？」山曰：「從曹溪脫印學來。」師曰：「如是，如是。」山卻問：「和尚甚處得此三昧？」師曰：「吾從章敬處得來。」」（汾陽昭）頌曰：「鼓唇拍手口嗚咽，直引來人辨正邪；千萬往來都不薦，仰山纔見便同家。」】（《禪宗頌古聯珠通集》卷十二）

很有趣呵！可是有趣之中卻有人覺得很納悶；有趣歸有趣，可還是弄不懂；若是眞懂底人，可就會心一笑。朗州中邑和尚，他後來得以眼見佛性，還是仰山這個師侄幫忙才證得的；這個是題外話，暫且不提。平常他凡是看見有僧人上來參，就拍手鼓唇，把嘴唇尖起來、鼓起來發出聲音：「嗚！嗚！」有一天仰山慧寂禪師來覲見（仰山是他的師侄），仰山禪師剛看到他的時候，就從東邊走到西邊去站著，那中邑禪師就問：「你是從什麼地方學得這個三昧的呢？」他就說：「我是從曹溪祖庭脫印學來的。」脫印知道嗎？就是脫胎。譬如造佛像，或者造其他的鑄像，都先有一個印模，你把會凝固的液體灌進這個印模以後，等到凝固了把它打開，它就是那個模樣。脫印出來的第一個是這種模樣，第二個脫印出來還是這種模樣，第三、第四、第五個乃至無量個都是同樣的模樣，這叫脫印。「脫印學來」意思是說：「我仰山所學的是從六祖慧能禪師的宗脈學過來的，跟和尚你的東西是一樣的，沒有二致。」

因為仰山的師父是潙山靈祐，潙山禪師也是從曹溪祖庭一法傳下來的；中邑禪師則是跟馬祖那一系學來的，那也一樣是從曹溪祖庭學來的；所以叫作「脫印學來」，表示是同一個法。當仰山與中邑以家裡人的身分相見以後，中邑禪師就說：「就是這樣呀！就是這樣呀！」他認同了以後，仰山卻問他：「請問和尚，您是從什麼地方得到這個三昧呢？」這三昧就是《楞嚴經》中說的金剛三昧。中邑禪師就說：「我是從章敬禪師處學來的。」章敬禪師是馬祖的法嗣，從馬祖這一個法脈傳下來的；這樣，兩個人就認作本家了。後來汾陽善昭禪師就作了一首頌，敘述這件事情：「鼓起嘴脣拍拍手，口中鳴叫，是直接引導來人分辨正法與邪法；中邑禪師用這樣來接引學人千千萬萬，這些千萬人來了又去，都不能夠體會到他的意思；可是仰山慧寂禪師來了，才剛剛一見便認作一家人了。」

請問：禪師們是不是精神有病？有些劣根人往往會罵說：「禪師們往往都是精神病，沒頭沒腦的，所以那些公案都是無頭公案。」誰說是無頭公案的？很有名的比丘尼！她在香港就這麼講，還說那些祖師證悟底公案叫作無頭公案。可是你們打禪三被我印證回來的人，看看祖師們的證悟公案有沒有頭？不但有頭，還有眼睛、有鼻子、有嘴巴，還有耳朵，而且脖子、身體包括腳都有；不但都有，而且是首尾相照，從頭可以觀照到腳，所以不是無頭公案。只是因爲這裡面的密意，眾生弄不懂，所以就會覺得玄之又玄，覺得烏漆墨黑而永遠無法弄懂其中的意思；禪師們的意旨究竟是什麼，大家摸不著、觸不到，怎麼思惟也都想不通。

這些禪師眞奇怪，又拍手又嗚嗚叫。可是聲聞二果人的一往來，是憑什麼而能夠一往來？就憑這個，就憑這個公案中隱藏的眞實義，但他們自己也不懂。如果不憑這個公案中所指證的密意，也就是說，如果不憑這個公案中指陳出來的眞如心，他還眞的無法一往來。菩薩二果是早就知道這個道理了，所以說一切已經證得二果的人，從菩薩的立場來看，不可以說他證得二果。如果哪一天有個人到我面前來說他是斯陀含，我就給他一巴掌，我可不管他是不是聖人。他若質問說：「你爲什麼打我？」我說：「喔！原來你不是二果人！」如果挨了我一巴掌，他說：「如是，如是。」我就說：「本家，本家。」那他可以是二果聖人，不會有錯誤的。可是至今不得其人，想要找到一個能夠讓我打一巴掌的二果人，還找不到啦！因爲我如果給他一巴掌，他明天一定去法院告我公然侮辱。所以現在度人有那麼容易嗎？眞的不容易！

在依經解義的事說上面，接著第三段經文要談三果人，三果人容易遇到嗎？更不容易！諸位想不想瞭解三果人呢？看看 佛怎麼說吧：

【「須菩提！於意云何？阿那含能作是念『我得阿那含果』不？」須菩提言：「不也！世尊！何以故？阿那含名爲不來，而實無不來，是故名阿那含。」】

講記：佛又說：「須菩提啊！你意下如何呢？三果人能夠這樣想『我證得阿那含果』了嗎？」須菩提說：「不可以的！世尊！爲什麼呢？因爲阿那含雖然說是不來，可是其實沒有不來，所以他才叫作阿那含。」

這可奇怪了！明明阿那含就是不來，他在人間捨報以後就不會再來人間了；證量最高的三果人就在中陰階段取無餘涅槃了，連往生色界天、無色界天的事情都不會有。一般的三果人是往上生到色界天去，不管是生在哪一天，在那邊捨報時就般涅槃；然而上流般涅槃的三果人，還得要歷經色界諸天（從色界第一天捨壽後生到第二天，然後第三天、第四天次第往上受生；這樣還不夠，還得要再向上往生於五不還天，最後到達第四天爲止）；這五不還天中的四輩子是要經歷人間的幾年呢？我可不知道怎麼算了，因爲那是算劫數的！這樣還不夠，他太遲鈍了，還得要再往上受生，才能在四空天的境界中捨壽後取涅槃，這叫作處處般涅槃。因爲有的三果人生在無色界第一天中捨壽後就取涅槃，有的人再生到第二天能取涅槃；最遲鈍的三果人卻要次第生到最後一天的非想非非想天捨壽後才取涅槃，那是最差的。

那麼，三果人明明是不來，也就是不會再生來欲界的人間了，可是須菩提卻說這不來其實並沒有不來；因爲沒有不來，才能叫作不來，他才能眞的叫作阿那含位的菩薩。剛剛對於二果人，須菩提還說「沒有往來」才是眞的二果人；現在竟然說「沒有不來」才是眞的不來，才是眞的三果人。這話似乎與二乘菩提的證果定義不同，好像都由著須菩提講；然而等你將來眞正悟後，也會像他這樣講。大乘法就是這樣，你如果眞悟了，話都由著你講；當某甲說紅，你就說：「不！這叫作藍。」某甲說白，你說：「不！這叫作黑。」等他隨順你的話而改說黑的時候，你又說：「你說黑不對，這應該要叫作白。」隨你怎麼講都對，因為你從不同的方向來講時都一樣，這是因為你講的是「此經」金剛心如來藏，而不是在講紅藍黑白，而你也確實講出來了。剛剛還說一往來其實沒有往來，現在說這個不來其實沒有不來；剛才講一往來的時候你說：「真的一往來者其實沒有往來。」既然是沒有往來，如今三果人更應該沒有往來，那就是真的不來了；結果須菩提竟然說三果人應該是沒有不來，才是真的不來；那麼看來可就是有來了，已經不是不來了！既然有來而不是不來，那麼是到底來在何處呢？關於這個「來在何處」，就得要等下週分解了。

我們《金剛經宗通》，上一週第六頁第三行經文還沒有講完。須菩提說：「阿那含名為不來，但其實沒有不來，所以才能叫作阿那含。」這個說法跟二乘菩提中的說法似乎有所不同，在二乘法中說一來就是一來，七返就是七返，也說不來就是不來，不許含混的。可是來到大乘法中，般若就不是這樣講了。來到大乘實相般若之中，總是會把你顛三倒四，看你能不能真的懂；

你若眞的懂了，就知道與二乘菩提的實證並無矛盾，那你就是眞悟佛菩提了，怕的就是自以爲懂。如果你讀了還不能懂，或是自以爲懂，那顯然就是悟錯了。好像以前有一個牌子的洗衣機廣告，說他們的洗衣機洗得很乾淨，因爲能夠上沖下洗、左搓右揉；諸佛菩薩解說般若實相就正好像是這樣，當許多佛弟子自以爲開悟了，那麼佛菩薩講般若時就來一個又沖又洗，然後又搓又揉；如果沖不掉、洗不掉、搓不掉、揉不掉，你還是不退失而完全理解佛菩薩所說的密意，心中安然自在，就是眞的悟了；否則就通不過考驗，就被洗掉、沖掉、搓掉、揉掉了。

所以在阿含中說的入流，入流是預先算他進入聖者之流；可是在大乘法的實相般若中，卻說他沒有所入，因爲不入色聲香味觸法中，離見聞覺知，又哪有聖者之流可入？在二乘菩提中說二果人是一來，生到欲界天上以後再回來人間成就阿羅漢果，叫作一來；可是從菩薩來看，一來也沒有來。現在三果人說他往生之後不來了，最利根的在中陰階段取無餘涅槃；次等的生到色界天，他就在色界天捨壽時取無餘涅槃；如果再次等的話，那就一天一天一一去歷練，終究不再來人間受生。如果稍微好一點的三果人說：「**我生在**

那邊努力再修行，捨壽後就可以取無餘涅槃。」可是等而下之再下之，那是要一天又一天經過處處的天界，歷盡每一天而經過很多時劫以後才能般涅槃的；也就是說，上流到最後一處才般涅槃的人，那是最遲鈍的三果人；可是他終究還是永遠不會再來人間了，所以名爲不來。可是在這裡，須菩提悟了般若，他就會搞怪，他說：「阿那含名爲不來，其實沒有不來。」譬如說「如來」，如來在印度時並不叫作如來，而是「如去」；可是因爲中國人喜歡來，就翻作如來。可是如來的意思是好像來了，好像來了那就是沒來，其實意思並不是很好，還是印度的如去比較好。因爲如去是好像去，其實是沒有去；如來卻好像是沒有來，所以這個翻譯是隨順中土民情的方便。

上週講到最後時，須菩提說三果人應該是沒有不來，才是眞的不來；語意上應該是說三果人不可以是不來，才是眞的三果人，似乎是說三果並不是不來。既然有來而不是不來，那麼是到底來在何處呢？關於這個「來在何處」，咱們可得探究一下了。譬如說阿那含是不來，因爲不再來人間了，捨報往生以後就向無餘涅槃不斷進發去了；或者中陰時取涅槃，或者下一世剛出生就取涅槃，或者下一世不必修行，死了就取涅槃；或者來世生天以後努力修行所以死了取涅槃，或者一生又一生經過好幾世以後，不曉得經過幾萬年，甚至於經過幾劫，他才能取涅槃，但一定都不會再受生於人間，不再返來人間了；所以三果人阿那含終究不來人間，不會回到人間才取涅槃。然而這只是二乘人的看法，菩薩眞悟以後看三果人時可不這麼認爲，而是表相上看是不來，實相之中卻沒有不來。

菩薩所見是說：「聲聞阿那含自知不再來人間，可是依我看來，你離開人間而去天界邁向無餘涅槃時，根本就沒有去，還是原來的自心如來常住不滅，還談什麼不來呢？」因爲有來有去的，都是覺知心意識以及色陰的事；如果看聲聞三果人往生色界天，不再回來人間了，那是因爲他的意識覺知心從意識自己的立場來看，在色界了知自己不再來人間了。可是菩薩卻從三果人的如來藏來看，他的如來藏既不了知回來人間，也不了知生去色界天；而且「此經」如來藏又無形無色，怎能說這個金剛心有來或有去呢？既然不能說是有去，根本就沒有來去可說，怎能說是不來呢？當然沒有不來。

譬如我們會裡有些同修悟後說：「以前總是很急躁，就算是不趕時間，開車時也要開得飛快。」人家是趕時間，不得不飛快開車；他既不趕時間，也是開得非常快，因爲他的認知之中覺得有來相去相。可是悟後轉依了「此經」金剛心以後，他說：「我這個五陰來來去去在趕時間，可是從如來藏看來卻沒有時間可言。意識心的境界中才會有時間需要趕快，五陰才會有時間可說，如來藏心中卻完全沒有時間。既然沒有時間可言，還要趕什麼時間？而且五陰有來去，如來藏無形無色，根本沒有來去。你五陰來了，祂也不覺得來；你五陰去了，祂也不覺得去。祂既無形無色，怎能說祂有來去？」所以這樣一轉依以後，他從此不開快車了，這也是現成的解脫受用。同理，菩薩看這個阿那含往生色界去而不再來人間了，所以被聲聞法定位爲不來者；但菩薩卻說他根本就沒有去，談什麼不來？所以從實際上來說，三果人捨壽不來人間時，也沒有所謂不來可言；因爲不來的是他的後世五陰，可是三果人的如來藏既然不來也不去，還有什麼不來可說呢？當然沒有呀！

所以說阿那含其實沒有不來，因爲他的如來藏還是像以前那樣沒有不來可說，就是沒有去可說；正因爲這樣，他才可以成爲眞正的阿那含。如果不是這樣，他就不能成就阿那含果了；因爲不來以後，將來在天界捨壽入了無餘涅槃就變斷滅了，斷滅了怎能叫阿那含？斷滅法一定不可能成就不來的功德，這世死了就斷滅，還能往生天界而不來嗎？所以一定要有一個如來藏讓他作所依，然後將來在天界把自己滅盡了以後，如來藏還是沒有來去，剩下金剛心如來藏獨自存在，依舊沒有來去可言。將來入無餘涅槃中的時候，如來藏也不會起個念頭說：「我不再去三界了。」祂也沒有這個認知。祂也不會說：「我想一想，還是再去三界一趟吧！」祂也不會，所以祂根本沒有來去可說。正因爲有這個如來藏可以使他成爲不來，所以依這個不來不去的如來藏，來說阿那含三果人沒有不來；這樣的三果人才是眞的三果人，他才是眞的不來。

如果不是這樣，就不能稱爲不來，所以套用《金剛經》公式，叫作：「所謂不來，即非不來，是名不來。」就是經文中的這一句話：「阿那含名爲不來，而實無不來，是故名阿那含。」這樣《金剛經》的公式才能通。你如果沒有證得如來藏，這《金剛經》的公式你就抓不住，因爲你如果套用了這個公式，可是你沒辦法從不同角度廣爲解說，會被人家問倒。找到了如來藏，那就很快樂，怎麼說都可以；橫說豎說，反正不論別人怎麼樣跟你沖洗搓揉，都拿你沒辦法，你可以經得起考驗。所以悟得如來藏以後很快樂，阿含裡面佛也講如來藏說：「如影隨形、快樂自追。」因此你也可以通達四阿含諸經。當你找到了如來藏，祂跟你就「如影隨形」一樣，不論你到哪裡，這金剛心都跟著你，你會覺得很快樂：「原來我有這個如來藏還眞好。」從這個時候開始，你學佛就很快樂。學二乘法沒有快樂，學大乘法實證了就有快樂；不是在世間法上的享樂，而是法樂無窮。

所以，你們如果看到外面人家道場學禪學到很慘、很苦，就是因爲他還沒有找到如來藏，或者因爲否定如來藏而不能悟入實相般若。如果你找到了如來藏，你一定很快樂，一點都不會慘或苦。因爲沒有找到如來藏底人，他們要對抗兩個法：第一、就是要對抗這個覺知心的妄想雜念，所以每天要保持心中無念。因此也有法師書中這麼說（那是商務印書館印的，有一本書是一個南洋的大乘法師寫的），他說：「如果五分鐘、十分鐘無念，那叫作小悟；如果一、二個鐘頭無念，叫作中悟；如果一整天都可以無念，那叫作大悟。」大意是如此。可是問題來了，這《金剛經》請出來，一翻閱就讀不懂了；所以他們一天到晚都要跟妄想雜念對抗，那可就很辛苦了！因爲他們既沒有斷我見，也沒有斷除對於我所的執著，在那種狀況下來跟妄念對抗，想要保持離念，那是很辛苦的。所以很精進學禪的那一種人，往往私下自己在用功時，有時候很恨自己雜念一大堆，恨到沒辦法時就打自己一巴掌再繼續坐下去；因爲希望心中沒有語言妄念，可是老是教不聽、教不會，就是一直會有語言妄想，所以他第一個痛苦就是要跟妄想雜念對抗。第二個呢，要跟腿痛對抗，因爲他落在意識上；落在意識境界上時，想要一念不生就得要好好打坐；所以他們那種人置產時都會儘量買到山上來，山上郊區才有不被人打擾的地方。但是去郊區買房子，如果買到水田邊的房子，晚上打坐的時候，那青蛙聒聒叫，他可又氣死了！可是不修又不行，於是很氣自己。

譬如說，那個元音上師要求徒弟們每天最少要坐一座，每一座是二個鐘頭；開示說要每天靜坐，要連續坐六百座不中斷，才能開悟。連續坐六百座，要將近二年時光；若有一天中斷沒坐，就不算數，得要從頭再來坐起，所以你就甭出差了。假使公司派你出差，你說：「**對不起！出差的事情請派別人去；如果一定要我出差，我就辭職。**」因爲前面已經坐了五百五十座，現在只剩下五十座就要「開悟」了，公司卻要把他派出差，他就功敗垂成了！是可忍，孰不可忍？當然要辭職了！

所以說，落入意識境界中的修禪人，爲了要打坐，得要找安靜的地方；找到安靜的地方就不打緊了，可以開始靜下心來修禪了！可是修禪時還得要盤腿呢，盤腿坐著修一念不生的境界；剛開始用數息法或者別的方法努力，剛把妄想雜念壓抑到差不多了，偏偏腿已經開始痛了。腿開始痛起來時，能怎麼辦？當然是忍呀、熬呀！看能不能熬到出頭天！可是熬來熬去，始終就沒辦法完全安靜下來，得要跟腿痛對抗，無法完全一念不生。一直到坐上很多年，腿功終於成功了（練腿功不容易，因爲有許多人可能像我剛開始的時候一樣；我這一世剛開始時連單盤都盤不起來，不像現在這樣上座講經兩個鐘頭都不換腿。剛開始盤不起來，就把右腳掌放在左小腿上面，勉勉強強坐著。後來想到一個辦法練腿功——讀經。我買個小方桌放在佛堂地板上，就是日本茶几那種小方桌，然後蒲團擺好，經典放上桌來讀，這一部經若不讀完就不放腿。就這樣熬，熬兩年下來，腿功終於起來了，後來往往一上座讀經，就得要坐滿三個鐘頭才會下座），心中也無念了，然而那是我有方法，我自己生來就會六妙門；當時我還不知道那就是六妙門，但我這一世修數息法時自己就會了，不必誰教。若是沒有方法的人，他得要不斷與語言妄想對抗。這樣子，好不容易修了十來年，終於可以一念不生，可是下了座不久以後，依舊是妄想叢生。
泰國有一個很有名的寺院叫作法身寺，不曉得你們聽過沒有？喔！有人聽過。那是由泰國的一個優婆夷創立的，有許多南傳佛教的比丘拜她爲師，這倒也不容易。不過那些比丘們所謂的法身，還是落入離念靈知意識心中。台北有個很有名的寺院（不談名稱，反正世界聞名），他們大法師們派了法師去那邊學，學了大約兩年後回來台灣；剛回來那前半年中，還勉勉強強可以保住無念，可是半年後還是散掉了，因爲都是靜坐中修來的離念境界，在動態中派不上用場。所以像他們那樣學禪，眞的是痛苦！因爲意識是很難離念的，除非證得未到地定很純熟了。但我們都不用，你看我們辦禪三精進共修時，四天三夜中根本不叫你盤腿，你想要跪坐也行，散盤也行，單盤也行，跨鶴坐也行，交腿坐也行，隨便你們怎麼坐；你想要禮佛也行，只要不擾亂到別人就行了，隨你怎麼用功。我們也不叫你壓抑妄想雜念、求一念不生；你們坐在祖師堂大殿中需要幹什麼呢？要參禪尋找如來藏，不是要你跟腿痛對抗，也不是要跟妄想雜念對抗。你們都不用跟妄想或腿痛對抗，只要有了動中定力，也懂得參禪的正知見，於是有的人兩天，有的人三天，有的人四天，找到「此經」如來藏了，好快樂！快樂到掉眼淚。因為終於懂了實相般若，從此開始與如來藏是「如影隨形、快樂自追」，這樣學佛就學得好快樂，為什麼學佛時一定要學到好痛苦呢？

等到從山上回來以後更高興，因為把《觀無量壽佛經》打開來，從中品開始讀（因為下品往生的事情都跟你無關），從中品往生的內容往前面讀回去，就讀到上品上生時，你會說：「原來我可以上品上生。」哇！心中大樂。學佛應該這樣快樂才對，為什麼要學到痛痛苦苦、煩煩惱惱地？還記得嗎？很早以前剛學佛的時候，有許多人聽人家說樹林某某寺院有一位慧三老和尚，說他是上品上生的人；那時我們聽了以後，大家羨慕得很：「不得了！上品上生欸！」可是現在自己從上品中生往下面諸品探究下去後，發覺自己都不在那裡面；再回頭來讀上品上生時，才發覺原來自己是在上品上生裡面。像這樣子，不必在那邊與腿痛及妄想煩惱對抗來修苦行，多麼快樂，所以學佛就是要學得快快樂樂地。如果你沒有學得快快樂樂地，那表示你還沒有遇到眞的善知識，就像以前未破參時的我一樣。

我當年學佛時學得很痛苦，因為師父教的都無法使你實證佛法，連怎麼看話頭都教錯了；那時看話頭的功夫我都已經自己修成了，可是不論怎麼樣都悟不了，眞的沒有辦法。開悟的因緣在哪裡呢？也都不知道！可是自從觀世音菩薩說要放下所有雜務而專修以後，就自己關在家裡十九天，用師父教的方法參禪十九天還是悟不了！後來把師父教給我的東西全丟了，自己從明心見性四字來參究，半個鐘頭以後就快樂得不得了！所以說，學佛就要這樣子，別老是在對治法中與各種逆境對抗。數息是對治法，對治散亂心，得到的離念境界中能夠與定力相應的覺知心只是工具，要用來參禪求證第八識金剛心，別像我這一世的師父一樣錯把工具當作證悟之標的。

在大乘法中修學，若有善知識指導，讓你可以回歸正確的禪法而得到實證；實證了以後就與「此經」「如影隨形、快樂自追」，每天都有法喜。這不是去作義工時大家聚在一起聊天，時間過得很快，一天就這樣很快過去了，覺自以為法喜充滿；那其實是累喜，不是法喜；因為今天一天很快過去了，覺得法喜充滿以後，才剛一上車想要回家時可就呼呼大睡了，所以他是累喜而不是法喜，因為不是從佛法的現觀上面得到歡喜。可是我們不一樣，我們悟了以後去作義工，也是和《阿含經》中講的「如影隨形、快樂自追」一樣，學佛就是要這樣。

可是你若想要這樣學，一定要在大乘法中，若是在二乘法中就沒有這種快樂的法喜了。你在二乘法中，得要不斷地催促自己「藏六如龜、防意如城」，不許向外六塵攀緣，還要把我執趕快斷盡，捨報時才能入涅槃。那麼你想要那樣子生活，自己不覺得苦，旁邊的人看了倒覺得苦；因爲他跟你講話時，你不太願意跟他講話，因爲你怕起了攀緣，也怕落到六塵中又生起妄想雜念來，或者又生起我所的執著來。那時對方即使供養你好吃的食物，你也不會生起歡喜心，因爲你知道這個是誘惑，要繼續保持不受誘惑的解脫境界；或者還沒有成爲三果人以前時，要設法怎麼樣讓自己對美食的貪愛心可以全部殺掉。你反而生起煩惱，那時該怎麼辦？看起來就是很痛苦！

可是你們來到正覺裡修學佛法時就不一樣，當你找到如來藏以後，你說：「這食物很好吃。好吃就吃，反正我又沒吃到，怕它幹什麼？因爲眞實我又沒有吃到它。」我從小吃飯到現在六十幾年了，其實沒有吃過一粒米，沒有吃過一顆飯；在沒有吃飯中照樣吃飯，在好吃中照樣沒有六塵、沒有知覺而仍然是涅槃，這不是很快樂的事嗎？菩薩就是這樣子，在人間五塵中住世弘法時，現前可以享受的就照樣享受，但是不去貪著它。因爲菩薩現前看見這很好吃的味道，是自己如來藏化現的內相分味道，那個食物只是內相分好味道出現的藉緣而已；實際上，好吃是因爲什麼味塵而好吃？還是如來藏所化現的內相分味塵使你覺得好吃。原來如來藏眞的好吃呀！因爲你這個好吃的味塵相分是祂化現給你的；如果不是祂藉著那個食物化現給你，你哪來好吃的味道？你吃了很美味的食物時，根本就不會有那個味塵存在。這樣想一想：「原來我吃到的好味道是如來藏化現的內相分，那有什麼關係？既然是自己的，還貪什麼味道？既然是自己的，又何必排斥？」腦袋壞掉了才要排斥呢，對不對？事實是這樣嘛！你說：「哎呀！看見那些聲聞人每天是這樣子，走路時連眼睛都不許往外瞄，那是多麼痛苦的事情！」這樣反照回來，從聲聞人所住的境界反照回來，當菩薩還是眞好。

所以，眞正學佛時就應該要這樣，要是能夠懂得這一些，你就得到智慧所引生的解脫功德。這個解脫功德不是二乘人去斷我見、斷思惑的那個功德，而是現前看見「此經」本來不生不死的彼岸解脫境界，與二乘解脫不一樣。所以我以前去帶台中講堂的第一班，總共帶了三年；每一次下課回台北，晚上在火車上回程時，宵夜點心照吃不誤。如果是阿羅漢坐在旁邊，他只好看著你吃。然而看了以後會生起貪念的習氣種子，乾脆就不看；你在這邊吃，他就轉頭看到那邊去。所以阿羅漢不能吃宵夜，但菩薩可以；因爲菩薩可以在一切法中現觀都是自心現量——全部境界都是自心所現的現量境界，沒有外境可說，阿羅漢則往往一時會認爲實有外境，過一會兒才能回神過來確認實無外境，但卻不是在現量上面自己證實。

菩薩依自己現量上的觀察而認爲沒有外境，用這樣的智慧來看到般若經裡面所說的法義，當然是法喜充滿；所以當你說：「阿那含名爲不來，而實無不來，是故名阿那含。」你講出來的法界實相境界，跟那一些用離念靈知的境界相來講的大師所說，完全不一樣。因爲你說的法與他們完全不一樣，就會產生兩個現象：賞識的人就說你說法不俗、說法不凡。因爲不是俗人、不是凡人所說的，那就是讚歎你。另一種人同時會存在，並且比第一種人更多，他們會說：「你這個人亂說法，自己瞎掰；只是因爲你口才好，經論讀得多。」他就私底下毀謗你：「邪魔外道。」你想要跟那些人和平共存，不可能！因爲縱使你都不說他們的法錯了，他們卻一定要說你錯了，否則就等於承認自己悟錯了。可是不管外境怎麼樣，你總是「如影隨形、快樂自追」；這種智慧與解脫受用，只有在大乘法中實證以後才會有，這就是般若的功德受用。

接著，我們也從經教上來談一下。在《般若經》中，諸位聽了這樣的說明；在《維摩詰所說不可思議解脫經》的經教裡面，也有一段說法是在說明這個道理。所以我們說：「聲聞去已不來，於彼得解脫；菩薩不去亦不來，現前得解脫。」但這個現前得解脫跟外道的五現解脫、五現涅槃不一樣，因爲外道的五現涅槃、五現解脫，那可都是意識境界，不離生滅性的識陰，其實沒有解脫，只是想像而自以爲解脫。可是菩薩所看到的是如來藏本來已經解脫的境界，這是現前可觀的，所以說是現前解脫，而不是像阿羅漢滅盡自己以後入了涅槃，才算是解脫。可是阿羅漢們滅盡五陰自己而入涅槃以後，結果也看不見解脫後的涅槃中的境界到底是什麼，所以入涅槃以後還是看不到解脫生死中的境界；而菩薩還沒有進入無餘涅槃中，就已經現前看見無餘涅槃中的解脫境界了，所以菩薩這個解脫眞的是現前解脫。

《維摩詰經》裡面有這麼一段記錄：【**文殊師利既入其舍，見其室空，**

無諸所有，獨寢一床。時維摩詰言：「善來！文殊師利！不來相而來，不見相而見。」文殊師利言：「如是，居士！若來已，更不來；若去已，更不去。所以者何？來者無所從來，去者無所至，所可見者更不可見。」】這不就跟《金剛經》中這一段講三果人沒有不來的經文一樣嗎？維摩詰大士說：「不來相而來，不見相而見。」所以有許多人讀不懂，覺得《維摩詰經》好冷僻，於是沒有什麼人要印，也沒有什麼人願意講解。因爲對沒有悟得如來藏的人而言，這部經眞的不好講；他們若是眞的要講，就只能把祖師的註記拿來照本宣科，沒有辦法從自心現量中流注出來爲大家解說。可是你看，維摩詰菩薩一看見文殊菩薩來了，當面就說：「來得好呀！文殊師利！」這不就是禪門的機鋒嗎？「來得好呀！文殊師利！」你要是利根的話，世尊一句話說：「善來！某某人！」你就鬚髮自落，袈裟著身了。鬚髮自落，講的是煩惱自己掉落了，不是說他眞的使頭髮、鬍鬚全都掉光了。如果眞是這樣自己就掉了，成爲阿羅漢以後還要刮鬍子幹什麼？因此「鬚髮自落、袈裟著身」是說他的三千煩惱全都除掉了，那時候即使他還沒有歸依於佛陀，他的心也已經是阿羅漢而同樣是穿黑衣的人了；雖然他當下仍然穿著俗人的白淨衣服，依舊是已經出家底黑衣人；他已經是阿羅漢了，那叫作「袈裟著身」。

可是，「善來呀！文殊師利！」這個機鋒很難懂，因爲太深了！維摩詰大士的機鋒也太平淡了，當然大眾不容易聽懂言外之意，所以維摩詰菩薩當然會再考慮到別人的。因爲當他講：「善來！文殊師利！」文殊菩薩當然早就知道了：「你又在搞鬼了！」可是維摩詰也知道，若是不說得清楚一點，那些跟隨文殊師利前來向他探病的佛弟子們，不就白來一趟了嗎？那又如何成就這場法布施呢？所以他接著說：「不來相而來，不見相而見。」是說：「文殊師利呀！你來得好呀！因爲你來的時候是沒有來的法相而來的。」這是說：你已經來跟我相見了，因爲你來看我的病，已經跟我相見了，但其實卻是沒有相見的法相而相見的。我們《公案拈提》不是也寫了嗎：「等你來到正覺講堂跟我相見了，才知道原來不見。」對嘛！沒有錯呀！只是，有的人知道這一點時，總是到禪三才知道說：「原來跟老師相見的是不相見，不相見的才是眞見，眞見是不相見的。」所以跟這一段《金剛經》講的：「阿那含名爲不來，而實無不來，是故名阿那含。」是不是一樣？完全一樣：「不來相而來，不見相而見」，也是完全一樣，只是從不同的方向來說。

其實 文殊菩薩來探望他的病，如果是家裡人相見的話，當 維摩詰菩薩很輕鬆地說：「善來！文殊師利！」然後 文殊菩薩就可以走了，就可以直接休去，向佛覆命說：「我已經看過維摩詰了。」可是眞要是這樣的話，能利益什麼人呢？眞的沒有辦法。因爲已經入門的人，他不必你用這個來利益他；至於還沒有入門的人，你這樣子還是利益不了他們，那麼 文殊菩薩帶了很多人來這一趟可就白來了。因此，維摩詰不得不畫蛇添足又繼續演下去。因此，有時候如果祖師來評論他這一句話，就會說：「大小維摩詰，畫蛇添足。」「大小」就是看不起他的意思，是因爲他畫蛇添足，超過宗門家裡人相見的分際。可是爲了利益眾生，維摩詰菩薩得要入泥入水；若不入泥入水來示現神頭鬼臉，那麼多眾生，你可救不上來；所以得要入泥入水去幫助，把自己弄得渾身又濕又髒。如果像我們禪三那樣的幫助法，那可就不只入泥入水，簡直是跳到海裡去攪和了，入海去把你們拉出來。所以說，這就是大乘法；如果這個部分懂了，接下去講的也就懂了。所以，三果阿那含的不來，正是來自「此經」啊！正因此經沒有不來或來，所以三果人不該說有不來。

「若來已，更不來；若去已，更不去。」如果你有來的話，實際上卻根本就不可能來，因爲實質上並沒有來；如果你來了以後有去，你根本就去不了，因爲實質上並沒有去。爲什麼呢？因爲所謂來，根本沒有從什麼地方來，都是由自己的如來藏中生出來的，但你能說如來藏是從哪裡來的嗎？祂無形無色，本來就在，你不能說祂從哪來；那祂離開五陰而去以後，你能夠說祂去到哪裡嗎？不能說欸！而且不管來了或去了，你所能見到的，金剛心其實根本就看不見。文殊師利菩薩說，你所能看見的，其實都看不見。這不是很奇怪嗎？明明我看見了，爲什麼卻說我沒看見？禪師就故意向你說：「你眞的沒看見！」這叫作一箭雙鵰。禪師講話常常是夾帶著罵人的，因爲你沒看見眞如的所在；所以當大家迷迷糊糊在那邊弄不清頭緒的時候，禪師把那一大團弄亂的毛線一扯，條理分明就出來了。他們一看：「你眞厲害！證悟的人還眞的是出言不俗。」

當你看到那一些人自稱開悟了，結果竟對禪師的作略都還不懂，你說：「這些眾生眞可憐！好好的法不學，偏要去學那一些障礙法身慧命的邪知邪見。」可是你心中這樣想的時候，難道不是同時有一絲喜悅嗎？意念的極深處不是覺得說「我終於離開邪知邪見」了！你如果已經出家了，你就說：「我今天終於可以不當啞羊僧、粥飯僧了。」啞羊，啞掉的羊；人家所有的羊都還可以叫幾聲，牠就是叫不出來。當啞羊是很辛苦的，如果出家了，沒有辦法演說眞正的佛法，心中一定比那一隻啞羊還要苦。因爲一方面想要說法來回報施主，另一方面又怕：「講出來以後，哪一天傳到蕭平實那邊，他把我寫在書中，而且我還得承擔誤導眾生、虛妄說法的大因果，怎麼辦？」所以心中很難過，心中老是有一分擔憂存在。其實他們都不必擔憂，我不會無緣無故去拈提他們；我只針對佛教界有大影響的那一些人，特別是那些一直在否定正法的大師，或者是在護持邪法的大師，我才會加以拈提。如果他不護持邪法，我根本就不會去提他，因爲他接引初機眾生已經値得我讚歎了，哪還會拈提他的錯處？對於外教也是一樣，只要他們不冒充佛教，只要他們不以外道法來取代佛法而騙人說也是佛法，那我是不會評論他們的。言歸正傳，理說是如此，宗說又怎麼說呢：

【克勤圓悟禪師舉：〔長生問長慶：「混沌未分時如何？」慶云：「露柱懷胎。」長生云：「分後如何？」長慶云：「片雲點太清。」長生云：「只如太清還受點也無？」慶不對。長生云：「恁麼，則含生不來也。」長慶亦不對。長生云：「直得純清絕點時如何？」長慶云：「猶是眞常流注。」長生云：「如何是眞常流注？」長慶云：「如鏡常明。」長生云：「未審向上還有事也無？」長慶云：「有。」長生云：「如何是向上事？」長慶云：「打破鏡，來相見。」】師云：「長生善問，長慶善答；膠膝相投，水乳相合。不見古者道：身從無相中受生，猶如幻出諸形相；幻人心識本來無，罪福皆空無所住。若明此箇頌，便見二老宿問答，始知父母未生已前、既生之後，全體露現。且道：打破鏡來，如何相見？」撫掌云：「了。」】（《圓悟佛果禪師語錄》卷十六）

好，先不說 勤大師怎麼講，先來講這個公案本身的字面意思。長生跟長慶是師兄弟，長慶慧稜很早就悟了，長生這時還沒有開悟。長生問他說：「混沌未分時如何？」混沌未分時，講的正是眼前台灣佛教界四大道場那些人的境界，正是混沌未分。其實他們有時候不小心也摸到了眞心，可是都不曉得那是眞心。有時候不小心摸到了眞心，他們也把祂當作是妄心；有時候是眞的摸到了眞心，結果卻是眞妄不分，含糊籠統，這都叫作混沌未分。這就好像說，開水倒進去，奶粉也放進去，攪拌了以後變成一杯牛奶；其實每一個人喝牛奶的時候都有喝到水，可是等你問他說：「這杯牛奶裡面，哪個部分是水？」他又弄不清楚了，只知道牛奶裡面有水，這叫作混沌不分。長生問說：「混沌未分時，到底是怎麼樣的狀況？」長慶就跟他說：「那就像露柱懷胎。」

露柱會不會懷胎？露柱，就是露地上綁馬的柱子，就是空曠的地上插得很深、很堅固的供人綁馬繫驢的柱子。以前人家旅店或者平常有錢人家的門前地上，都會有一根柱子，釘得不高，但釘得很深，用來綁驢子、綁馬用的。以前古人沒有汽車，都是騎馬騎驢；現在歐洲有一些古城的屋子，門前還掛有一個圓圓的圈圈，那就是讓人家綁馬用的。那個綁驢子、綁馬用的露柱，因為旁邊都是空曠的，沒有遮蓋的，所以叫作「露」。長慶回答說「露柱懷胎」，這好像是打啞謎，是不是？有很多解釋禪宗公案的人就在這個啞謎上面去猜：「露柱，它是一個死的物品，不會出生什麼東西，那麼禪師說『露柱懷胎』的意思，就是說世間沒這種事情，都是自己出生的煩惱；因此你只要放下一切就行了，別再被煩惱所轉了。」他們就這樣解釋了。很多人是這樣解釋的，都是依文解義這樣來解釋；禪宗祖師就罵這種人是「鋸解秤鎚」，諸佛看了就說：「這糊塗弟子，把我的法這樣子亂講。」過去佛怨了，現在還在住持佛法的　佛陀也許正在別的世界度眾生，看到了這種情形就說：「我留下正法的那個星球的佛弟子們，怎麼這樣講呀！」現在佛也怨了。那麼跟著那些鋸解秤鍾的老師修法學禪的人，正是未來佛，後來知道眞相了就說：「師父您怎麼跟我亂講呢？」未來佛也怨呀！這叫作依文解義、三世佛怨。其實長慶慧稜不是在告訴你說天下有沒有露柱懷胎這件事，他不是在講這個道理，他有弦外之音。

然而這長生聽不懂，就接著那個題目繼續問：「混沌未分時是露柱懷胎，如果胎兒從露柱裡分析出來了以後呢？」長慶慧稜還是雙關語答他：「片雲點太清。」就好像無雲的萬里晴空，只有那小小的一片雲在那邊，這叫作片雲點太清。這句話出自《楞嚴經》，但長慶講的卻不是《楞嚴經》中　世尊所說這句話的原意，而是另有弦外之音。可是長生繼續問：「那如果是這樣的話，這太清是不是會被點了呢？」因爲既然片雲可以點在太清裡，太清就好像被點了；可是心裡面想一想，又應該不可能被點，因爲虛空怎麼可能被點？所以長生這時落入長慶慧稜的語脈中，當然聽不懂，長慶大師這時可就不跟他答覆了，也就是默然的意思。不答覆，長生更難悟。有答覆都悟不出來了，不答覆就更難悟。可是有的人是怎麼參都參不出來，他就坐在那邊不動；不如去觀察各種事物，倒反而容易悟得出來，也有這種人。所以該怎麼悟呢？悟的因緣可就千奇百怪，什麼因緣的人都有；所以黃龍禪師才會說「人人盡有生緣處」，說法身慧命出生的因緣是到處都有的，一不小心撞著了、踢著了，你就悟了。

既然長慶沒有爲他答覆，長生只好又繼續追問：「如果像你這樣講，譬如你現在都不說話，不跟我答覆；像這樣子默然時，那就應該一切含生都不再來了。」也就是說，應該所有的有情都可以不再來三界中受生了。原來長生那時誤會了，以爲長慶不跟他答覆，就是在顯示一念不生時是涅槃寂滅的境界；其實長慶不是那樣的意思，而是默然之時直示悟處，只是長生還沒有開悟而不懂，所以誤以爲長慶是在顯示涅槃的境界，因此就說「應該含生不來」。含生就是講有情，所以如果這樣的話，有情就都可以一念不生而不來受生了。這時長慶還是不跟他答覆，還是想要他從靜態中看看會不會。可是長生依然悟不了這種實相的境界，接著又問（因爲他誤以爲長慶是在顯示如如不動、純清絕點，誤以爲這就是涅槃境界），所以他就問：「如果像這樣，眞的能夠到達純清絕點的時候，那又是什麼境界？」長慶就說：「這還是眞常流注。」就是說，假使眾生靜坐到澄澄湛湛時，連一點點的妄想都沒有了，那其實還是常住眞心裡面的識種不斷地流注著，依舊不能理解實相的境界。

如果是鎮州寶壽大師，他就不會像長慶慧稜這樣答，他會說：「青天還須吃棒。」即使你像虛空一樣純清絕點萬里晴空，還是得要吃我的棒子。但長生是長慶的師兄弟，不方便給他太難看，就回答說：「那還是眞常流注。」這時候長生可沒轍了，也沒什麼可以繼續問下去的地方，就只好來問：「那如何是眞常流注？」常慶還是雙關語回答他：「如鏡常明。」一般人聽了都會說：「我知道了，那就是可以了了常知了。」如果遇到德山宣鑒，可能開口就罵：「知你個頭！」禪師都是用粗俗語去應對，都不跟你文謅謅地。需要文謅謅底時候，他會臨時編幾首偈給你聽；但平常都不那樣，總是直截了當。這時長慶只回答說：「如鏡常明。」長生還是沒有聽出弦外之音，所以又問：「如鏡常明底時候，不知道還有沒有向上事可以修持的？」長慶就說：「有。」聽到有，長生可就高興了，趕快問：「如何是向上事？」長慶就告訴他：「等你回去把鏡子打破了，再來看我。」這個公案也眞的很有趣。這些禪師很奇怪，有時候說：「等你把秤桿折斷了，再來相見。」我在《公案拈提》書中也寫：「等你回寺把筆拗斷了，再來見我。」這就是純清絕點了以後還要再修的向上事。

然後 克勤大師針對這個公案，他就評斷說：長生眞的很會問，長慶也眞的很會答；這兩人就好像膠與漆混合在一起一樣，又好像水與牛奶混合在一起一樣，眞的是密不可分。這就好像俗話說「孟不離焦、秤不離鉈」，又好像一對難兄難弟分不開一般。然後 勤大師就開示說：「你沒有看見古人這樣講嗎？色身是從無相法中來受生的，就好像從空無之中幻化出種種的形相一樣；可是被幻化出來的人，他們所瞭解的自己的覺知心，他們能了別種種法的那個識，其實只是幻化出來的，事實上不是永恆存在的；而幻人所造作出來的罪與福，也都是無常空，不能永遠常住。如果能夠眞的明白古人這首頌，就可以看見這兩位老宿互相之間的問答內涵，也才會瞭解到父母未生以前及出生了自己以後，我們的眞實心其實是全體很清楚地顯露出來在你面前。諸位倒是說說看：長慶要求長生把鏡子打破了來，才能相見；當長生把鏡子打破了再來時，要怎麼與長慶相見？」

長生問：「已經一念不生澄澄湛湛了以後，還有沒有向上事？」長慶說：「有。」長生趕快問：「如何是向上事？」長慶說：「等你把鏡子打破了，再來跟我相見。」現在 勤大師提示了：「打破鏡子以後來了，應該如何相見呢？」透得過這一句，般若諸經也就通了；透不過這一句，白紙黑字寫得這麼白，讀了還是不知道，猶如讀了無字天書一樣。可是你如果這一句透過去，般若經你就可以讀到背面的深意中去；沒有透過這一句之前，讀般若經永遠都只讀到這一面，每一面經文背後的意思都讀不出來；換一句話說，就是還沒有眼力。所有眞正開悟底禪師家，眼力都可以讀透經文紙背；就好像書法家寫字，人家評論說：「勁道雄渾、力透紙背。」禪師家讀經的眼力可得要透過經文背面去。可是要怎麼樣才能練出這個眼力？那就得要來正覺勤練兩年半，練了兩年半以後再去禪三精進參禪透過這一著子，才會有這種眼力，這叫作慧眼。你若還沒有來練那兩年半，這一著子一定透不過去，那麼 勤大師這句話當然絕對透不過去。來正覺修學久了以後，一旦透過去了，那般若經中的密意，對你來講，其實都是明講的，對你沒有一絲一毫遮瞞。那麼長生依照長慶的指示，回去打破鏡子以後又來到長慶面前時，到底該如何相見？想不想知道？（有人答：想。）想哦！好，我且說給諸位聽：所謂阿那含，即非阿那含，是名阿那含。

接著講這一品的第四段經文：【「須菩提！於意云何？阿羅漢能作是念『我得阿羅漢道』不？」須菩提言：「不也！世尊！何以故？實無有法名阿羅漢。世尊！若阿羅漢作是念：『我得阿羅漢道。』即為著我、人、眾生、壽者。世尊！佛說我得無諍三昧，人中最為第一，是第一離欲阿羅漢，我不作是念：『我是離欲阿羅漢。』世尊！我若作是念：『我得阿羅漢道。』世尊則不說須菩提是樂阿蘭那行者。以須菩提實無所行，而名須菩提是樂阿蘭那行。」】

講記：佛又問：「須菩提！你的意下如何呢？你是阿羅漢，阿羅漢心中可以這樣想『我已經得到阿羅漢的法道』了嗎？」須菩提答覆說：「不可以這樣的！世尊！為什麼這樣說呢？因為其實沒有一個法可以說它叫作阿羅漢。世尊！如果阿羅漢這樣子想：『我已經得到阿羅漢的法道了。』那就是執著我、人、眾生與壽者。世尊！佛常常說我須菩提得到了無諍三昧，我的無諍三昧是眾人之中排在第一位，說我是最究竟的離欲第一的阿羅漢。可是我不這樣想：『我是離欲阿羅漢。』世尊！如果我是這樣子想：『我已經得到了阿羅漢的法道。』世尊您就不會說我須菩提是樂於修遠離行、寂靜行的人。由於我須菩提其實沒有所行，所以才說我須菩提是樂於修遠離行。」

這樣子依文解義講完了，諸位聽完了以後智慧有沒有生起來呢？所以光是這樣聽一些依文解義的說法，其實對道業的實證並沒有用。像剛才這樣依文解義，有很多人心裡面會說：「你會這樣講，我也能這樣講。」對呀！一樣都會講，可是當我講的時候跟你講的內容一字不易時，我所講的卻是不同的；因爲我講的言文中同時在指說另一個法，所以不同。雖然你把它錄音抄起來，比較下來一個字都沒有不同，雙方完全一樣；可是我說的還是不同，這就是當眞悟禪師的好處。

所以，古時禪宗祖師們，當他們悟前放下經師、論師的身分，也放下了經論而進入叢林參禪；後來證悟以後，他們一生當禪師，不再回去當經師、論師了，因爲當經師與論師都太累了。當禪師最輕鬆了，他隨便一句話就可以把人家打發掉。經師、論師講了好幾年，不如他講一句話；他只要一句話，當下就解決經師論師應該說的妙法了。你看那個百丈開田的公案，有一個法師來找他，請百丈禪師為他說了義法，百丈禪師說：「你去幫我把那一片荒地開出田來。」他終於辛辛苦苦地，也不曉得弄一個月或兩個月，終於把田開好了，然後回來請求百丈禪師說：「開田已畢，請師父為我說法。」百丈禪師聽了，只是一展手，就解決了，勝妙法已經說完了。那你說禪師好不好當？好呀！太棒了！所以只要一當上禪師，他就不想再當法師了，因為為人說法太累了。所以到了今天，本來我也是想當禪師就好，那就很輕鬆；可是看到當代佛教走到這個地步，不得已，我只好下海啦！今天正是入泥入水、渾身泥濘也在所不計了。

這段經文依文解義講過了，我們再來談一談理上怎麼說。先來看看傅大士談菩薩四果人的頌：

「無生即無滅，無我復無人；永除煩惱障，長辭後有身。
境亡心亦滅，無復起貪瞋；無悲空有智，翛然獨任眞。」

傅大士這首頌這麼說：「沒有生的法就不會有滅，沒有我性的那個法祂就沒有人性、眾生性、壽者性；永遠除掉了煩惱障以後，就永遠都辭別了後有之身。外境如果已經滅了，心也就滅了，也不再生起貪瞋等不好的心行；

到那個時候心中沒有悲哀，可是卻在空性之中產生了解脫的智慧；這時很寂靜而沒有什麼攀緣，自己依止於自心而安住下來，可是卻可以隨意地由這個自心任運去操作而不會離開眞實法。」

我這樣語譯，大家聽了就能眞懂他的意思嗎？也不盡然，其實很多人依舊會誤會。沒有生的法就不會有滅，很多人說：「這離念靈知是常住法，永遠不會斷滅，所以祂沒有滅。」可是我們倒想請他們自己檢查一下：離念靈知心有沒有生起、有沒有斷滅的時候？大部分聰明人聽到這一句話，就都閉嘴不談了。可是也有人很會狡辯，他說：「你不能說我們離念靈知晚上睡著了斷滅，因爲晚上睡著時是離念靈知睡著了，不是斷滅。」好！離念靈知會睡著，所以不是斷滅；這麼一來，經中對意識自性和睡眠的開示都得要改寫了，菩薩們的論也得要改寫了，怎麼辦？因爲經與論中說的是：「意識心斷了，所以沒有見聞知覺性；意識心斷了，離念靈知不存在了，所以叫作睡眠。」好了！依那些證「悟」離念靈知者的說法，〈百法明門論〉中的睡眠一法，也得要刪除掉了，因爲當離念靈知繼續存在時就不可能會有睡眠嘛！那麼睡眠這個法首先要刪除掉，不該再叫作百法明門，應該改爲九九法明門了！那麼，接下去還有其他的法也要跟著刪，因爲都與離念靈知不相應。所以墮入離念靈知境界的人，全都是把有生的法錯認爲無生。

假使說離念靈知眞的常住不滅，就應該是了了而常知；常就是不斷，就應該是不中斷的了知。然而，後腦勺給他一記悶棍，他還能常知嗎？那叫作斷而不知了。所以眞要找到那個從來沒有出生過的，才可以叫作證得不滅法，不滅法才是眞如法；把這個不滅法證得以後，就能確認祂從來沒有出生過，所以也永遠沒有辦法把祂滅除。到這個時候轉依了祂，從祂的立場來看，就沒有我、沒有人可說了；因爲這一個無生又無滅的法，一向離六塵上的見聞覺知；既離六塵的見聞覺知，怎麼可能有眾生、有自我呢？所以就沒有我、也沒有人。可是沒有我、沒有人當中，無妨繼續有五陰等眾生我，無妨繼續有諸人，這是可以跟無我、無人的「此經」如來藏並存的。因此，在有我、有人的生滅法當中，無妨同時有不生亦無滅的「此經」；這樣實證而且轉依以後，我見永遠不會再生起了，我執也分分斷除，到最後終於斷盡了我執；由於親證無生無滅的法，親證無我、無人的法，所以最後把煩惱障的現行煩惱永遠除掉了，也就是斷盡思惑了，就不可能再去受生，不再出生後有之身了。但是菩薩依四宏誓願，這時無妨再生起一分微細思惑，也就是再起受生願而再三去投胎，爲了利益眾生，也爲了從利益眾生中來累積自己成佛的資糧，所以又不斷地去投胎而繼續行菩薩道。

可是當他證得這個無生無滅、無我無人的法以後，他發覺依這個無生滅的法自身所住的境界來說，其實沒有任何境界可說，這就是傅大士說的「境亡」。有情一向都面對境界相，因爲有見聞覺知（離念靈知）去觸六塵的緣故。可是這個無生無滅的法，祂不在六塵上作了別，祂是離六塵相的；既然離六塵相，當然就沒有境界可說。有沒有誰能夠在六塵境界中而沒有境界？假使有誰能作得到，諸佛也要拜他爲師了，因爲三界中不可能這樣子。所以證得「此經」而轉依了這個無人無我的法以後，發覺境界相已經不在了；當境界相不在了，覺知心也可以死了——徹底斷除我執，所以說「心亦滅」。覺知心會把握自我，將自我抓得牢牢地不肯死，都是因爲「境存心亦在」；境界如果滅了，覺知心也就可以滅了。這就是說，既然知道眞實法是離境界的，那麼覺知心當然是虛妄法，這覺知心也可以自我否定了，這就是「境亡心亦滅」了，到這個時候貪與瞋就可以滅了：「無復起貪瞋」。

起貪是為什麼？「我這個戒指可能要拿下來，因為天氣太熱了。」她其實是為了炫耀那五克拉的戒指，可是打從聚會開始已經一小時了，別人竟都沒有發現她戴著五克拉的鑽石，都沒有讚歎她。她說：「今天天氣好熱，熱得我連戒指都得要拿下來。」其實天氣熱跟戒指有什麼關係？她目的是要炫耀。可是她為什麼要炫耀？因為有六塵境界，炫耀只是六塵中的法；如果離了六塵，還有這個可以炫耀嗎？沒有了！既然沒有，也不必在炫耀以後心裡面又想：「過幾天，店裡那個祖母綠，我要把它買下來。」既不必炫耀，就不必再想多買寶石了嘛！所以貪已經不在了！假使她在炫耀戒指的時候，人家說：「妳那顆五克拉的戒指成色不太好。」心中又起瞋了：「你怎麼可以嫌？我這顆是多少錢買的！」可是如果你跟她不一樣，你轉依了「此經」如來藏以後，住在金剛心如來藏不生不滅、無我無人的法中，根本沒有境界可說，而五陰的自己也是假有的，那為什麼還要再起貪、瞋？都不需要了！

這時你已經轉依了祂，還會有悲嗎？「此經」金剛心既然離六塵，怎麼可能有悲？只有住在六塵境界中的心才會有悲；譬如離念靈知心住在離念中，卻是了知六塵的，所以看見可憐人時就會生起悲心。所以你如果發起菩薩的大悲願，那是你的妄心意識心所發的，而你的眞心「此經」不會發起這個悲願。因爲祂無慈也無悲，祂無苦也無樂。你的離念靈知心轉依了「此經」以後雖然沒有悲，可是從這個空無一法的空性中，卻可以使你產生了許多的智慧，就對三界一切有情同體大悲，所以才會說大悲無悲；因爲如果會跟著眾生的痛苦而生起悲心的，那都是小悲。

假使有一天你眼見佛性了，你的品質很好，根本就是始終如如不動的；可是你看到旁邊小孩子玩耍不小心跌倒了在那邊哭，你心中都不會爲他起悲，可是他掉眼淚的時候，你忽然發覺自己竟然會跟著掉眼淚，可是你一點悲都沒有。你會跟他互相感應，可是你心中不會起悲，那樣才叫作大悲，能夠跟眾生心直接相應。如果是覺知心想著：「這個小朋友好可憐喔！我是不是要趕快通知他父母來把他接回去？」那就是小悲，因爲這樣的悲心只會針對某一些對象生起悲心，不會對一切有情同樣生起廣大悲心，所以才說大悲無悲。因爲大悲是依於空性智而生起的，所以不會在意識心上去生起什麼悲心，但是卻會不斷地去努力利益眾生；因爲轉依如來藏以後就沒有悲可說，卻與一切眾生同一如來藏體性，這個同體之悲才叫作大悲。

「無悲空有智」，這時候是讓眞心如來藏任運去運作的，不是刻意去作什麼。刻意去作什麼時，就一定會向對方生起一個期待的心：「我對他這麼好，他每天看了我都應該跟我問安；可是他今天看見了我，竟然只有點個頭。」心裡面就覺得有一點不太高興。可是大悲心不是這樣的，對眾生作了利益過後也就忘掉了。有一天也許哪一個人來對你說：「三年前，你幫我說一場法，我一直受用到現在。」但你都忘了當時爲他說了什麼法。你自己都不會記得，講過就忘了！這就是由你親證眞心而發起的智慧，任運去利樂眾生，所以說「翛然獨任眞」。

從這樣來看，到底離念靈知能不能達到這樣的境地？顯然是不行的。爲誰講過什麼法，大約是會記得的；除非是爲許多人在許多場合都有說法，而時間已經很久、很久了！那麼有念靈知是執著很重的覺知心，曾經爲誰講過法而有恩於別人，就更不可能不記得了。所以想要悟入般若，要在般若智慧中眞實看見了實相般若之道，一定要先把正確的知見建立好，要先知道「此經」金剛心是無念亦無悲、無知亦無智；如果知見錯了，方向就會偏差。方向偏差了，修到驢年到來時也悟不了，智慧就無法生起了；因爲諸法的本來實證處是在這個地方，你應該往這個方向去；結果被人誤導而走偏了，不必偏很多度，只要偏一度就好，就會錯過了；這是從身邊錯過了，他都還不知道。有很多人修禪宗時就是這樣，往往從如來藏身邊錯過去了，然後變成如來藏在他後面跟著，而他都不知道，這就是一般道場學禪、教禪的現狀。而這個現狀是自古以來就已經如此，不是現在才這樣的。

再來談一談阿羅漢所得的智慧，他一生修證的所有智慧，不如菩薩一日所得的智慧。不如菩薩哪一天所得的智慧呢？當菩薩見道的那一天。當菩薩有一天見道了、開悟了，他在那一天所得的智慧，盡阿羅漢一生所得的智慧都不足以和他相提並論，事實上眞是如此。你看那德山宣鑒，在他開悟前，佛教界都尊稱他爲周金剛，沒有人不恭敬他；因爲他本來是個專講《金剛經》的座主，還寫了一套《青龍疏鈔》，專門註解《金剛經》。後來他聽說南方禪宗那些魔子魔孫們，動不動就說他們見性成佛；可是人家成佛是百劫修相好、萬劫修威儀等等，這些南方魔子竟然敢說一見性就成佛道。周金剛心想：「我非要去破他們不可，什麼人能瞞得了我？有學、無學，唯我知焉！你們沒有人像我知道這麼清楚的。」好了，發了這個願心，就挑著那一擔《青龍疏鈔》去南方要破禪宗魔子魔孫。

因為禪宗興盛之處大多在南方，都在嶺南，特別是福建、廣東最盛，所以那些禪宗公案大部分是用閩南語說的，你只要用閩南話去讀就可以讀通了。後來周金剛聽說有個崇信禪師住在龍潭，他就出發去了。接著是在路上遇見個婆子，因為他肚子餓了，想跟婆子買個點心吃，剛好老婆子在賣油糍（其實古時說的婆子都比妳們年輕，古時候四十歲就當祖母了，一般就叫作婆子，現代女人卻是四十一枝花）；那婆子就問他：「大德挑得什麼物？」周金剛回答說：「這是《青龍疏鈔》。」婆子請問：「講的是什麼？」「講的是《金剛經》的法義。」「那我問你，你如果答得出來，我供養油糍；如果你答不出來，我既不供養，也不賣你，別處買去。」接著就問：「《金剛經》說過去心不可得，現在心不可得，未來心不可得，請問大德你現在買點心，要點哪個心？」這一下，周金剛可愣住了！堂堂一個聞名四方的大座主，被婆子這麼一問，此時竟然開不了口，只好忍飢牽肚，挑著那擔《青龍疏鈔》又往南走。

這時候他學乖了，遵循婆子的教導往南行。婆子指示他說：「你去龍潭找崇信禪師去。」因為被這老婆子一殺，發覺自己什麼話都講不上來，沒辦法，只好乖乖地遵照婆子說底話，去尋找龍潭崇信，後來才終於悟了。可是他也不簡單，你們看他剛剛才悟—那晚上才悟—第二天早上就把他寫的《青龍疏鈔》挑到法堂前說：「窮諸玄辯，若一毫置於太虛；竭世樞機，似一滴投於巨壑。」說那些未悟底人（當然也包括悟前的自己）說了一大堆言語，講出大家都聽不懂的各種辯解，其實猶如一小根毫毛放入太虛空中，微不足道；縱使通達了世界各種重要事情的機要而且全無遺漏，那種智慧也不過像是一滴水投入大山谷中，不值得一提。也就是說：「讀了無量公案、經論以後，若是沒有悟入那裡面隱藏的宗旨，根本作不了什麼用處；就像我周金剛寫得一套《青龍疏鈔》，好像是世間最不得了的著作，卻根本抵不上昨晚這一悟。」所以當場在法堂前放了一把火，把它全燒了，然後才離開龍潭。

這還是他才剛悟入後隔天一早的事哦！接著告辭龍潭禪師要回自己寺院，中途路過溈山時可就跟悟前不同了！悟前是要滅他南方禪宗魔子魔孫，現在是已經繼承南方禪宗魔子魔孫的勝妙法了，於是回頭途中來找溈山靈祐禪師。當時溈山禪師正好坐在法堂上，德山才一上堂，就把他的尼師檀（也就是軟的坐墊）提在手上示現說：「有麼？有麼？」問說：「有沒有？有沒有？」

潙山看著他，且不理他，於是德山就出去了。出去走了一會兒，想一想，覺得不可以這麼潦草，於是又回來見潙山；可是他回來見了潙山時，也只是大聲一喝，立即又走了。當時潙山本來打算要拿起拂子來，可是那德山一喝就走了。到了晚上，潙山靈祐禪師問徒弟們說：「今天新來的那個僧人還在不在？」大眾說：「不在了，他後來進堂一喝，立即就走了。」潙山就授記說：「這個傢伙，以後向孤峰頂上訶佛罵祖去了，不過他也有一把茅草可以蓋頭。」也就是說他終究會有道場可以弘揚禪宗法門的，但一定會訶佛罵祖，後來眞的逃不過潙山的授記。你看，他才剛悟後一天，就能耍出這種手段來。阿羅漢們，即使是二十歲就成爲阿羅漢，到八十歲時都還要不出來呢；因爲只知其然而不知其所以然，當然不敢耍這種機鋒，免得被勘驗時更加難堪。事實確實是這樣哦！所以我們才會說阿羅漢的智慧，不如菩薩一日證道所得的智慧；菩薩就這麼一天證悟時所得的智慧就超過阿羅漢了，不信的話，我們再看《大般若波羅蜜多經》卷四怎麼記載：

【爾時舍利子白佛言：「世尊！若聲聞乘，預流、一來、不還、阿羅漢智慧，若獨覺乘智慧，若菩薩摩訶薩智慧，若諸如來應正等覺智慧，是諸智慧

皆無差別、不相違背，無生無滅，自性皆空；若法無差別、不相違、無生滅、自性空，是法差別既不可得，云何世尊說行般若波羅蜜多一菩薩摩訶薩，於一日中所修智慧，一切聲聞、獨覺智慧所不能及？」佛告具壽舍利子言：「舍利子！於意云何？修行般若波羅蜜多一菩薩摩訶薩，於一日中所修智慧所成勝事，一切聲聞獨覺智慧有此事不？」舍利子言：「不也！世尊！不也！善逝！」】

你們要知道，你們進入正覺講堂來，是多麼珍貴！因爲你在正覺開悟的那一天的所得，所有阿羅漢、辟支佛都是無法猜測的！這裡經文也已經講得很清楚了：「聲聞聖者從初果到四果，或者辟支佛乘的獨覺，或者說菩薩摩訶薩」，當然一定要開悟以上才算摩訶薩，「這些人的智慧，以及諸佛如來的智慧，這些智慧是相通的，沒有互相牴觸的地方，沒有互相矛盾的地方。」如果有互相牴觸、有互相矛盾，所悟的那個法就會有問題隨後出現，不論他自稱證量有多麼高。台灣、大陸有許多人在研究我的著作，有兩種人：一種人是希望瞭解我的智慧是怎麼來的，他希望也能擁有這樣的智慧。另外一種人是想找碴，看我有什麼地方自相衝突矛盾，他就可以寫出來破我。當然這些人之中也有大學教授，而且是哲學系的教授，曾經放話說要寫書破我；可是兩年過去了，還沒有看到一行字，更不要說一本書。

他們希望從我說的法裡面去找出互相矛盾衝突之處，因爲書寫得越多，越容易找毛病；可是我們已經有六十幾本，年底大概就七十幾本了（編案：這是二〇〇七年三月二十日所說，本書出版時已超過百本），可是他們有沒有辦法找出我弘傳的法義有衝突之處？沒辦法。因爲我們是把親證的法界實相寫出來，而法界的實相是包括二乘菩提、包括大乘菩提，當然不會產生三乘菩提互相矛盾衝突的情形。既然是法界的實相，我把祂如實寫出來，不作猜測妄想的發揮，當然不會有衝突矛盾，否則就不是法界的實相了。所以三乘菩提絕對不會互相衝突，只有悟錯的人自以爲悟，讀不通 世尊在三乘經典中所說的眞實義，才會說是有衝突、有矛盾。

就好像達賴喇嘛的書中說：三乘經典的法義有衝突矛盾之處。可是對我們來說，一點點的衝突與矛盾都不存在；是他們藏傳的假佛教自己誤會了，站在常見外道的立場，所以認爲有衝突矛盾；因爲他們以意識的境界而想要解釋二乘法、解釋大乘法，當然就誤會三乘菩提的眞義，於是解釋起來時就不能通達，當然會有衝突矛盾。這是因爲他們講的實相般若，是誤會 世尊聖教裡的說法，並不是法界中的實相。所以這一段《大般若波羅蜜多經》裡面也講得很清楚，三乘菩提的法不會互相衝突矛盾，只有粗糙以及細緻的差別，只有廣大以及狹窄的差別，只有深奧以及粗淺的差別，但是不會有衝突或矛盾。如今這一段《大般若經》中的經文這麼說，而我們出來弘法十幾年，從聲聞道、緣覺道、菩薩道來講經說法，也把大乘法的中道實相與唯識種智講出來，並且還印成書本流通，都沒有互相衝突或矛盾，我們也是這樣證明了。由於肯深入研讀我書中法義的人，不能找出矛盾而轉變爲不願寫文章評論我了；而且也從我的書中獲得法利了，所以後來終於有一些不理性而只顧世間利益的人寫了書出來罵我，還不肯留下姓名、電話、地址；有人取來閱讀的結果，卻只能證明那是誤會我說的法義而亂罵一通，不是眞瞭解我們的法以後來罵。眞正瞭解了我說的法，就沒有辦法斥責我所說法的內容，這也證明這一段經文中的說法是完全正確的，三乘菩提法義不會互相衝突或矛盾。

接著說，既然三乘都沒有差別，那只是從實相來看時才無差別；但是三乘聖人各自修證的結果卻會有三乘的不同，我們只從現象來講就好，別的先不提。初果修到二果要修多久？二果修到三果多久？三果修到四果多久？這是因人而異的；有的人很快，只要一天就證初果；繼續深入思惟以後，第二天就證四果了。可是有的人很慢，修到捨壽前幾年才成爲阿羅漢；還有人更久，得要七次人天往返以後才能成爲阿羅漢；但是也有人在聽聞世尊說法之後當場證得阿羅漢果。獨覺也是一樣，都是修了很久以後，繼續受生修行，才突然間有一天終於懂得因緣法，才稱爲辟支佛。然而菩薩不是這樣修的，菩薩是在一天之中解決一件很大的疑惑而出生法界實相智慧，使智慧頓時超過阿羅漢、辟支佛的智慧。所以佛向舍利子說，修行般若波羅蜜多的一位菩薩摩訶薩，當他在那一天證悟了，所修得的智慧能夠成就他殊勝的現象；因爲他在一天之中所悟得的智慧，單單是他一個人所得的智慧就超過所有聲聞與緣覺的智慧。也就是說，我常常說的一句話：**人間假使還有阿羅漢與辟支佛，他們來到正覺同修會中的證悟菩薩面前，都沒有說話的餘地。**今晚藉著這一段經文，已證實了我的說法完全正確。

譬如說德山宣鑒禪師，昨晚才剛剛開悟了，今天離開龍潭禪師，上得潙山時就能搞出那個現成公案出來。阿羅漢或辟支佛們，請問你們曾看過哪個不迴心的阿羅漢搞出一個禪宗公案來？一個也沒有！都是後來迴心大乘以後，終於證悟了，以後才會有公案；譬如世尊拈花微笑時，迦葉竟然能懂得世尊不說而說的密意。又像阿難尊者那時候還沒有悟得大乘法，他請問迦葉菩薩：「世尊說有正法眼藏涅槃妙心傳給你，到底是什麼？」迦葉菩薩就大聲叫喚：「阿難！」阿難就直覺回答：「諾！」迦葉菩薩看他不會，就吩咐說：「去把門前的剎竿放倒！」只有悟了實相的人，才有辦法使出這一些機鋒來；假使不知其所以然而又仿冒一番，小心哪一天夢裡要挨禪師的痛棒。月溪法師仿效禪師公案的表相而沒有挨棒，那是他運氣好；當時我還沒有學法，當然也還未引生往世開悟的內容來，更不認識他；我也不住在香港，否則我悟後就上門打他幾棍，且要教他終於「知其所以然」。

你看，世尊說菩薩才剛悟一天，智慧可貞不得了，卻只是一天之中所悟的。阿羅漢們大多是從初果到二果、到三果、到四果，那要多久呢？佛世時往往是好幾個月才修成的，有的人還是精修到年老時才證四果的。然而大菩薩們對法界實相的智慧，都是在開悟的那一天之中就解決的；在這一天之前總是一直參呀、參呀、參呀，一直沒有個結果；可是某一天因緣成熟了，突然間一念相應就通了，這麼一天就解決了，所以禪宗都是頓悟而沒有漸悟這回事。回頭來看阿羅漢們，他們有這種事嗎？都沒有。所以舍利子聽 佛這麼一說，當然就知道眞的沒有，因爲那時他已經證悟了。可是菩薩在那一天開悟所得的智慧，當他說出來時，阿羅漢們怎麼聽也聽不懂。那你說，所有阿羅漢與辟支佛們若是遇見菩薩的時候，敢隨便開口嗎？當然不敢。而且這還只是七住位的不退菩薩而已，如果是遇到 維摩詰菩薩，那他們豈不是更要害怕了？所以沒有人敢領命去看 維摩詰菩薩的病，經中這個記載當然是眞的。因爲阿羅漢們連剛剛證悟的第七住位菩薩一天所悟的智慧都不懂，還能去挑戰妙覺大士的智慧嗎？所以《維摩詰經》中說的這事還眞不是瞎編的，拈花微笑也還眞的實有其事，不是故弄玄虛。

可是那些從聲聞部派佛教中分裂出來的六識論者，傳到了今天末法時代，雖然他們都自稱是大乘的出家菩薩，但他們打從心眼裡就不認爲有八識，都不信 世尊在三轉法輪諸經中的說法，因此他們都主張大乘法是聲聞部派佛教的後人發展出來的，宣稱大乘經典都是那些聲聞法的後人創造、編造出來的，所以他們不信大乘經中的法教，公開主張「大乘非佛說」。但是我在《阿含正義》書中明白引述阿含部的經文，把它寫出來證明：這些大乘經都不是後人編造的。除非他們認爲後人的智慧比 釋迦牟尼佛的智慧更高，除非他們想要把釋迦牟尼佛改稱爲有上非正等非正覺，而不是無上正等正覺。

所以般若的入門是最重要的，但是般若的入門在哪裡呢？就在禪宗裡，從其他的宗派確實很難進入實相般若。所以我們正覺有什麼法呢？我們既有淨土，也有禪宗，也有法相唯識宗，因爲也爲證悟底會員講解法相唯識的更深妙正理；然後有時也爲會員們傳戒，所以也有律宗；然後還有什麼？我們還講般若中道，所以也函蓋了三論宗，這樣算一算就是五宗共同了。我們還有俱舍宗，能幫人證初果等；我們唯一沒有的就是藏傳的密宗，並且還要破它；而我們弘揚眞正的密宗，就是《楞嚴經》所講的眞如與佛性，親證而獲得如來藏金剛三昧，這才是眞密。但是你要能夠作到這個地步，都要依靠禪宗破參明心這一著；這一著你要是透得過，其他慢慢就可以通。所以，禪宗腦後這一著，就等於實相般若的門把；當你終於找到了實相般若的門把，你想要進入佛法的殿堂就容易了。可是你總要先找到門的所在，才能找得到門把；有一天終於找到門了——喔！原來進入實相般若中的門就是禪宗，禪宗就是實證般若智慧的大門。

可是在人間時，這個門很難找得到；因爲人間佛教之內有很多的假門，也許你看到一個門，認爲自己終於找到禪宗了；後來卻發覺是假的禪宗，都只是繞著意識亂轉的假禪宗。也有人進了同修會以後，自作聰明就自以爲悟，連招呼都不打就走人了，然後自稱開悟了，卻還是意識的境界。所以有許多人以爲眞的找到禪門了，可是要怎麼開門進去呢？往往把門打開了以後，發覺裡面又畫了另一個門，等著他開；有些人卻以爲那就是進門了，結果還是在禪門外。因爲那個門中畫著一片玻璃，玻璃裡面映化出一些東西，讓他覺得自己已經進門了，其實那門與玻璃都只是畫出來的，當他把那個門拉開時，其實只是拉開一張厚紙板，後面還是牆壁，所以他並沒有眞的進門。要怎麼樣去找到眞正的禪門，在現代並不容易。你看，台灣佛教裡面禪宗的門那麼多，除了四大山頭以外還有許多人在講禪，可是想要找到眞正的禪門眞不容易。等到後來有一天找到眞正的禪門以後，就得要努力去摸索，看那個門把在哪裡？有一天終於找到門把了，這麼一轉也就進去了；眞的只要一轉，你就進去禪門中了。進去了以後，才看見佛法中有這麼多寶貝，才知道眞悟了以後要學的更多，才知道開悟以後其實只是七住位的賢位菩薩而已，距離初地聖位還遠著呢！然後一方面又高興說：「還好！我開悟以後還有這麼多妙法可以學，將來一定可以成佛。」而這都是靠禪宗破參明心這一著子。因此，既然禪宗這麼重要，下面我們當然就要接著再來講講禪，讓大家眞的懂《金剛經》這段經文，先從《楞伽經》中說的三種羅漢來說起。

【《楞伽》所謂三種阿羅漢者，一曰：「得決定寂滅聲聞羅漢。」二曰：「曾修菩薩行羅漢。」三曰：「應化佛所化羅漢。」】（《傳法正宗記》卷二）

阿羅漢有這三種。所以如果有阿羅漢在人間，有時候他闖到大乘法中來找菩薩，有時候又回到二乘法中去，都不稀奇！因爲阿羅漢有這三種。所以，有一些是有因緣遇到佛陀而成爲阿羅漢，有一些根本就是諸佛所變化來度化眾生的。應化佛所變化出來的阿羅漢，固然也可以出現在諸佛初轉法輪之前的第一時的華嚴教中，其實本是佛陀的自心如來所變化出來的。但其實我們所看重的不是應身佛所變化出來的阿羅漢，也不是心得決定寂滅聲聞的阿羅漢，而是每一個人身中各各本有的阿羅漢。阿羅漢名為無貪、無瞋、無癡，阿羅漢名為解脫生死，難道你們身中都沒有那個阿羅漢嗎？都有呀！阿羅漢是得寂滅，難道你身中都沒有寂滅的阿羅漢嗎？有呀！從來都是寂滅的，遠超過那些人間的阿羅漢們；因為那些阿羅漢的寂滅是修來的，你身中這個阿羅漢的寂滅卻是不修就有的；因為本來就是阿羅漢，所以不會退失。你這個阿羅漢永遠不會退失阿羅漢位，這才是最好的。那麼我們來看看這個阿羅漢，在禪宗裡，這個阿羅漢有時候往往被禪師罵作「牛」。

譬如《宗門拈古彙集》卷四所載：**【天台寒山子，因趙州遊天台，路次相逢，見牛跡，山問曰：「上座還識牛麼？」州曰：「不識。」山指牛跡曰：「此是五百羅漢遊山。」州曰：「既是羅漢，因什麼卻喚作牛去？」山曰：「蒼天！蒼天！」州呵呵大笑，山曰：「作什麼？」州曰：「蒼天！蒼天！」山曰：「者小廝兒，卻有大人作略。」】**（平實導師唸完這段文字以後就向大眾說）且道：汝等自身各各都有不貪、不瞋、不癡之清淨人，從來不與三毒相應，如是阿羅漢何在？何不請出相見？（大眾良久，平實導師云：）啊哈！見了也！只是：見了方知原來一個個都是牛。

天台山的寒山子，這個名字，我是當兵退伍後離鄉背井、初來乍到——剛到台北市，那個時候在晚上寧夏路邊的書攤子上，第一次見到這個名字就很喜歡，沒來由地喜歡，然後就把他的詩集買回家。那時是一九六七年，我退伍後剛到台北來，那時對台北市的路，我只認得三條：第一條是長安西路，第二條是中山北路，第三條是延平北路。那時台北市還沒什麼發展，從長安西路望東走，長安東路二段剛要開始那個地方就是新生北路，過了新生北路可就是一片稻田而沒有路了，哪像現在到處都是高樓大廈！那時走松江路要到行天宮去，與新生北路平行的松江路中間，那一大片也都是稻田，那時候稻田中只有一條五常街連通這兩條路。當時那邊就叫作牛埔，現在講牛埔這個地名時，倒是沒有人知道了。所以那時候，我是在晚上騎著單車來認識台北市，就是以這三條路作中心點來逛一逛，慢慢去認識台北市的路。有一天，我在長安西路想要轉一下彎，就轉到重慶北路圓環去了。以前圓環地區人聲鼎沸，路非常小，每晚人擠人；去到圓環小吃攤時，我看到那邊竟然在賣炒茼苣，也賣炒甘藷葉，我覺得好奇怪：「台北人怎麼吃這個？在我們鄉下，那是餵豬、餵鵝吃的，台北人怎麼愛吃豬仔、鵝仔吃的東西？」不過有一次就從圓環順著逛到寧夏路，晚上都有路邊攤；那天看到一個書攤，我有個習慣，看到書攤時一定會留下來看一看，接著看到有一本精裝本的淺藍色書皮，書名是《寒山詩集》，看到「寒山」兩個字就非常歡喜。人家說怒髮衝冠，我倒不是怒髮，而是整個頭髮都豎起來了，當時也不知道什麼緣故；然後我就翻一翻，覺得不錯，就買回家，有空時就讀一讀。但那時其實讀不懂，就只是莫明其妙地喜歡，那本詩集到現在還在手裡。那時候那一本書好像是五塊錢買的吧。這位寒山子，一般人會覺得很陌生；不過如果對他很熟悉（對他的典故很熟悉以後），你每一世大概看到這個名字時都會喜歡。

寒山子，根據太守閭丘胤自己親身的體驗而講了出來，指出寒山子其實就是文殊師利菩薩的化現；常常跟他在一起的拾得，則是 普賢菩薩的化現。拾得，是因爲國清寺的住持，有一天在路上看見一個小孩子在路邊哭，就把他撿回寺裡面，這樣養起來。寺主問他說：「有沒有父母？」答：「不知道。」一般孩子一定會說：「我有父母呀！我走失了。」但他卻說不知道，這就很奇怪。但是因爲問不出他的父母來，所以就把他取個名字叫作拾得，因爲是路上撿來的。這拾得與寒山子兩個人非常要好，寒山子形貌枯悴、蹙額皤腹，也就是說他的身形與面貌看來是老而枯悴的，前額有一點突出而且巒長的，因爲整個五官擠在一起而往下拉，卻又大腹便便——皤腹。常常袒露出肚子來。他的腳上常常穿著兩隻高腳木屐。如果你們看過早期的日本武士影片，他們穿的那個木屐，現在很少見了，就是一個木板下面兩條長長的橫木，製成高腳木屐，這就是寒山子的容貌與身形。

寒山子是住在寒山巖，所以被人稱爲寒山子。子，在古時是尊敬的稱呼。寒山子自己不開伙，而拾得是在國清寺的廚房灶下服務，他管生火的工作；如果眾僧用過齋以後還有剩菜剩飯，拾得就把湯汁濾掉，用個竹筒把剩菜剩飯裝了，竹筒上面綁著繩子，就掛在廚房裡。寒山子有時候想到要吃飯了，來到國清寺裡面，直接就闖進伙房裡面去；那時兩個人往往會大聲地談話，旁邊的人都聽不懂。當寒山子要離開時，就把那個竹筒往肩上一搭，腳下的木屐「喀！喀！喀！」就走了。

拾得有時候還會指著那個護法伽藍的神像開罵：「你在護什麼寺？你自己該吃的食物被鳥吃了，自己的食物都護不住，還能護什麼寺？」就以木杖子打了護法伽藍神一下。那護法神就向全寺僧眾託夢告狀，說拾得打他；僧眾們都同樣夢見了，於是去看護法神像，果然有一些缺損，也無可奈何，因爲寺裡就需要拾得在伙房裡幫忙，又找不到願意接受這種待遇的人。還有一次，寺裡上供，供養 普賢菩薩；拾得就乾脆爬到供桌上面，面對著佛菩薩的聖像吃起上供的食物來，寺裡面的僧眾知道了，就惹來一群僧眾對著拾得大罵。僧眾們上供是供養 普賢菩薩（大眾爆笑……），僧眾們都不知道他們在那邊供的只是 普賢的聖像，眞的 普賢上桌在這裡吃起來，成就他們上供的功德（大眾又大笑……），僧眾們還罵起眞正的 普賢菩薩來！那些僧眾眞的是無明所罩。這就像現代有些大師拿我古時留下來的語錄爲人講解，今天我當面來講出妙法，他們倒又不信，反而私底下罵我是邪魔外道了，我也沒辦法啦！要等我將來走人了，他們才會信受，眞是無明。這寒山子的背景講過了，現在回到這一則公案來，你們才會知道爲什麼他敢對鼎鼎大名的趙州禪師這樣講話；若不然，一般人大概會笑說：「**寒山子算什麼？敢對鼎鼎大名的老趙州這樣子講話！**」所以我要先講寒山子的背景出來，先有了對寒山子背景的瞭解，接下來這個公案就好講了。

天台山的寒山子，有一天因爲趙州從諗禪師剛好也來遊天台山；因爲中國佛教中有很多人喜歡朝禮天台山，希望有因緣可以遇見文殊、普賢。這個趙州禪師遊天台山，那一天寒山子也去遊天台山，在路上剛好遇見了。既然遇見了，當然就有一些寒喧；寒喧之後，兩人看見路上有一些牛走過的足跡，這足跡很明顯，寒山子就問：「上座！你還認得牛嗎？」這叫作不懷好意，趙州何嘗不知？就故意說：「不識。」表面上的意思是說：「我不認得。」這個「不識」也是雙關語，因為古時禪門中證悟底人，大部分都會講「不審」，「不審」就是不知道。世間人很聰明，都會說：「我知道，我知道！」他希望你別再講了，嫌你囉嗦，所以不斷地說「我知道了」。證悟的禪師很有智慧，偏偏愛說「不知道」；你問他說：「這是什麼？」「不審。」「這是不是蘋果？」「不知道。」都跟你答不知道。每天早上第一次遇見了，大家互相道「不審」；你跟我講「不審」，我也跟你講「不審」。世間人不懂，就問：「到底不審個什麼？」所以禪門跟世俗法剛好顛倒。

趙州從諗禪師是當時天下聞名的大禪師，年輕時就悟了，卻是八十歲才出來行腳，哪個大禪師敢不恭敬他？沒料到趙州竟然也說「不識」，意思是說「我不認得」。寒山子當然知道老趙州意在何處，但是也得要當面分辨緇素才行啊！於是就伸手指著牛走過的足跡說：「這個是五百羅漢遊山。」如果我們沒有弘揚這十幾年的佛法，如果在十幾年前有一天遇見了哪位大師，我就指著那些狗留下的足跡說：「這是羅漢遊街。」管保被罵死了，因為那些大師們根本不懂禪。那麼寒山子說：「這是五百羅漢遊山。」趙州就故意問：「既然是羅漢，為什麼卻把他喚作牛呢？」原文是「因什麼卻喚作牛去？」這個「去」字是現在的閩南語，古時的河洛話。古時候的河洛話，譬如說有個東西斷了，就說「斷去」，現在閩南話也叫作「斷去」。可是你如果用現在的國語說「斷去」，人家會說你：「這個人講話怎麼這樣講？」所以，「因什麼卻喚作牛去？」你用閩南語來讀就通了（平實導師接著以閩南語說）：「為什麼嘎叫作牛去？」這就很順了！我們小時候老人家都這麼講，現在這些閩南語很多都已經在消失中。

趙州明知故問：「既然是羅漢，你為什麼把他喚作牛去？」寒山子並沒有解釋，竟然說：「蒼天啊！蒼天啊！」竟然假裝哭泣喊起老天來呀！人家說哭天搶地，寒山子這個就叫作哭天，可就喊著老天而假裝哭起來了。這老趙州，他八十歲以後才開始行腳，但他很年輕時就證悟了，可是一直都沒有去行腳，直到八十歲了才開始行腳勘驗諸方老宿。假使我能活上一百二十歲，我也會在八十歲以後開始行腳，那時可要諸方道場行腳去，除非那時弘法大業還是忙個沒完。結果老趙州不但沒安慰寒山子，竟然還呵呵大笑起來了。於是寒山子就問他：「作什麼？」當然要問他，沒有勘驗清楚是不行的。結果卻是換老趙州大聲哭起來說：「蒼天啊！蒼天啊！」換他來哭了。寒山子當然心知肚明，這兩個門裡人，眞是作家相見。

勘驗過了，確定老趙州眞是證悟了，可是寒山子卻這樣給老趙州下個評語：「者小廝兒，卻有大人作略。」小廝兒，「小廝」在商店裡面人家喚作什麼呢？就是店小二；專門在店裡跑堂打雜的，通常都是十來歲的孩子在擔任。這老趙州八十歲才開始行腳，這時候已經八十好幾、九十好幾了，寒山子卻當他是個小孩子，叫他作「小廝兒」，意思是說：「這個小孩子，卻有大人的作略。」在佛門裡面，什麼叫作大人？悟了才是大人，還沒有悟以前都是小人。以前「小人」是很平常的用語，是一般人對上位者的自稱；如今小人二字變成奸詐之徒，古時候小人不屬於奸詐之徒。當時寒山子與老趙州對話時說他是小人——小廝兒，是指還沒進入諸地聖位中，還不是聖位菩薩所以還不是大人，這並不是嘲笑老趙州的意思。

諸位看看，寒山子指著那些路上的牛跡說：「這是五百羅漢遊山。」這話驚天動地啊！這可不是小事哦！當時老趙州聽了，當然得要跟他弄出個名堂來，才能了結這件公案，所以就故意問他：「既然是羅漢，爲什麼把他叫作牛？」所以雙方往來都有機關。寒山子開口問他：「你還認不認得牛呢？」這也是不懷好意的問語，綿裡帶針、話中有刺，可是趙州答話也是不懷「好」意。古時候牛很平常，現在很多年輕人從小住在都市裡面，吃過好多牛肉了，還不曉得眞的牛長什麼樣子，只看過圖片而沒有眞的見過牛。可是古時候的人都不吃牛肉，卻都知道牛長什麼樣子。當然，老趙州那時已經八十好幾、九十好幾了，一定是見過牛，他卻故意說不認得，因爲他轉依了眞牛如來藏，如來藏什麼都不認識，當然要答個「不識」。如果要長篇累牘來講，當然也可以這樣解釋：如來藏離見聞覺知，所以祂根本不會認得什麼；老趙州既然證悟而轉依如來藏了，當然要回答「不識」。這意思當然不是那些自以爲悟的大法師們所說的：「禪師說話都不依常理而說，常常要說反話，這就是禪。」可是禪門裡面的問答，其實不是這個道理；但也不跟你講佛法中說的第八識離見聞覺知等道理，因爲那是講經座主等法師應該要說的事情。這是只有經師才會這樣說底事情，老趙州是禪師，所以他直接就講「不識」。好了！他講了「不識」，寒山子當然得要與老趙州以家裡人的身分相見，所以指著牛的足跡說這是五百羅漢遊山。

二乘聲聞人若是讀到這個典故時，心中一定氣死了：把我們最高的聖者說是牛。雖然他們不會把心中生氣的事情現行出來，但生氣的習氣種子還是會有的，於是臉上就有了不悅的表情。可是菩薩這話並不是輕視阿羅漢的意思，菩薩說的是：**阿羅漢是牛、菩薩是牛、佛也是牛，統統是牛，只不過此牛非彼牛**。既然如來藏就是大白牛，爲什麼把阿羅漢也喚作牛呢？當然是有道理。這個道理在哪裡呢？寒山子就告訴老趙州：「**蒼天啊！蒼天啊！**」表面上看來就好像一般人遇到挫折時大哭說：「**老天爺啊！老天爺啊！**」一樣的嘛！老趙州當然心知肚明，他就反過來，故意呵呵大笑。在這個過程裡面，雙方都直接在示現自己的牛——如來藏，把他的眞如法性充分地顯露出來，可是悟緣未熟的人一定會落入色陰、識陰、行陰之中。可是到此爲止，到底老趙州是眞的知，還是裝模作樣？這寒山子總得要把老趙州剿絕了，才能完全準確的判斷，不會錯判。因爲天下野狐無數，漫山遍野莫非野狐，都會學一些公案作略來矇混，所以一定要剿絕才行，這時候當然要問趙州：「你這樣大笑，是作什麼？」要看趙州懂不懂寒山子呼天搶地到底是在指示什麼，所以問他說：「你作什麼？」這一下可就換老趙州大哭起來：「蒼天啊！蒼天啊！」寒山子這時已經把老趙州剿絕了，老趙州不得不露出肝膽肺腸來；這時證明老趙州確實眞悟了，所以才稱讚他說：「這個小廝兒，倒是有大人的作略。」

小廝兒，是很輕蔑的一句話，表示老趙州縱使眞的悟了，可是他在成佛之道中的位階還是不很高的。可是你們若想要讓寒山子稱你一聲小廝兒，還是不容易的；因爲那得要有天大的福報，否則還見不了他，因爲古來曾經面見 文殊的禪師其實也沒幾位。雖然寒山子罵老趙州是小廝兒，其實卻是稱讚他眞的悟了，才能有這種大菩薩的作略。

這老趙州是何等人物？當時天下沒有誰敢不服他。譬如有一天老趙州上堂開示時，用三祖僧璨《信心銘》中的偈來說：「至道無難，唯嫌揀擇。」又說：「才有語言，是揀擇，是明白。老僧不在明白裏，是汝諸人還護惜也無？」既然說至道無難，只怕落入洞然明白中，還說不可以揀擇，那麼參禪人究竟該怎麼辦呢？這兩句話看來是自相衝突的，聽聞他開示的僧人當然有問了：「既不在明白裏，護惜箇什麼？」問這是什麼意思？既然師父您都不住在明白裡，那就什麼都不知道了，還能護惜什麼法身慧命呢？爲什麼還要教我們護惜呢？沒想到老趙州竟然回答說：「我也不知道。」師父都不知道了，那我們這些徒眾們又該如何護惜呢？所以就反過來質問道：「和尚既不知，爲什麼卻道不在明白裏？」您趙州禪師既然不住在明白裡，顯然是什麼都不知道的，如同悶絕了一般，又如何能夠向我們開示說自己不住在明白裡？這個徒弟連著問，弄得老趙州幾乎沒辦法答了；若是一般禪師，到這裡可就窘了；可是他老趙州倒是隨時隨地都有出身處，就回答說：「問事即得，禮拜了退。」意思是說，如果有事情要問的話就趕快問吧！若是無事，那就禮拜了以後退下去辦事吧！可謂事理皆俱。

這趙州可厲害了，他隨便一轉都通，所有家裡人都無法輕嫌他什麼，何況是寒山大士的妙覺位智慧呢？所以說，家裡人相見，像這樣子說話，旁邊還沒有開悟底人，或者剛悟而沒有發起差別智底人，又能聽懂什麼？因此，寒山子來到天台山國清寺裡面，在伙房裡面跟拾得兩個人一面燒火、一面大聲說話，旁邊其他的僧人有誰能聽得懂？所以兩個人講話很大聲，震天價響，旁邊所有人竟然沒有一句聽進去，乾脆就說是「不聞其聲」。然而，名聞天下、人人敬畏的老趙州，來到寒山子面前，也不過就是小廝兒。國清寺那些愚癡人，竟然敢嘲笑打罵寒山與拾得二人，眞是不知死活。

我特地舉出這個公案來，在告訴你們什麼呢？前面引述《楞伽經》中說的法義，也說有三種阿羅漢，其實道理都一樣；你們每個人自身中都有一個人，那個人不是生滅無常的假人，祂才是永存不死的眞人；那個眞人不貪、不瞋也不癡，那麼該不該稱祂爲阿羅漢？該嘛！可是依舊不能稱爲佛，因爲還沒有成佛，還有習氣種子未曾滅盡，還有異熟果愚尚未滅盡。佛世迴心大乘底阿羅漢們也很努力修行，住阿蘭若處修苦行，藏六如龜、防意如城，目的就是要像身中這個阿羅漢一樣。人人身中都有這樣一個阿羅漢，從來都不與三毒相應，不像我們五陰一天到晚落在三毒中。諸位要打量看看，你身中這個阿羅漢到底在哪裡？也許你說：「就是那條牛啊！」咱家就要問你：「是哪條牛？」你得要把牛拉出來，我才能夠相信你眞的找到牛了。

因爲這條牛是無價之牛，「價值連城」還不足以譬喻祂，祂眞的無價。也因爲從來沒有人曾經買賣這一條牛：有的人不願賣，有的人買不到，所以到現在爲止，無始劫以來到現在沒有人買成功過。《浮士德》說他用靈魂去交換在世間裡所想要的，可是靈魂算什麼？靈魂只是中陰身而已；但是這一條牛，他們都不懂。這一條牛，有人出高價願意買，可是不管價錢多麼高，菩薩都說不賣；可是遇到有緣的人，菩薩說：「我把你的牛送給你，不用買。」你說：「世間哪有這種牛？這麼奇怪！」或許有人會質疑：「既然是我自己的牛，爲什麼還需要你送給我？」因爲你找不到嘛！菩薩幫你找出來，不就是送給你嗎？也許有人愚癡地說：「那我賣給你啦！這條牛只要三百億美元就好了。」可是等他知道那一條牛是什麼的時候，他會立刻反悔說：「不行！不行！你再多給我一千億美元，我也不賣。」他又不賣了！眞要把他那條牛拉走的時候，他又不賣了！可是菩薩卻說：「你不賣才對，因爲我給你那麼多錢，我也拿不到手，這條牛永遠還是你的，我買來幹啥？」所以從無始劫以來到現在，這條牛，沒有買賣成功過。既沒有人買成過，也沒有人賣成過，因爲不能成功；既然不曾成功，就像俗話說的「有行無市」，現在可卻變成既無行也無市，因爲沒辦法開價，開了價也沒辦法成功買賣，所以祂眞的叫作無價之寶。

可是這條牛都在你身上，跟你五蘊同在一起，可卻不是跟你的五蘊混合起來而不可分的，因爲死後就會分開了！生時是不可分離的，所以《阿含經》中講五蘊跟祂的關係說「非我、不異我、不相在」。祂不是五蘊我，但是五蘊卻依附於祂而存在；五蘊其實是祂的一部分，所以又說五蘊不異這個眞我；可是五蘊與這個眞我，兩者不是混合在一起的，只是同時同處，可是不混合在一起，未來是可以分開的——不相在。講到這裡，諸位知道這些實相正理了，這一條寶貝牛到底在哪裡，何不請出來相見呢？你要是能夠請出來相見，般若諸經你就自己可以讀通了，絕對是三賢位的不退菩薩。

三賢位的第七住不退菩薩，這個果位很迷人，眞的迷人！因爲你只要證得這個果位，阿羅漢知道了以後，在你面前就不敢隨便開口了，所以這個果位很迷人。可是也很容易退失，所以禪門有一句話說：「不會如金，會得如屎。」找不到祂的時候，只聽到禪師說的開示，覺得好深奧勝妙，因爲祂使禪師們智慧如海；而自己如今還是找不到祂，所以覺得祂眞的好好，一定是寶貝，好珍貴，只因爲從來都找不到祂。爲了找到祂，也常常讓佛門中的六識論大法師與居士責罵說：「你這個笨蛋！跟邪魔外道學什麼如來藏！」有些人往往因此就退轉了，你卻是寧可挨罵也要學，因爲祂比黃金、白金還珍貴。可是有一天終於開悟而找到了以後，卻說：「這東西也不能賣，不值一文錢。想把祂丟棄，也丟不掉；又是本來就在的，有什麼好珍惜的？如同狗屎一樣。」所以禪門把這個開悟之法叫作金屎法——既是黃金又是狗屎。會者如屎，不會如金，所以說祂眞的是寶貝。既然本來就在你身中，何不請出來相見呢？也許有人聽過牛叫，那不妨就學著說：「哞——。」啊哈！相見了！可是等到見了以後，才知道說：原來我們一家都是牛。豈只一家而已，普天下都是牛！

《金剛經》就是要這樣講，這才叫作《金剛經宗通》。當你找到了牛，有一天你斷盡了思惑成爲菩薩阿羅漢了，你可不會再向任何人說「我是阿羅漢」了！所以如果有誰到你面前來說：「我是阿羅漢。」你就說：「你眞的是阿羅漢，是狗屁阿羅漢！」因爲他該罵。菩薩阿羅漢不會說他是阿羅漢，也不能說他是阿羅漢，因爲阿羅漢只是五蘊所當的，卻是生滅而無常的；但菩薩身中的眞阿羅漢卻從來都不了知自己是不是阿羅漢，根本沒有「自己是阿羅漢」之想，這才是眞正的菩薩阿羅漢。所以，「若阿羅漢作是念：『我得阿羅漢道。』即爲著我、人、衆生、壽者。」因爲五蘊我還在，「我」依舊具足存在，沒死掉。所以須菩提正好就是這樣說，他不作是念：「我得阿羅漢道。」他也不作是念：「我修阿蘭那行。」所以他才是眞的菩薩阿羅漢。因爲須菩提悟了以後轉入大乘了，他知道從二乘道來說，既然對自我全部否定了，對我所的執著、自我的執著也全部滅盡了，死後已經能夠把自己全部滅盡，不留下十八界的任何一界了，那到底還有誰可以是阿羅漢？所以從二乘法來講，也沒有誰是阿羅漢，這樣才是實證阿羅漢果。可是當他轉入大乘以後又悟得如來藏了，悟得這個不念心以後，從這個不念心、從這個無心相心的立場來看，從來不起分別與了知，也沒有誰眞是阿羅漢，所以祂絕對不會說祂自己是阿羅漢。從這樣的證境來講，也沒有遠離行、寂滅行可說了，還有誰能夠稱爲「修阿蘭那行」呢？

所以五、六年前，我有一次在個麵攤吃麵，有個男衆跑來跟我講，說他是阿羅漢，你們說：我該不該否定他？當然該！所以他被我否定是活該，因爲他一直在堅持說他是阿羅漢。我說：「阿羅漢還有自稱爲阿羅漢的嗎？」講了一大堆正理給他，我說：「你的意識我見都還在，一直認爲你這個意識心一念不生可以住在無餘涅槃中，這就是我見。我見沒有斷，連初果都不是，怎麼可以說是阿羅漢呢？」他最後不講了，離開前，他說：「我不跟你講了，你眞的很會講話。」接著轉頭要出門去，因爲那時是夏天，開冷氣，他把玻璃門拉開，走出門外轉過身來要關門之前又說：「我自己知道我是阿羅漢就好了，你承不承認都無所謂啦！」然後這樣關起來「叩！」走了，佛法中有這樣的阿羅漢嗎？眞正斷我執的人，他也不會去跟人家說他是阿羅漢。

只有一個情形下他才會講，就是當人家毀謗他是凡夫，而他確認自己是阿羅漢了——因爲自己已經可以不受後有；如此自知作證，並且 世尊也已經授記說他是阿羅漢。他憐憫那個無根毀謗的人，恐怕毀謗了以後會下墮地獄；爲了救他，所以阿羅漢就去打雲板集眾，要那個人當眾懺悔，否則他死後會下地獄。只有這個情形下，才會自稱是阿羅漢，否則都不會的。可是大乘菩薩不但如此，還要找到那條大白牛，然後每天騎著牛到處跑。當他騎著牛到處跑的時候，也許他想一想，反正閒著沒事，開個玩笑說：「牛啊！牛啊！你知道你是阿羅漢嗎？」早知道這條牛對他的問話充耳不聞。可是菩薩說：「牛啊！牛啊！咱們明天去台中。」牛也不會答應一聲說：「哞——。」祂也不會。應該有人心裡這麼想：「這條牛到底是什麼物事？眞奇怪！」那麼，你們聽我說了這麼久，我也把牛牽出來了，那麼清楚分明，到底你們看見了沒有？如果看見了我這條牛，你也就看見你自己那一條牛，你就懂得說：「原來正覺講堂裡全都是牛！」

〈莊嚴淨土分〉第十

【佛告須菩提：「於意云何？如來昔在然燈佛所，於法有所得不？」「世尊！如來在然燈佛所，於法實、無所得。」「須菩提！於意云何？菩薩莊嚴佛土不？」「不也！世尊！何以故？莊嚴佛土者，則非莊嚴，是名莊嚴。」「是故，須菩提！諸菩薩摩訶薩應如是生清淨心，不應住色生心，不應住聲香味觸法生心，應無所住而生其心。須菩提！譬如有人身如須彌山王，於意云何？是身爲大不？」須菩提言：「甚大！世尊！何以故？佛說非身，是名大身。」】

講記：佛陀告訴須菩提說：「你的意下如何呢？如來多劫以前在然燈佛的座下被授記時，對於佛法是有所得嗎？」「世尊！如來以前在然燈佛的所在，對於佛法來說，是證得眞實法，但是並沒有所得。」「須菩提啊！你的意下如何呢？菩薩有在莊嚴佛土嗎？」「沒有的！世尊！什麼緣故而這樣說呢？莊嚴佛土的時候其實就不是莊嚴佛土，這樣才可以說是莊嚴佛土。」「由於這個緣故，須菩提啊！所有菩薩摩訶薩們應該像這樣出生清淨心，不應該住於色塵上生心，不應該住於聲香味觸法上生心，應該在六塵中都沒有所住而時時生其心。須菩提啊！譬如有人身量廣大猶如須彌山王一樣，你的意下如何呢？這樣的身量是不是很廣大呢？」須菩提回答說：「非常大呀！世尊！這是什麼緣故呢？佛說不是色身，這才是所說的眞正大身。」以上依文解義，並非完全正確；那麼眞正正確的說法又如何呢？咱們就來一一解說。

〈莊嚴淨土分〉這一品是第十品。佛陀告訴須菩提說：「你的意下如何呢？我釋迦牟尼以前在然燈佛那裡時，在佛法上面究竟有沒有所得呢？」須菩提答覆說：「世尊！如來以前在然燈佛那裡，於**真正的佛法**上面來說，是**證得真實法**，但是**卻無所得**。」佛陀又進一步提問：「須菩提啊！你的意下如何呢？證得佛菩提的菩薩摩訶薩們，究竟有沒有莊嚴佛土呢？」須菩提隨即又回答說：「沒有啊！世尊！爲什麼呢？因爲證悟的菩薩摩訶薩們，當他們莊嚴佛土的時候，其實並不是在莊嚴物質表面上所看到的佛土，這樣才是眞的叫作莊嚴佛土。」須菩提講得很正確啊！於是 佛陀作了一個結論說：「正因爲這個緣故，須菩提啊！諸菩薩摩訶薩證悟以後，都是要像這樣子生起清淨心，不應該想要把自己底眞心住於色法上面而運作，也不應該把眞心住於聲香味觸法上面來運作，應該對六塵都沒有所住而不斷地運作你的心。」這樣明確開示過了，世尊又說：「須菩提啊！就譬如有的人，色身非常廣大，就好像須彌山王那麼大，你的意下如何呢？他這個身量是不是很大呢？」須菩提答覆說：「非常大啊！世尊！爲什麼這樣說呢？因爲佛說的不是色身，才能叫作大身。」

這個莊嚴淨土爲什麼要特別提出來講？佛特別提出這一點來說，當然有祂的道理，不是毫無道理，其中一定有很深的用意。這個莊嚴淨土是一切菩薩證悟之後必須要作的，你如果沒有莊嚴淨土，將來就不能成佛，所以莊嚴淨土非常重要。可是，這個淨土到底是要怎麼樣來莊嚴呢？剛剛聽這一段經文的解釋，好像沒有淨土可以莊嚴，才叫作莊嚴淨土；有的人自作聰明說：「那太棒了！我都不用去莊嚴淨土，這樣就是莊嚴淨土了。」就像很多人誤會了禪師的意思一樣，禪師會告訴你說：「所謂吃飯，即非吃飯，是名吃飯。」似乎是說沒有吃飯才是眞正的吃飯，這樣子不是都要餓死了嗎？於是依文解義者心裡就想：「因爲吃飯就不是吃飯，既不是眞的有吃飯，那要吃什麼？眞的不能吃飯嗎？那不是要餓死了？」這叫作門外漢。

其實禪師講的是說，在禪門裡面所說吃飯的，是沒有吃飯的；吃過飯以後知道了什麼叫作沒有吃飯，那才叫作眞的懂得吃飯。禪師不是常常講嗎？「終日吃飯，不曾咬著一粒米。」一年到頭都在吃飯，一天三餐吃了，結果竟然說幾十年來都不曾咬過一粒米。難道那些飯都白吃了嗎？其實沒有白吃，因爲吃飯的時候既有個吃飯底，也有個不吃飯底；可是那個一年到頭在吃飯底，他從來沒有吃到飯；另外那個吃了以後說「好飽、好飽」的那個人，總是說：「好飽好飽，我吃完了。」他其實也沒有吃到飯。所以有人就問，或者禪師問你：「有一人常年吃飯不道飽，有一人常年不吃飯也不道饑，請你說說看，這兩個人到底是同一個人？還是兩個人？」一個是常年吃飯不說他飽，一個是常年不吃飯卻不曾說他餓——永遠不道饑，到底這兩個是同一個？還是兩個呢？

一般人聽了就覺得傷腦筋，因爲既然一年到頭在吃飯，怎麼可以說他不飽？另一個則是一年到頭都不吃飯，怎能說不饑？這樣看來是有一個常年都有吃飯的，另有一個是常年都不吃飯的，顯然是兩個。是呀！是兩個。因爲從語意學上來說，這一定是兩個：一個一年到頭吃飯，一個一年到頭都不吃飯。可是你若講是一個，我就給你一棒；你若是講兩個，我也是給你一棒。有的人很聰明，就說：「我知道了！那叫非一非異啦！」那我就給他三棒！因爲又繞遠了。所以很多人怕見禪師，因爲你不論怎麼樣說都錯。可是等到你有一天悟了，你隨便開口一句話，禪師就會放過你，就會認同你，因爲你那時已經懂得如何跟他以家裡人的方式相見、說話了。所以，「莊嚴佛土者，則非莊嚴，是名莊嚴。」這不是在繞口令，也不是告訴你說：「你不要管它，一切放下，就是莊嚴佛土。」不是這個意思。而是說，你要不斷地莊嚴自己的佛土，可是不斷莊嚴佛土的過程當中，要知道其實並沒有在莊嚴自己的佛土；這樣的人，才是眞正在莊嚴自己佛土的人。既然如此，當然要探討說，什麼是莊嚴佛土？爲什麼莊嚴佛土、莊嚴淨土這麼重要？因爲你如果沒有莊嚴自己的淨土，你將來是沒有佛土的，你就永遠無法成佛。

可是佛土、淨土到底是怎麼莊嚴起來的？一般人在說淨土時，就說：「我知道了，就是極樂世界。」另一個人又說：「我知道了，還有一個琉璃世界。」然而那都是表相上的淨土、佛土，不是眞正的淨土、佛土。他們總是想：「這娑婆世界叫作堪忍世界，是五濁惡世，不清淨，我不要再住這裡了，我下一世要去極樂世界淨土居住了。」可是去到那裡以後，他將會發覺：原來極樂世界並沒有比娑婆世界好。可是對於那一些開悟無望的人來講，極樂世界遠比這裡好；因爲金沙鋪地、八功德水「尋樹上下」而說佛法，住在寬廣五百由旬的蓮花大宮殿中什麼都有，眞的太棒了！而且在那邊時，若是想要喝一碗永和豆漿，也可以應念即至，不管你想要什麼都會有。但是 佛陀卻說這娑婆世界也是淨土，他方世界也有許多人因爲諸佛的推薦而求生到娑婆世界來。那麼也許你又想：「娑婆世界這樣髒，有什麼好？我才不想再繼續住下去。」可是別的世界那些凡夫菩薩們想要求生娑婆的人，其實也不少。也許你心中抗議說：「哪有？你可別矇我！」但我說的是老實話，我不矇人的。

娑婆有什麼好？有！因爲娑婆世界裡還有善知識，又因爲娑婆世界是短劫，其他的佛世界淨土是長劫；你在那邊修到十住位滿心時，另一個人到娑婆世界來，只要有因緣遇到善知識，修證很快；當那個人在清淨世界修到十住滿心時，這個人生來娑婆已經不曉得修到幾地去了，那你說娑婆世界好不好？好呀！表面上看來這是個穢土，但這其實也是個淨土；所以十方諸佛也讚歎 釋迦牟尼佛在這個五濁惡世利樂眾生，難道十方諸佛讚歎娑婆世界的釋迦佛時，不會順便講一講娑婆的好處嗎？否則爲什麼要讚歎？因此，娑婆世界的好處就是在污濁世界中現見清淨佛土，這個清淨佛土就是你的自心佛土。假使你不信，你就試著學學看，等到有一天親證了這個自心佛土，你說：「**我捨報以後，去極樂世界瞧一瞧，看看阿彌陀佛講的自心佛土是不是這個？**」去到那邊聽過了，也眞的瞧過了，原來還是這個第八識自心如來。

上從 阿彌陀佛，下至中品中生乃至下品生到那邊去，剛剛出離蓮胎的凡聖同居土的諸菩薩們，你一瞧：「**還是這個。**」也許在那邊想一想過後，心裡不信邪：「**再不然，我轉回頭經過娑婆世界再過去，我到琉璃光如來的琉璃淨土看一看。**」因爲去到極樂世界時可以承佛神力，隨時可以到十方佛世界去；於是經過娑婆世界就想：「**我不要看這裡，因爲上一世就是在這裡悟的，我知道是這個。**」於是經過娑婆繼續前往琉璃淨土去了，去到那邊一看：「**原來琉璃光如來也是這個，座下的菩薩們也都是這個第八識。**」終於心中大定，不再懷疑了！然後那時坐下來，也許你就想到說：「**我記得上一輩子在娑婆世界正覺講堂聽《金剛經宗通》時，蕭平實講解莊嚴佛土，原來眞的還是要莊嚴這個佛土。**」那時候你就會感恩戴德：原來蕭平實幫我證得這個自心佛土，還眞的是妙。

古人說「上窮碧落下黃泉」，眞是要很辛苦上天入地；但我們正覺菩薩可不必這樣，而是知道十方世界來來去去都是祂。然後回頭遇到那個寫這句詩的人，就告訴他：「你講『上窮碧落下黃泉』，我告訴你，其實你自己都不知道這句話的眞正意思，但我知道。」他質問你說：「豈有此理！我寫的詩，我竟然會不知道，反而是你比我更知道？」你就重複說：「你眞的不知道，而我知道。」他要是不信，你就問他：「請問你：上窮碧落下黃泉，是阿哪個？」他一定回答說：「就是我呀！」你說：「你這個是假人，死後就滅盡了，但你還有另一個眞人，祂會幫著你上窮碧落下黃泉，你知道嗎？」這可就叫他啞口無言了，除非他連五陰生滅的道理都不懂，是個愚癡人。

所以，莊嚴淨土是該莊嚴什麼？是要莊嚴你的自心如來。莊嚴自心如來以後，你將來成佛了，過去曾經聽你說法或者因爲你所幫助而證悟的菩薩們，都會生來你的佛土中。有很多人要生到你的佛土來，這些人的第八識跟你的第八識配合，自然會成就了一個新的佛世界，這樣才是眞的莊嚴佛土。菩薩就這樣作，生生世世乘願再來，不斷地利樂眾生，幫助眾生證悟；這些人跟隨他學法，悟或者不悟都可以，將來他的成佛因緣就靠他所度的這些人；單獨一個人沒有辦法成佛的，因爲佛土不能成就。當他利樂了這麼多人，這些人都跟他有緣；後來這些人得道的因緣成熟了，就是他成佛的時候；所以他成佛的時節因緣到來的時候，這些人的自心如來都會共同跟他製造出一個世界出來。

也就是說，這些有緣人和你的如來藏共同成就了一個佛世界，這樣你就能夠成佛了。你如果沒有莊嚴佛土，就無法成佛；所以莊嚴佛土時不但要莊嚴自己的自心如來，還要莊嚴大眾的自心如來。當你這樣莊嚴佛土的時候，有沒有佛土可以莊嚴？沒有！所莊嚴的佛土都是大家的自心如來。這樣的莊嚴佛土，有沒有表面上看得見的佛土可以莊嚴？當然也沒有，但這樣才是眞正的莊嚴佛土。所以既然你發了四宏誓願「佛道無上誓願成」，那你當然要莊嚴佛土；若是不莊嚴佛土，你就無法成佛。

所以每一個人修學佛菩提道以後，遲早都得要出來度化眾生；但你的度眾因緣若是還沒有到來，你就作外護的工作，擔任外護善知識，是間接的度眾，與說法度眾的善知識共同成就度化眾生的共業。如果外護善知識也沒能力作，那你就當同行善知識也行；只要肯一步一步去作，最後一定會漸漸成熟親自弘法度眾的因緣。所以一切菩薩最後都一定要出來弘法，但是正式爲眾生說法之前的所有外護善知識……等工作，其實也是在攝受眾生及莊嚴佛土，只是層次不同罷了，也是每一位已在度眾的菩薩們過往多劫都已曾經歷的過程。所以將來有一天、有一世或者有一劫，終究會有一個時間到來，你要以悟者的身分來爲眾生說法而直接利樂眾生。你若是沒有一世又一世不斷地利樂很多的眾生，將來你就無法成佛；因爲你的佛土不能成就，原因是沒有攝受及莊嚴眾生的佛土，所以莊嚴佛土的事情很重要。

可是莊嚴佛土並不是像上帝那樣，去敲敲打打、揑揑做做，因爲這些事情都交給你的如來藏去作就行了，也交給你所度化的有緣人各自的如來藏共同來作就好；你儘管讓祂去作，操勞不死祂的；你不必擔心把祂操死了，如來藏是永遠都操不死的。你只管努力去度化眾生，這些人跟你的因緣結得很深了，將來自然而然便會與你的如來藏共同成就一個佛土；是由大家的如來藏共同來成就，不必你來作。所以你如果不度人，老是躲在深山裡面每天入定去了，覺得好痛快！這一入定，四個鐘頭便過去了；下座走一走，正好吃飯。就這樣子過日子，確實是寫意啦！可是在佛道上就不寫意了，人家早就跑到好幾地去了，他還在三賢位裡面清閒地混著，所以莊嚴佛土很重要。

可是莊嚴佛土的事情，得要從自己的自心如來的莊嚴開始；當自心如來莊嚴夠了，證悟的條件就成熟了。條件成熟以後便證悟了，再轉依如來藏，更快速的加以清淨；心中的種子越來越清淨了，佛土就越來越莊嚴。佛土莊嚴夠了，表示你度化的有緣眾生非常多，大家的如來藏共同變現出一個清淨佛土來，那就是你成佛的時候到了！所以莊嚴淨土非常重要，必須既莊嚴自己的佛土，也要莊嚴所度眾生的佛土，這是成佛之道所必須的；所以菩薩道不能夠躲起來自修自了，因爲這樣沒辦法成就菩薩道。《維摩詰經》佛對寶積菩薩也有開示過：「欲得淨土當淨其心，隨其心淨則佛土淨。」大家應該都還記得吧？《勝鬘經》中也說攝受佛土即是攝受眾生，大家也應該還記得吧？所以這個莊嚴佛土就是從清淨自心如來而來，想要清淨佛國佛土，要靠自己努力清淨眾生的自心如來而產生莊嚴的結果。清淨佛土其實就是攝受佛土，《勝鬘經》既然說攝受佛法就是攝受眾生，攝受了眾生就是攝受佛土，所以說攝受佛法就是攝受佛土；所以想要成就未來果地的佛國淨土，並不是靠一己之力，而要努力去幫助有緣人，由大家的如來藏共同來示現清淨佛土。

所以，以前有人想過一個問題說，極樂世界到底是有多大？佛說將來娑婆世界有七百二十億人要往生去極樂，那邊不是擠死了嗎？這表示什麼？表示他對佛法沒有深入的瞭解，對淨土也沒有深入瞭解；每當有一個人發願要往生極樂世界，那個七寶池就多了一分出來，蓮花就多了一朵出來；五十萬人發願要往生，極樂世界就會多出五十萬人份的七寶池，就多出五十萬朵的清淨蓮花。這都是由如來藏去創造出來的，上帝沒有那個能力。上帝的七天創造世界的說法，其實也不是上帝講的；因爲那樣的上帝並不存在，是人類創造了那樣的上帝，才會有那種說法。所以哲學界一直在追問：「**上帝在哪裡？**」有誰能明確感應到這樣的上帝現身來跟他說法呢？有誰能重複驗證上帝的存在呢？都沒有。從來都是只有神蹟，而神蹟是可以由別的欲界天神來成就的，卻始終沒有創造世界的上帝存在。所以，哲學界很流行一句話，專門跟一神教唱反調；一神教說是神創造人類，哲學界說是人類創造上帝。

可是佛門裡面不一樣，許多人感應到釋迦牟尼佛來爲他說法、來爲他示現機鋒，終於可以證悟實相而出生了般若智慧。所以，有些人禪三前幾天釋迦牟尼佛給他機鋒，這些人之中，有的人看到佛陀給的機鋒而開悟了，有的人看到了機鋒卻還不知道是什麼，於是小參來問我說：「奇怪！我夢見佛陀來了，怎麼又不跟我講話就走了？」佛是存在的，有許多有緣的人都可以感應到的；而 佛陀教導的自心如來也是可證的，不是憑著想像而編造出來的。所以當你知道了這個自心如來的功德，也能夠發願去利樂有緣人時，這就表示你正在莊嚴你自己的淨土了，也正在莊嚴有緣人的淨土了，這才是眞正的莊嚴淨土、莊嚴佛土。

可是當你出來度化眾生的時候，看見眾生被大師們誤導而不忍心，不得不把勝妙法提出來爲眾生解說。但是有一些悟錯底人，本來就已示現悟者的身分；後來看到你的說法跟他講的不一樣，他心中就生出幾顆酸葡萄來了，他就毀謗你說：「有什麼明心可得？你說那麼多幹什麼！」我們出世弘法以來，一直都聽過這樣的話。如果你出來弘法而都沒聽過這樣的話，表示你的開悟一定是假的，因爲你一定是跟他們一樣落入意識中。正因爲你被人家那麼說，甚至被罵成邪魔，被罵是外道，那才能表示說你是證悟者；原因是你講出來的開悟內容是第八識，與他們錯悟所墮的第六識不同。所以如果有人被罵邪魔外道，你就可以打包票說他一定是跟罵他的人不同；有可能是開悟的人，但也有可能是還沒有開悟的人。因為那些罵人的都是落在意識上面，都不是在作法義辨正，而是作人身攻擊；當你被他罵邪魔外道時，表示說你沒有落在意識裡頭，所以你是開悟者。就好像古時的開悟者被雍正皇帝指斥為「一無可取」一樣，因此以後被凡夫大師們罵成邪魔外道的人，有可能正好是證悟者。

雖然佛法裡面常常說：「無所得，畢竟空。」可是，無所得難道是無常空、斷滅空嗎？畢竟空難道是無常空嗎？無常的空會是畢竟的空嗎？其實都不然。因為無常的空，那種空是不究竟、不畢竟的。如果佛法中說的無所得就是無常空、斷滅空，就是究竟的空，那麼大家乾脆跟著斷見外道學習就好了，何必要勞動人天至尊的 釋迦牟尼佛那麼辛苦來人間示現呢？而且 佛在四阿含諸經中曾說：佛法不是斷滅法，是眞實；又說五蘊無我，卻同時又說有我。所以實相般若中的無所得的意思，並不是在講世間法上的無所得。如果佛法實相般若也是在講世間法中的無所得，都是無常，那麼飯吃了等於沒有吃，錢賺了也等於沒有賺，都同樣只是一世就永滅無餘了，就跟斷見外道一樣了，那又何必吃飯、何必賺錢？那也不用辛苦修學佛法了。若是這樣的話，當大師正在宣說無所得的時候，你就冷不防給他五爪金龍，他也不該罵你，因爲他被你打了一巴掌以後還是無所得嘛！既無所得，他就沒有得到這一巴掌，爲什麼要罵你？他若是罵你，可就罵得沒道理了！

所以世間法上都是有所得也有所失，可是這個現象卻也跟實相法界同在一起，因爲在實相法界中是從來無所得亦無所失的。佛法的眞正道理，就是要你以這個有所得有所失的五陰，來證另一個從來無所得也無所失的實相法界；證了以後你的實相智慧生起了，但你的實相法界依舊是保持原來無得亦無失的狀態，不因爲你有了實相智慧而使祂改變，這才是眞正的佛法。一般人自以爲悟了就說：「一切法空，一切無所得。」然後就目空一切。既然是無所得，請問：「你出家幹什麼？你就不該繼續出家，應該去買一瓶巴拉松喝了，立刻死掉埋了。因爲出家對你而言並沒有意義，既然完全無所得，那就把自己滅了成爲斷滅就行了，還要出家浪費世間人的米糧作什麼？」接著又有問題：更多的人歸依三寶、努力修學佛法，那麼辛苦的結果是斷滅空，是一切皆空，那又何必學佛？因爲學與不學都同樣無所得啊！既然同樣是無所得，大家一起死了就叫作一了百了；那麼大家都去享樂等著年老死亡就好了，又何必修學佛法？

所以，佛法不是像他們這樣講的，而是有所得中無所得，有所失中無所失。也就是說，實相法界跟現象法界是同時並存的，《大般若經》六百卷所講的無所得，是在說明實相法界的無所得；證得實相法界的無所得，才能生起智慧，三界中的一切有所得境界也就跟著都成爲無所得了；藉著這個智慧所以一世一世進修，才能成佛。所以，不能夠這樣嫌善知識說：「**你明心就明心了，還出來講那麼多法幹什麼？**」不能這麼講！因爲明心了，親證無所得法，也要跟好朋友、親人、法眷屬分享。那個廣告講得很好：好東西要跟好朋友分享。不能獨善其身——吝於傳法給有緣人，證悟的菩薩不該那麼吝嗇！可是話說回頭，菩薩利他其實是自利，因爲這樣才能莊嚴未來成佛時的佛土；所以爲了莊嚴佛土，必須要利樂有情，利樂有情的結果就能莊嚴自己的佛土。當未來自己的佛土成就的時候，自己成佛了，那個佛土其實是與眾生共有的，因爲不是單單靠自己的如來藏變生出來，這樣才叫作莊嚴淨土。

所以在大乘法中，從來都是無所得又非無所得；無所得中有所得，有所得中無所得；所以是兼具有所得與無所得的，既非有所得亦非無所得，不即兩邊又不離兩邊。法界實相中並不是這兩邊，卻能把兩邊都包含進來，佔盡了便宜，這才是大乘道。所以眞正要學佛法，得要學大乘道；修學而實證大乘道是最快樂的事，佔盡了便宜。當你證悟以後，你跟眾生說：「其實從來都無所得，可是你卻不妨有所得。」那時你有很多智慧可以爲眾生說明般若如何、如何……。當別人在講般若的時候，你知道他是東施效顰，你就問他說：「『所謂般若，即非般若，是名般若』，你老兄講講看！」糟糕了，這一下子，他不敢開口了，因爲不知其所以然。然後他反問：「你不是也跟我一樣在說無所得嗎？可是你爲什麼住幾億元價值的豪宅，還開三千萬元的名貴轎車？」你就說：「因爲我無所得中有所得，你卻是有所得中無所得；所以我可以這樣子而仍然無所得，您若也是這樣子，終究還是有所得而不知實相中的無所得。」

這就是說，菩薩不會即兩邊，可是又把兩邊包含在裡面，不即不離卻又具足兩邊。二乘聖人都沒奈你何，阿羅漢眞的沒奈你何；你們說說看，菩薩道中有這麼好的事，爲什麼不要，偏要去走羅漢道？所以我說，這樣才能夠妙契中道。因此說，二乘法都是在有所得法中用心，然後要滅盡有所得法。五陰—色受想行識—哪一陰可以無所得？都不行欸！假使有人修學了南傳佛法，說他證果了，說是證得三果了，他告訴你說，他都無所得；那時你照樣給他一個五爪金龍，他質問說：「你幹嘛打我？」你就問他：「你既然無所得，這一巴掌，你應該也無所得呀？爲什麼你得了一巴掌？」他氣不過了就說：「我們是在論法，你這個巴掌是在事相上打我！」你回答說：「因爲菩薩無所得。」他又質問：「你到底是怎麼樣的無所得？」那就換你給自己一巴掌：「我就這樣無所得！」他說：「你明明也挨了一巴掌。」你說：「所謂挨掌，即非挨掌，是名挨掌。」這才是眞正的懂得什麼叫挨掌。那你說，阿羅漢敢跟你論法嗎？都不敢啦！

所以，菩薩在理上已經打破了這個迷理無明，那麼二乘法見道所斷的迷事無明，你也就跟著打破了。所以，自從佛世以來，從來沒有一個不斷我見的證悟菩薩；如果我見還在，他不可能是證悟者；所以你聽他開示或者看他的著作，只要落在意識上，不管他說自己是怎麼樣開悟，都是假的；縱使知道如來藏的表相密意，一樣是悟錯了；因爲所有證悟如來藏的人，沒有不斷我見的。這就是說，當他證悟如來藏了，他一定已經同時把迷事無明給打破了，這才是眞正懂得大乘法的人。可是《金剛經》裡面講這個〈莊嚴淨土分〉，就是在告訴已經證悟的菩薩們，千萬不要悟後就把腳抽起來隱居去了；反而是要投入眾生中，爲眾生的道業而努力；因爲只有你自己證悟時，沒辦法成佛的；你一定要莊嚴自心佛土，也要莊嚴眾生的自心佛土；這樣攝受了自己與眾生的佛土，將來你才能成佛，所以莊嚴淨土是非常重要的。

這一段經文，須菩提尊者答覆 世尊說：「**世尊！如來在然燈佛所，於法實、無所得。**」這一句經文，大法師們都這麼講解：「**如來在然燈佛那裡，於法其實都沒有所得。**」錯了！這一句話講的是說 如來在 然燈佛那裡，於法是**眞實**而無所得，也就是**實**而無所得，不是說其實無所得。如果其實無所得，祂怎麼能被授記成佛？所以是眞實、無所得。這跟《阿含經》裡面講的一樣：阿羅漢所證涅槃，眞實、清涼、常住不變，不是斷滅空。爲什麼叫作眞實卻又無所得？當然要探究。也就是說，般若不是在講一切法空，而是在講：依於無心相心、依於不念心，而成就了眞實法；然後轉依這個眞實心，現觀這個眞實心於三界六道十方世界一切六塵萬法中都無所得。是在講這樣的一切法空，不是在講蘊處界空而沒有眞實法，否則就等同於斷見外道的斷滅空了。

這個眞實法，般若諸經裡面有時稱爲無住心，有時稱爲不念心，祂不會去憶念任何諸法，所以不會說打坐的時候突然間如來藏想到說：「我小時候，某甲跟我借了五十塊錢，他到現在還沒有還我！」如來藏不會想起這個事情，會想到的都是意識心。所以你若突然覺知五十年前失掉了五十塊錢，這只是意識心的事；對如來藏而言，祂沒有失掉五十塊錢。也許在明年，那個人因爲賺大錢了，想起這件事情耿耿於懷，所以探聽到你住在台北，找上門來說：「老兄！我這十萬塊錢還給你！」你說：「我什麼時候借你十萬塊錢？」他就跟你解釋：「五十年前，你借給我五十塊錢，我作了一些小生意，慢慢擴大；現在很有錢了，所以用這十萬塊錢還給你，報你的恩。」這時候你的五陰有所得了，可是五陰是虛妄的，這個所得終究還是會壞散，最後依舊無所得；但是目前的五陰卻是有所得，不能因爲覺知心中放下這件事而不想它，就說是無所得。可是內裡人，那個眞人（趙州禪師說「眞佛內裡坐」），你身中那個眞人這時也不會高興說：「哎呀！太划算了！五十年前的五十塊錢，今天變成十萬塊錢，不得了！」你的眞人都不會這樣感覺，都不會生起這種念頭，所以祂也無所得。五十年前祂無所失，五十年後的今天祂還是無所得。佛法就是在這樣無得無失中恁麼得，所以**於法是眞實而無所得**，這才是眞的佛法。

如果無所得時就變成虛妄生滅，那就不是眞實法，就同於斷見外道的斷滅空，不是實相智慧。因此說，由於有這個眞實法，所以才能有三界六道一切法；有三界六道一切法，才能夠用來修行、用來實證佛法、用來莊嚴佛土。這樣子莊嚴了佛土，一生勞勞碌碌，而且又歡歡喜喜地實證佛法、修學佛法，也努力幫助眾生同證佛法；之後五陰壞滅了，有所得的法也都壞滅了；到那時，因爲五陰去不到下一世，所以這一些利樂眾生的善淨種子收藏在如來藏中，轉生到下一世去，這些善業種子、淨業種子都會在未來世具足存在，這些廣大福德種子都具足存在，這樣使得來世有更大的福德資糧，有更勝妙的智慧再來利樂眾生，使得自心如來的種子越來越增上、越來越善淨，智慧跟著越來越深廣；這樣莊嚴了自心的佛土，在一生的過程中藉著假有的五蘊也莊嚴了眾生的佛土。

可是自他佛土都莊嚴了以後，再從實相法界的第八識自身來看自己和他人的佛土，這個唯心淨土有沒有莊嚴可說呢？結果是沒有任何事相上的莊嚴，所以才說：「莊嚴佛土者，則非莊嚴，是名莊嚴。」佛土正是要這樣莊嚴的，而不是用黃金去貼、用玉石去擺設，絕對不是這樣莊嚴起來的，因爲這種事相上的莊嚴佛土都只是生滅法，不是眞佛土。因此號稱正在創造人間淨土的那些人，到處蓋寺廟，屋頂都是黃澄澄的琉璃瓦；高廣大殿中，到處貼滿了金箔。還有一位大法師甚至於跑到日本一個很漂亮的湖邊，把人家一個舊寺院買下來，建設得金碧輝煌美侖美奐猶如仙境一樣，可是他自己的佛土莊嚴了沒有？結果是沒有！因爲都是在意識境界上不斷的打轉，這樣不是在莊嚴佛土，這樣的人間淨土也是虛假的。眞正存在的諸佛淨土，其實就是天界淨土，其實就是諸佛在各種天界中方便建立的淨土；而這樣的淨土因，也同時存在於惡劣眾生的心中，也同時存在於三惡道眾生的心中，因爲全都是因地攝受了眾生，才能在成佛時共同成就。可是這種淨土，他們大法師都不懂得莊嚴，諸位卻要懂得如何莊嚴。

所以，在家人莊嚴淨土時，並不是把房子弄得漂漂亮亮地，然後西裝頭留得雪亮，把西裝穿得很筆挺，又是名牌亞曼尼的；然後腳上的皮鞋是鳧皮製造的，一雙幾十萬元；但是他的淨土莊嚴了沒有？都沒有！可是我們菩薩也可以邋邋遢遢地度過一世，都只是在利樂眾生而不曾對自己的五陰有絲毫莊嚴，但自己的佛土卻是很莊嚴的，眞正越來越莊嚴，這樣才是眞正的莊嚴佛土。可是這樣的莊嚴佛土，你看不到是在莊嚴佛土，因爲所莊嚴的都是自己與所度眾生的自心的莊嚴；所以「**莊嚴佛土者，則非莊嚴，是名莊嚴**」，這就是《金剛經》的公式。你只要找到了如來藏，證得這個不念心、金剛心，你這個公式永遠都可以活用。

菩薩證悟後就稱爲摩訶薩了，當然悟錯了或者只聽到密意而不是自己眞正參究所得的人，不可能轉依成功而仍然住在身見中，就不是摩訶薩了。眞悟而成爲摩訶薩以後，應該這樣子生起清淨心；生起了清淨心，就是不以外法作爲莊嚴，而以內法作爲莊嚴，應該這樣來莊嚴佛土。所以，如果是在色塵上用心，在聲香味觸法塵上用心，那就不是懂得佛法的人，就不是眞正在莊嚴佛土的人。

菩薩摩訶薩是證悟了才叫摩訶薩，可是證悟之後應該以無所住的心而時時生心；此心不可、不必也不能中斷，這才是眞正的「應無所住而生其心」。一般的大師都說：「我們心中不要牽掛什麼事，一切都要放下，不要有所住。」所以有的道場山門有個水泥砌的大屏風還寫著：「應無所住而生其心。」等到哪天見了面，你就請問他：「請問師父，您應無所住時，是要生哪個心？因爲既然無所住就不可能生心。」他會告訴你：「一切都放下。放下了以後還是了了分明，這就是應無所住而生其心。」這時候，你已經可以判斷他一定是胡人，否則怎麼會講出這種胡話？因爲凡是了了分明就已經是有所住了，住於色塵，住於聲塵，住於香味觸法塵，哪裡是無所住？眞正無所住的心不住在六塵中，也就是不了知六塵，才眞的叫作無所住。凡是落在六塵中而了了分明，都是有所住，怎麼能叫作無所住？

佛陀明明已經講得很清楚，不應該住在色塵中，不應該住在聲香味觸法塵中；只要在六塵裡面存在，在六塵中了知，就是住於六塵了。譬如有一個人，你打電話到他的手機，問他說：「你現在是在家中，還是在外面？」他說：「我住在家中，可是我在家中無所住。」這個話能聽嗎？「你在家中無所住，你明明住在家中，怎麼叫無所住？怎麼能叫作不住在家中？」所以只要你在那個環境裡面，你就是住於那個環境了；除非你離開了那個環境，才能夠說你不住在那個環境裡。你一定是離開了家，才可以說：「**我不住在家中，我現在正在外面。**」所以只有離開六塵的，不依靠六塵而能獨自存在的，才能叫作無所住心。如果他們說自己是無所住而生其心，因爲時時了了分明，可是又沒有起分別。那問題是：他們這個離念靈知是在六塵中，還是在六塵外？如果是在六塵中，那就是住於六塵中了了分明，不然他是對什麼了了分明呢？你就請問他：「**你對什麼了了分明？**」對六塵嘛！總不能夠說他在六塵中了了分明，卻是佛說的不住六塵的心吧？

所以這些大法師們號稱是禪宗的證悟者，可是禪宗的祖師講話，他們竟然都不信，老是要與禪宗眞悟祖師唱反調。因爲老趙州明明說：「**老僧不住明白裡。**」不住在明白之中就是完全不了了、完全不知道，他們偏偏要住在明白裡，說了了分明而不分別，這不是存心跟禪宗祖師唱反調嗎？所以，應無所住而生其心，不是在講意識心離念靈知，而是說：應該依止於不在六塵中住、不在六塵了別的心，要轉依那個心。而那個心是時時生其心的，即使你睡著了，祂還是時時生其心——不斷地運作著，從來不曾中止過一剎那，打從無始劫以來就不曾中斷過；乃至悶絕了、正死位中，祂還是時時生其心；甚至於死了，投胎住在母胎中，離念靈知都還不知道在哪裡，都還沒有出生呢，眞如心卻依舊時時生其心，可是從來不住於六塵中。要這樣子實證而現觀無誤了，才能說他們眞的是無所住而生其心。

然後接著說「大身」，佛陀又問：「假使有一個人，身如須彌山王那麼大，他這個色身算不算大？」須菩提說：「非常大呀！世尊！為什麼呢？因為佛說非身，是名大身。」只有非身才能說是大身，有身就不大了。對照上面這一句話，說：「不應住色生心，不應住聲香味觸法生心。」那麼這個非身到底是什麼？當然是說法身如來藏，法身無身而無法毀壞，性如金剛，故名為大。也許有人不服說：「哪裡有大？祂無形無色。」可是祂眞的大，大在哪裡呢？從凡夫地修行一直到成佛，三大阿僧祇劫之中，你有時上天、有時下地，有時在西方極樂世界，有時跑到東方不動世界；十方世界不曉得跑過多少地方了，你想這樣的十方世界大不大？那範圍大不大？夠大了吧？可是當你跑過這麼大的範圍，總共歷經了三大阿僧祇劫以後，才算是遊盡了普賢身，那你說這個普賢身大不大？（眾答：大。）當然很大！可是你三大阿僧祇劫才遊盡的這個普賢身，幾乎是遍及十方三世一切世界，其實都是在你自己的如來藏裡面，那你說這個如來藏法身大不大？當然大！還有誰能夠說這個普賢身不大？還有誰能夠說這個如來藏法身不大？所以一切世界中的最大身，就是法身如來藏；除此以外，沒有一個身比祂更大；但祂卻沒有物質性的色身，名爲非身，所以佛說非身是名大身；而這個大身從來不在色聲香味觸法裡面了知，絕對不會了了分明，這才是眞正的大身。

《金剛經宗通》第十品〈莊嚴淨土分〉，我們今天要接著講補充資料的部分。《長阿含經》卷一：**【佛告梵王：「如是！如是！如汝所言。但我於閑靜處默自思念：『所得正法甚深微妙，若爲彼說，彼必不解，更生觸擾。』故我默然不欲說法。我從無數阿僧祇劫，勤苦不懈，修無上行，今始獲此難得之法；若爲婬、怒、癡眾生說者，必不承用，徒自勞疲。此法微妙，與世相反；眾生染欲，愚冥所覆，不能信解。梵王！我觀如此，是以默然不欲說法。」】**

這段經文可能大家聽得耳熟能詳了，由這段經文中可以看得出來：成佛是三大阿僧祇劫的事，成阿羅漢卻只是一生便可以成就的事，所以阿羅漢的解脫道不等於成佛之道，這是很淺顯的道理；這可是《阿含經》中所講的，不是在大乘經中才這樣講的。從另一方面來看，就是說，釋迦世尊成佛時，本來是應該爲眾生說法的；可是觀察眾生時，看見欲界眾生是貪淫，色界眾生是犯瞋，無色界眾生又是犯癡；而人間眾生三毒具足，成佛底法道是如此地深奧廣泛，那麼度眾生時究竟是要如何度？這是所有菩薩成佛之後所要面對的第一個問題。且不說佛地所知佛法的深廣，光是說三賢位菩薩的明心智慧好了：明心了也不過只是七住位而已，可是明心所證的這個智慧境界要如何爲眾生說？都已經是很困難的。因爲既不許明說，又不能夠悟了以後就獨自隱居起來，那到底要如何爲眾生演說這個明心底深妙智慧？當眾生都是以定爲禪的時候，你想要幫助眾生建立正確底知見，所謂「法離見聞覺知」、「諸入不會故」，所以說「不會是菩提」。可是同時又說：「知是菩提，了眾生心行故。」那麼請問：到底要怎麼樣爲眾生說法？既不能明講密意，又得要爲他們講解，那是多麼困難的事情。

光是明心就如此了，如果進一步要談眼見佛性，說：佛性不離見聞覺知，但不是見聞覺知。一般人聽了就問你說：「你是在跟我打啞謎嗎？」那要怎麼講呢？所以，連眞正明心的人聽了都無法眞的體會到佛性，那你說：對還沒有明心的凡夫，對於落在意識境界裡的凡夫，又要怎麼解說佛性？所以眞是很困難的事。這還只是十住位之內的事，接下去十行、十迴向、十地、等覺、妙覺，這妙覺位的法要怎麼爲眾生說？所以成佛以後第一件事情就是這個困擾。雖然這都不屬於煩惱，但是想要度具足三毒的眾生成佛，眞的非常困難；所以凡是人壽百歲時來人間成佛，都會遇到這個問題，那不如乾脆就入涅槃算了。可是若眞的入涅槃，是違背本願的；因爲諸佛本願都是利樂眾生永無窮盡，這是二大阿僧祇劫以前剛入地時就發的十無盡願；這個願不能不顧，可是又想：「眾生難度難解，乾脆入涅槃算了。」所以大梵天王就來請佛住世，請轉法輪，這一段阿含部的經文講的就是這個道理。

到底是什麼樣的法稱爲微妙？又是什麼樣的法與世相反？使得 世尊剛成佛時不想說法？這就有兩個重要的問題必須提出來：第一是與二乘解脫道有關的，第二是與莊嚴佛土有關的。與解脫道有關的是眾生的知見與解脫相反，眾生所知道的解脫、所想要的解脫是：讓覺知心自己住於無餘涅槃中不流轉生死，可是卻想要繼續擁有種種五欲享受而可以常保自我的存在。這是眾生所想要的解脫，所以你如果問眾生「解脫」，他們的解脫答案是千奇百怪的；有的人說：「我只要變得很有錢，我就解脫了。」有的說：「只要我這個官作得夠大，譬如當了國王、當了皇帝，那我就解脫了。」有的說：「我的解脫沒那麼複雜，我的解脫，只要有一個房子讓我安身立命，我就解脫了。」世間人有種種的想法叫作解脫。如果是怨偶，她就說：「只要我能夠跟他離婚，我就解脫了。」那也是一種解脫，但不是眞正的解脫。

若是談到修行人的解脫，那是什麼解脫呢？就是「我能夠永遠不壞不死，我不想睡時可以不睡，身體也不會勞累，這樣叫作解脫。」有的人說：「我覺知心永遠不會死，那叫作解脫。」佛門修行人說：「只要我覺知心永遠存在，我要去哪裡就去哪裡，我不想來人間就可以不來，這樣叫解脫。」可是他們都沒有想到說：你若不想來，你是要住在什麼地方呢？當自己不想來人間而又能夠繼續存在時，一定要有個所住；是要住在欲界、色界還是無色界？或者住在欲界的三惡道中？但他會跟你這樣子說，他會講得很漂亮：「我什麼都不住，我就是不再來；我雖然不再來，可是我的覺知心還是會繼續存在。這樣叫作不來。」問題是，在三界中打滾的覺知心，是沒有辦法離開三界的；覺知心一定是住在三界境界中才能存在，除非滅了覺知心，才能出三界。覺知心若是不滅，都是住在三界中，怎能不來三界中？只是來的地方不一樣而已。不來人間是來欲界天上住，不來欲界中就來色界中住，不來色界就來無色界中住，都還是住在三界中，那不是眞的解脫，因爲都會有生死的痛苦。

可是從古到今，而且於今爲烈的是，現在那些大師們都教導徒眾們說：「我們只要一念不生時就是無餘涅槃。」然而一念不生的境界有很多種，到底是人間的一念不生或是欲界天中的一念不生叫作涅槃呢？還是色界的禪定境界中一念不生是涅槃？或者無色界的四空定境界中一念不生叫作涅槃？但這些離念境界都還是三界中的境界，怎能說是不生不死的涅槃？如果這些都不是涅槃，那麼涅槃到底是什麼？後來去打聽的結果，佛經中說要把五陰十八界滅盡才叫作無餘涅槃；後來人間出了一個蕭平實在說法，也說要滅盡五陰十八界才叫作涅槃。「這可不得了，這個涅槃我不要；因爲這是要自己抹脖子，而且是永遠滅盡自己，那我可不要。我要的是自己永遠存在，而且永遠存在三界外，但仍然有六塵或定境法塵繼續讓我安住。」這就是現今佛門大師們對涅槃的看法以及教導。

問題是：只要自我存在，只要五陰或十八界中的任何一個法還存在，那就是三界內的境界，就一定會有生滅，那就不是涅槃。涅槃是不生不死的，五陰十八界中的任何一法都是有生死的，都離不開三界境界。所以自從我們《邪見與佛法》出版以來，那麼多年了，到現在發覺說：原來我們所說的涅槃——佛陀在阿含中所說的涅槃，當代大法師們都不想要；所以他們繼續堅持意識是常住不滅的，這就是他們要的涅槃。可是佛法說的究竟法中沒有這種涅槃，三界中也沒有這種涅槃。也許你說：「有呀！外道講的五現涅槃就是這樣呀！」可是那叫作外道的涅槃，那是誤會後的涅槃，不是眞實的涅槃；因爲外道們的那五種涅槃只是三界生死輪迴的境界，都不是眞正的涅槃。涅者不生、槃者不滅，涅者不生、槃者不死，而外道講的五現涅槃，是在欲界五欲中得自在，或者在色界的四禪乃至下到初禪境界中得自在，全都是三界中的生滅法，不是不生不滅、不生不死的涅槃境界。

涅者不來、槃者不去，可是當代佛門大師所證的外道五現涅槃，是有來有去的；天亮了所以祂來了，晚上睡著了覺知心滅了所以祂走了、去了，那不是涅槃。一定是不來不去的才能不生不死，才能稱爲涅槃。而且也要能夠不增不減，才能叫作涅槃；可是意識心，今天多學了一天，增長了一些智慧，於是有增加了；如果從此都不學，哪一天又患了老人癡呆症，全忘光了，那意識的智慧又有去了，那就是智慧減少了；這樣子有增有減，怎能叫作涅槃呢？所以要不增不減才是涅槃。所以那些人都沒有去探討，沒有去考慮他們所說的涅槃有些什麼問題，他們自己根本不知道。老實說，他們根本不知道自己的說法有什麼問題，得要我們提醒了，才發覺有問題。可是被我們證明他們有問題時，他們卻不把它當作問題；因爲他們把頭埋進沙堆裡面去了，以爲迴避了就沒問題了。所以我們印出來的書，有一些大師是根本不讀的；他們以爲不讀就沒煩惱，讀了就會有煩惱。可是現在不讀，到了捨報以後就會有很大很大的煩惱——一定會被弟子私下提出來質疑，雖然現在是沒煩惱。

由此可見，四阿含諸經中聲聞法所說的涅槃的實證，不但違背世俗人的想法，也是違背末法時代大法師們的想法；光是粗淺的二乘解脫道無餘涅槃一個法，就這麼難以解說了，如果要探討到大乘菩薩道中所證的本來涅槃，卻又跟外道的現前涅槃完全不同，那要跟眾生怎麼說呢？因爲大乘的本來自性清淨涅槃是連二乘聖人都不懂的，譬如二乘聖人講：「把我見、思惑都斷盡了，這兩個煩惱斷了才能取無餘涅槃，才能在捨壽時把自己給滅盡而不受後有。」可是大乘菩薩們往往連思惑都還具足在，根本都還沒有開始斷思惑，就說他證得涅槃的本際了，這麼難以思議、難以親證的現前看見無餘涅槃中的本際，二乘聖人要怎麼聽得懂？他們實證的涅槃是把我見、我執斷盡了才叫證有餘涅槃，捨報後要滅盡五陰十八界而永遠不再出現於三界中，才叫作證無餘涅槃；如今來了個菩薩，說斷了我見以後不必斷除我執，他竟然可以證涅槃，而且是證得無餘涅槃中的本際，說他叫作「不斷煩惱證菩提」。阿羅漢已經證得涅槃了，卻還不知道無餘涅槃中的本際，他怎麼聽都聽不懂，於是找個空閒去禮敬佛陀而請問：「那位菩薩講的是眞實的嗎？」佛說：「是眞實的。」那他可就麻煩了，不知該對菩薩論什麼法了；所以不迴心阿羅漢見了菩薩時，乾脆不開口說法，免得被菩薩指教。

想想看，連二乘聖人都無法想像無餘涅槃中到底是什麼，菩薩不斷思惑竟然說他知道無餘涅槃中是什麼。阿羅漢都無法想像，那麼具足三毒的凡夫又要如何想像呢？你說，像這樣深妙的大乘佛法，要怎麼跟眾生說？而且將來成佛時要為眾生演說的又是佛地的究竟智慧，當然 佛陀當時會有很難為眾生說法的念頭。所以，單單是二乘解脫道的法義，對凡夫眾生、對佛門的凡夫大法師們來說，已經是很微妙而無法理解了，而且是與他們所想的涅槃解脫剛好相反；那大乘佛法更深奧、更廣大，要如何為眾生說？所以才說「**眾生染欲，愚冥所覆，不能信解**」。因為這個大乘法太微妙了，而且又與世間凡夫大師們所想的相反；所以人壽百歲時來人間成佛的所有佛陀，都會覺得度眾生是很困難的事。正因為這樣，所以娑婆世界主大梵天王要時時觀察人間有沒有佛陀示現成佛了；只要有，他一定要趕來請轉法輪，不然這一尊佛就在人間空過了。

那你想，佛法這麼難說；譬如《金剛經》講的莊嚴佛土，是這樣的莊嚴法，那究竟要跟眾生如何講？所以當我們說莊嚴佛土其實是莊嚴自心，這是當代佛教沒有人講過的。我們又說你在這邊發願要往生去極樂，極樂世界就增長了一分，就多出一朵你專屬的蓮花。這也沒有人聽過，我也沒有從經上去讀過，然而事實卻是這樣。這個如果是跟真正明心的人說了，他們很容易接受；可是如果去跟一般凡夫說明，他們要如何接受呢？那是非常困難的。

所以《金剛經》說的：「莊嚴佛土者，則非莊嚴，是名莊嚴。」你叫眾生要怎麼懂得呢？當他們還沒有親證如來藏以前，不知道如來藏有這樣的功德性，那你直接就爲眾生講「莊嚴佛土是莊嚴自心，自心就是佛土」，他們要怎麼聽懂？他們只能從字面上去理解，只能依文解義。所以你眞要講這個莊嚴佛土的正理之前，得要幫大家先明心了再說；如果沒有幫他們明心，你就想要直接跟他們講這個道理，那是很難被他們接受的。眾生在表面上也許說你講的可能對，心裡面卻是打個大問號，所以莊嚴佛土並不容易。我們接著再來看《阿含經》卷十三怎麼說。

《長阿含經》卷十三：【「比丘如是，以定心清淨，住無動地（第四禪），得無漏智證，乃至不受後有，此是比丘得第三明。斷除無明，生於慧明，捨離闇冥，出大智光，是爲無漏智明。所以者何？斯由精勤，念不錯亂，樂獨閑居之所得也。」】

這重點在講：證第四禪以後，「精勤，念不錯亂，樂獨閑居」加上這三個條件，是二乘聖人具足三明的要件之一。「以定心清淨」是說證得第四禪，這叫作無動地，因爲這叫作不動無爲；諸佛成佛都在第四禪成佛，捨壽入無餘涅槃時也在第四禪入涅槃；這是因爲第四禪中定慧等持，是佛菩提道中說的根本禪定；若是入了四空定，就偏定而沒有慧觀。在三禪以下，定力以及等持的功德都不夠，所以慧觀也不能極深入、不能具足，所以最好就是在第四禪的等持位中來作觀行。同樣的，二乘聖道也是如此，如果要成就最究竟的二乘解脫果，那就是要證得三明；在具足四禪八定而得滅盡定以後，二乘法中的五種法身，也就是戒身、定身、慧身、解脫身、解脫知見身都有了，那麼他要進得三明，就必須要在第四禪中來作觀行；所以要「定心清淨，住無動地」，這樣來得無漏智證，乃至「不受後有」，這就是漏盡明，這是比丘的第三明。前兩明也是一樣，天眼明、宿命明都要住在第四禪的等持位中來修得。三明前修得的無漏智通也就是漏盡通，接著要以漏盡智通來現觀四禪天境界的不實時，才能獲得漏盡智明，這也是要住在第四禪中來修。

有了聲聞三明，就能具足二乘解脫道的解脫知見而能爲人細說；問題是爲什麼能得這三明？證得第四禪以後要有什麼條件？第一要精勤，別人在晚上休息了，他還在那邊作思惟，還在四禪等持位中作觀行。人家在作別的事情，他不能休息，他在不放逸行中繼續努力；並且必須念不錯亂，就是他所憶念的法不可錯亂，然後如實去作觀行，不能有偏差；也就是說，他得要有大善知識作依止而正確觀行。最後一個條件就是樂獨閑居，換句話說，所有的世間法都不攀緣，完全住在自心內境；然後避免接受任何干擾，這樣去修，才能成就二乘道的三明。必須要遠離三毒，若沒有先證得慧解脫，就不可能具足三明；因爲三明的具足得，一定要先經過慧解脫的階段，然後再進證俱解脫，俱解脫以後才能進得三明，那你想還能夠到處去攀緣嗎？還能夠不精進嗎？還能夠有絲毫的念錯亂嗎？當然不行。可是用這三個條件具足努力去修了以後，還只是二乘的三明，那你如果要談到大乘法的莊嚴佛土，那不是更難了嗎？這只是二乘道的三明而已。

所以，凡是爲了求財求利益，不是在求法財、聖財的人，想要來學正覺的正法，然後用這個正法去獲得世間的財利，那是沒辦法的，因爲他的心是早就被貪瞋癡所遮蓋了，不可能發起智慧的。假使後來悟了才起心要求世間的財利，他就永遠原地踏步，永遠停留在三賢位的第七住位中；人家都在往前走，不管是齊步走、散步走，都已經走很遠了，他幾十年以後還在原地踏步。所以說，想要證得大乘道，一定要注意不攀緣外法，要一心求內法。可是內法的修證很困難，因此才會有教外別傳來一代一代延續遞傳。因為要從教門悟入大乘道非常困難，所以 世尊才得要入泥入水為眾生施設許多的教外別傳的機鋒。世尊的機鋒其實很多，《正覺電子報》在《鈍鳥與靈龜》（編案：已結集出版了）連載到後面，諸位會看到那簡直是扮盡了神頭鬼臉；以人天之尊還要這樣為眾生弄得渾身腥羶，這才叫作大慈大悲，不是很多人願意在人壽百歲的五濁眾生時期來成佛的。

所以，莊嚴佛土，佛陀也不能一開始弘法時就講，得要先讓大家對 佛有信心了，對三寶有信心了，也對佛戒具足生信心了，這叫作四不壞淨；得要眾生的四不壞淨成就了，才能幫他們證果。證得二乘果以後十幾年，才來講般若；《金剛經》在般若期也不是一開始就講，那是在般若已經講很多很多年以後才講《金剛經》；所以《金剛經》至少是成佛後二十幾年才開始講的，可以想見它的深。可是往往有一些人說：「《金剛經》？我知道啦，那沒什麼，那好淺！」好淺？不然請他試著講講看：到底《金剛經》在講什麼？「我知道啦！《金剛經》就是說一切法空啦！就是這樣講。」可是光一個莊嚴佛土，要怎樣講得出眞實內容就已經不容易了，所以說莊嚴佛土是佛法中一個很大的題目，也是一切菩薩必須面對的題目。雖然佛土不容易莊嚴，但我們還是得要莊嚴；因為我們走的是大乘道，我們走的是長遠道，不是走短路；所以這個莊嚴佛土的內涵，大家還是必須要特別注意。

事相上說過了，再來談談理上怎麼說。大身，是由於非色非心的緣故，所以叫作「非心心」。眾生所知道的心，都是能見聞覺知、有喜怒哀樂，也能入定出定。可是如果說有一個金剛心離見聞覺知，沒有喜怒哀樂，並且祂從來沒有入定與出定，既不住在定外也不住在定內，那麼眾生想一想：「金剛心離見聞覺知，那我吃了好吃的東西都沒感覺了，我看見白馬王子（白雪公主）也不能欣賞了；我家庭園那麼漂亮，門前山光水色那麼好，也都不能欣賞了。那我要這個心幹嘛？」想一想，他又不想要了。眾生都是這樣呀！他想要的心就是這個覺知心。等到有一天聽說正覺講堂有一個法可以開悟明心，就想：「這個開悟很棒呵！我也想要求開悟。」可是後來聽說開悟以後，所悟底心是離見聞覺知的境界，沒有入定與出定，也沒有喜怒哀樂，他心裡面想：「那不行！我家妻子那麼漂亮，叫我不要喜歡她，那怎麼行！」「我先生那麼英俊，叫我不愛他，那還得了！」這時候怎麼辦？他不想學了。好在有位善知識告訴他說：「你別擔心！因爲你原來的覺知心喜怒哀樂都可以繼續存在，但你可以多一個心；把那個離見聞覺知底心找到了，你就可以出生智慧。」他一聽就說：「這樣喔？那我就要求開悟了！」原來還是捨不掉自我啦！所以才說「我要悟」。可是當他還不肯把自我否定，繼續認定見聞覺知心是眞實我的時候，他要找到那個不是心的心，那就很困難了。所以正覺同修會還是要教他親自觀察：這個見聞覺知心是如何的虛妄。讓他自己去觀行確定果然是虛妄的，不是眞實我，然後就會積極要去找那個眞實不壞的眞如心，這樣才有辦法找到。所以這兩年半的禪淨班課程不能不要。有很多人希望說：「我來到你正覺同修會，你不要給我吃前面那六塊餅，我只要最後那半塊餅就能飽。」以前有些佛教界聞人來找我，就是這樣想；他們都只想要吃那半塊餅就想飽肚，我說：「不行！你得要先吃完前面六塊餅，我才給你最後那半塊。」他們就不再來找我了。

所以一定要先瞭解：實相裡面就是那個不是心的心，就稱爲非心心。這個心不是物質的色法，但祂也不是眾生所知的心，所以在世間法中是不能夠找到祂的；因爲祂雖然出生了六根、六塵與六識，祂卻不在六根、六塵、六識中。如果祂在六根中，你把身根找到了就找到祂了！祂是與身根在一起，但卻不在身根中；因爲祂不是三界法，祂不是十八界法。祂不屬於世間法，因爲不屬於世間法，所以說祂是大。凡是世間法，不論再怎麼大，都有個限度；譬如色界頂五不還天的最上一天——色究竟天，那裡的天人身量一萬六千由旬，想想看，那是多麼高大！可是再怎麼大，它總大不過虛空吧？不過就是一萬六千由旬。也許有人想：「**你蕭平實口氣未免太大了吧！你身高才只不過五尺多。**」可是我若依自己的禪定證量而生在色界天中，身量可就不是這五尺多了，卻依舊不如色究竟天的菩薩身量。然而，一萬六千由旬的身量又怎麼樣？終究有限量；而實相心、非心心，祂可以遍三界一切處示現，那你說到底誰比較大？何況那最大的一萬六千由旬天人身，還是由眞如非心心所生的，你說到底是誰大？兒子再大，大不過媽媽吧？媽媽最大！同理，色究竟天人一萬六千由旬，是從他的非心心生的；如果不是非心心生了他，他還不能存在哩！那到底誰大？可是有色之法就不能出生色究竟天人的色身了，因爲祂——非心心——非色又不是覺知心，所以能生那一萬六千由旬的天身。所以，因爲祂非色非心，世間法中不可得，再也找不到像祂這樣的諸法所依身了，所以稱之為大。菩薩如果證得這個心，轉依這個心而安住下來，使覺知心如是安住了；那麼如是安住以後就時時生心，不離涅槃也不住涅槃，要這樣生心才叫作大身，所以應該這樣無所住而生其心。

那些糊塗大師們都說：「你心中不能起念，你一旦起了念就要從頭再修，前面打坐的時間都不算數，要重新再打坐離念。」這樣子要求徒眾住在一念不生之中，不斷地保持離念靈知，住於離念靈知而了了分明的境界中，那麼這樣到底是有所住、還是無所住？其實都是有所住——住於定境中，卻公開宣稱他們都是無所住、無分別；像這樣子，其實都是對佛菩提道中的修行知見嚴重欠缺底人。可是當他們認為自己是無所住而了了分明的時候，縱使能修得初禪，其實還是有所住，都是住於初禪中；何況他們連初禪前的未到地定都還沒有證得，所以平常絕大多數時間都是散亂心，不是離念的。可是大身如來藏「此經」，卻是自始至終都無所住，永遠都不住於定境中，也不住於定境外，無量劫前來到現在，從現在再去到未來無量劫後，始終都是如此的；像這樣不住定也不出定的永遠離念之心，才是真正的大身，這不是意識所能達到的境界。

那些大師們都說：「你應該要一念不生，如果能夠一天到晚都一念不生，那就是大悟徹底，過牢關了。」可是突然間老爸來了：「阿牛啊！幫我把車洗好！」好，去洗車。去洗車之前，老爸呼喚時，是不是要答應一聲「有」？老爸吩咐說要洗車時，是否要答應一聲「好」？要不要呢？當然要。你總不能夠默不吭聲轉頭就去洗，那到底起了念沒有？起了，那又在定外囉？當他轉身要去洗車時一定是先有個沒有語言的念頭：「要去洗車。」這已經是未到地定外的境界了，不是眞離念了，只是沒有語言文字而已，還是有念的。而且當他正在洗車的時候也是在未到地定之外了，既然離念靈知心有時入定、有時出定，那根本就是無常心，怎麼能稱爲「大身」？

可是菩薩開悟了，就是找到一個心而轉依祂；而那個心是從來都不起念，看來似乎永遠在定中；可是你說祂在定中，祂卻永遠不住於定，永遠不會住在四禪八定任何一種定境中；這樣既不在定中也不在定外，既不出定也不入定，這才叫作法界大定，因爲這個金剛心如來藏是永遠都如此的。這樣子，找到那個心而轉依祂，由著祂繼續永遠不入定也不出定，永遠都是法界大定；而我們覺知心意識無妨在這邊胡思亂想或思惟般若勝義，一面洗車一面觀察：「嗯！這個心還眞清淨，都不會跟著我打妄想，也不會對我生氣。因爲我剛剛不小心被車門夾了一下，手指很痛；可是我離念靈知意識心對自己生悶氣，祂卻都不生氣。我這邊一直生心在觀察祂，也在領受痛覺，也在生悶氣；祂那邊也一直生心在幫助我，祂都跟我配合著，都不起心動念。」所以祂也是一直都在生心，卻都無所住，既不住於離念靈知中，也不住於語言妄想中。你打妄想，祂不打妄想；祂一直在生心——一直不斷地運作著，但祂根本無所住，所以眞的「無所住而生其心」。

你說：「手痛死了！痛死了！」但祂不痛，祂不跟著你領受痛覺，卻不停地配合你而不斷地運作著，這樣才叫作「無所住而生其心」。你會痛，你就有所住，因爲你住在痛覺裡面，住在觸塵中。可是你住在觸塵中正在痛時，祂仍然不痛；你痛你的，祂依舊不痛，就這樣如是無所住，卻不斷地生其心。「應無所住而生其心」，是這樣的「無所住」，是這樣的「生其心」；眞悟底菩薩就是要這樣子，所以世尊才開示說：「應無所住而生其心。」這不是離念靈知意識所能安住的境界。所以，你即使有一天當了大座主，上座講經說法時講得口沫橫飛、興高采烈、法樂無窮，你的金剛心「此經」一樣不動心，從來沒有動過一念；可是當你想要講什麼法時，當你需要以前學過的一些什麼法的種子流注出來時，祂都會流注出來給你；你根本不用去記，祂就會給你，可是祂仍然不動心；祂就是這樣生心（不斷地運作）而不動心，菩薩就是要這樣「應無所住而生其心」。應該如此、能夠如此的心，才能叫作大身。因爲「此經」能夠生一切身、生一切法，是一切身、一切法的所依之體，才是眞的大身。你說：「我要入無餘涅槃。」祂如果能說話，祂會這樣說：「我不住涅槃，我不跟你住，因爲我本來就是涅槃；而你所說的涅槃是說我，你所證的涅槃也是證我，你滅盡十八界以後所入的涅槃中還是我，所以我也不用住於涅槃，我就是涅槃，我還需要住什麼涅槃？」你怎能夠叫涅槃住於涅槃？因爲涅槃本來就是要被你入住的，是你要滅盡十八界的自己而入住的，入住以後卻是你全部滅失不存在了，但祂金剛心依舊是無餘涅槃；所以祂不住，祂陪著你在人間或在三界中時，總是不斷地生心而不住涅槃，但祂本身卻又正是涅槃，這樣才叫作「大身」。

所以《大寶積經》卷七十中說：「非身大身者，安住眞如法；顯說於實際，世間無與等。」所以「大身」就是指說眞如，除了「此經」如來藏，你沒有地方去證眞如。從過去的無量劫到現在，從現在到未來的無量劫以後，除了祂，你沒有別處也沒有別的辦法可以實證眞如，你一定要依祂而證眞如。過去、現在、未來如是，從現在擴而及於十方虛空一切世界的現在一切諸佛、一切菩薩，莫不如是。如果不依「此經」如來藏，就沒有眞如可證；因爲你若想要安住於眞如法，就得要先證得祂。而祂時時刻刻都眞實存在，三世十方法界中沒有一法可以壞滅祂，所以祂是眞實；祂確實可證，不是虛妄的名相建立，所以祂是眞實；宇宙萬有中的山河世界、一切有情五陰、四陰，全都是由祂所生，祂確實存在而有功德，所以祂是眞實。這就是「眞如」中的「眞」。

而祂在三界六道中與眾生同時同處，不斷流注眾生所需要的種子時，祂自己卻始終如如不動，所以是如；當造惡有情下了地獄無量痛苦時，祂流注出地獄有情所需的痛覺種子時，祂自己卻沒有痛苦，所以還是如；修十善業的有情上生到了欲界六天，五陰身心領受欲界天的勝妙快樂時，祂卻不領受快樂，沒有快樂而不動其心，所以也是如；當修定眾生進入色界定、無色界定時，祂也不入定，所以祂也不領受定境中任一法塵境界，因此全無喜樂或厭惡之心，所以仍是如。祂對一切法永遠都是如如不動，從來不動轉其心，所以當你很高興時，祂還是如如不動，一點都不動心；你如果因爲修學佛法時始終學不到眞正的妙法，心中覺得很痛苦時，祂卻不跟你痛苦，祂還是一樣安住於如，永遠不動其心，這才叫作如如不動。這就是「眞如」中的「如」。

因爲「此經」有上面所說的眞實與如如的自性，所以就合稱祂爲「眞如」。所以你悟了以後，假使有人蠻橫而無理地羞辱你，你的離念靈知很生氣，就質問對方說：「你爲什麼羞辱我？你這個作法不對。」你儘管臉紅脖子粗，跟對方大聲辯論都沒關係。等到他質問你說：「你不是開悟了，不是『應無所住而生其心』嗎？爲什麼你現在還會動心？」你就答覆他說：「我有動心也有不動心，你正在動心、正在回應我的時候，你自己也有另一個不動心，一直都是『無所住而生其心』的，你知道自己那個不動心在哪裡嗎？」這就足夠叫他信服了，除非他的善根確實不夠，正知見極度欠缺，又是增上慢者。正因爲紛踏擾亂之中有眞實法、如如法可以讓你現前觀察到，證明自己確實已經證得祂了，這就叫作證眞如，而所謂的「大身」當然應該是眞實而且永遠都如的心。那麼所謂非身而稱爲大身，其實就是證得第八識以後安住於眞如法中，因爲祂確實是沒有物質身體的心——非身。要能夠這樣安住於眞如法，而爲有緣眾生宣說這種眞如法，顯示確實有這樣的一個非身，如理如法爲眾生說明祂才是一切法界的實際，說明祂才是涅槃的實際，讓有緣人知道這個實際、這個眞如法，確實是十方三世一切法界中的至尊，沒有任何一法可以和祂相等。

如果要爲眾生說明，這叫作顯說；這個法界中最大祕密的明白解說，是保護了祕密而只從法性上面深入解說，卻不從祂的功能上面說明而不會洩露密意；這樣解說以後而可以使眾生加以研究，然後愛樂這個眞如法而願意發心成爲實際履踐菩薩道的人；這樣子寫了論或現代的學術論文，成爲一門學問而廣大宣揚出去了，被學術界及廣大的有情所樂於研究了，就稱爲眞如法的顯學。也就是說，中國禪宗的開悟就是證眞如，大乘法的實證就是證眞如。至於如何證？眞如的內涵到底是什麼？把能夠宣說的部分加以宣揚而被各界重視及研究了，這就是眞如的顯學。

可是這個顯學明明白白地解說了，學術界和有心提升心靈境界的眾生還是無法實證，那應該要怎麼辦？當然要去實修而去親證祂；所以《大寶積經》

中這一段經文中的「顯說」，就是在實證以後從涅槃的實際、從一切法界的實際，也就是從諸法中的如來藏的眞如法性，來說明這個實際，來說明眞如的法性是依如來藏心阿賴耶識心體而有，從理上及教證上說明眞如的實際就是如來藏阿賴耶識心，這叫作「顯說於實際」。如果不是這個實際阿賴耶識心如來藏，就沒有眞如可證，因爲眞如只是阿賴耶識心體運作過程中顯示出來的眞實性與如如性。可是很難證得如來藏心，所以也就很難證眞如；所以你必須在保護密意的大前提下爲眾生顯說，這才會有《大般若經》六百卷，讓你讀到眼皮酸澀而張不開。《大般若經》六百卷要讀多久？陳履安說他讀了三年；可是讀了三年是怎麼讀的？不過就是說食數寶。他沒有辦法眞的讀懂，因爲他還沒有證得「此經」阿賴耶識心體。所以諸佛菩薩想要幫助有緣眾生建立正知正見，導入菩薩道中，以後才能實證「此經」而成爲實義菩薩，才能眞修成佛之道，因此必須要經由顯說的教導，有緣眾生長時間聽聞佛菩薩的顯說之後，有了深入的瞭解再去求實證；實證了以後才能安住於眞如法中，能安住眞如法的人就會知道什麼叫作大身：原來大身就是非身，沒有色身的眞如心才能叫作大身。

凡是有身的都有限量，而這個非身、大身，世間沒有任何一個法可以與祂相提並論；因為世間所有的法都從祂而生，既然從祂而生，怎能與祂相提並論呢？假使有一天你兒子、你女兒要跟你相提並論，所以主張說：「我們大家都平等平等，所以父親你一生勞碌賺的錢財，我現在就要跟你均分；以後說話時，你也不可以用老子的身分跟我說話，我們完全平等平等。」這樣行不行？不行欸！這人間的倫理可就亂了套。而且從世間法的眞相來看，也是顚倒；因為父母親是能生，子女是所生，能生與所生本來就不能相提並論，否則就是天理難容的人。所以說，三界一切法既然都是從這個非身、大身而生的，怎能有一個法被祂出生以後，回過頭來說跟祂平等？絕對不可能嘛！因此說「此經」非身、大身，是「世間無與等」，三界世間沒有任何一個法可以跟祂平等啦！

或許有人這樣子說：「那這樣子，就是不平等囉？」我告訴你：就是因為這個不平等才能平等。因為世間一切法永遠都沒有平等的，覺知心再怎麼樣都不可能平等。即使成佛了，覺知心還是要分別說：這個人出家的因緣不夠，不能讓他出家；那個人證悟的因緣足夠，可以讓他證悟；這個人是菩薩根性，應該讓他修學成佛之道；那個人是聲聞根性，不該教他修學成佛之道，只能教他修學聲聞解脫道。那你說：佛的覺知心平等不平等？還是不平等呀！可是諸佛這樣卻是平等的，因爲諸佛是依眾生的根性而給予眾生說法，這才叫作眞平等。有的人長得高，你不能把他的頭壓下來說：「你怎麼可以長這麼高？」你要給的是立足點的平等，不是齊頭式的平等。如果說：「你長得太高，我要把你的腳砍掉一些。」那其實不是眞平等！

同樣的道理，法界眾生的立足點都是平等的；也就是說，每一個人的涅槃實際，每一個人的眞如法性，每一個人的如來藏，都同樣非身，都是大身，都是平等；也是在這種大平等之中，才能容許三界六道各種不平等的存在與改變。依這個平等法非身、大身，然後有人去造作惡業而受報生爲細菌，連眼睛都不存在而看不見；那是牠的業，自作孽而不可違。如果另一個人修善，並且實證佛法及四禪，他受生到色究竟天中，色身一萬六千由旬，智慧極爲深妙，那還是平等；因爲他的非身、大身如來藏心，爲他流注出四禪天中的色究竟天身，以及道種智的勝妙智慧出來；而他的非身、大身卻是與低賤眾生相同而無二無別，才是眞平等。所以一切有情在基礎上及大前提上都是平等的，正因為在大前提的平等基礎上面，才可以有各人的三界六道中的種種不平等；如果沒有大平等，就不會有各人的異熟果報中的各種不平等，所以實際上正因為有大平等才會有各種不平等，這樣的異熟果報才是眞平等。

可是這個勝妙法，只能在實相法上來解說，只能為有緣人來解說；你如果不觀察眾生根性而直接拿到社會上去講，鐵定要被罵：「那些流浪狗那麼可憐，社會大眾沒有給牠們更好的生活，你還說這樣是平等，你眞是無慈無悲。」他們其實不知道這才是眞慈悲，是諸佛無緣大慈、同體大悲的根本所依。正因為如來藏這個非身、大身的平等性，所以才能產生了三界六道中的種種不平等；因為這個平等性可以使每一個有情的未來，都具有一切的改變可能，不論是上生天界或下墮三惡道，乃至將來成為阿羅漢、緣覺、菩薩或成佛，而繼續有四聖六凡等十法界存在於法界中；而六凡位的眾生將來也可以成為四聖位的聖者，乃至最後成佛，所以十法界的一切有情不論聖凡，全都是立足於非身、大身的平等性上而成立，所以流浪狗受苦及寵物狗享受快樂，也都是平等的。

因此，禪門才會有一句話說：森羅萬象許崢嶸。山河大地要怎麼變都沒關係，要變成黃金大地也可以，要變成穢土也可以，可是一切生活於其中的眾生的基準點，全都是平等的。眾生與所住的世界要怎麼樣去發展，發展為越來越不清淨，發展為越來越清淨，這都可以，同樣有平等的基準點存在，也同樣有這樣轉變的潛力，或者叫作內涵，或者叫作能力，或者乾脆學外道說是能量，也都可以，其實就是如來藏心這個非身、大身。而這個非身、大身，在每一個有情身中都是同樣如此，所以這才叫作眞平等。正因為這個平等法，才能夠出生世間三界六道中的種種不平等的果報身與異熟果。所以這個平等法生一切不平等法，因此沒有一個世間法可以跟祂相提並論；因為世間的所有不平等法，不論哪一法都是從祂而生的。所以悟了這個大身以後，禪宗祖師就稱那個眞悟者為有主底人；若是還沒有悟或者悟錯了，不知道這個大身的所在而沒有智慧生起，不懂得轉依這個大身，就被禪師稱為無主底人。這也就是說，悟了以後才眞正弄清楚主從的關係，原來大身、非身的「此經」如來藏才是主，而五陰的自己是從，是附屬於如來藏阿賴耶識的隨從者。可是無始劫以來，五陰都認為自己是主，然後把大身如來藏的所有功德都據為己有，一天到晚在使喚祂；事實上則是由大身如來藏出生五陰我們，我們五陰全都附屬於祂才能存在及運作，我們五陰根本不能與祂相提並論，所以才會說非身如來藏是「**世間無與等**」。這樣說明以後，大家對「此經」就有更深入的理解了。

接著再舉《大般若波羅蜜多經》卷九十八來說明「此經」非心心爲什麼會被 世尊稱之爲「大」：**【「所以者何？以內空等，前中後際皆不可得，故說爲大；由彼大故，菩薩摩訶薩所行般若波羅蜜多亦說爲大。憍尸迦！眞如大故，菩薩摩訶薩所行般若波羅蜜多亦大；法界法性不虛妄性、不變異性、平等性、離生性法定法住實際虛空界、不思議界大故，菩薩摩訶薩所行般若波羅蜜多亦大。所以者何？以眞如等，前中後際皆不可得，故說爲大；由彼大故，菩薩摩訶薩所行般若波羅蜜多亦說爲大。」】**這就是解說成佛之道三大阿僧祇劫中的大般若波羅蜜多。

在三賢位中證悟了，才只能叫作遠波羅蜜多；入地以後的七地之內，叫作近波羅蜜多；八地以後才叫作大波羅蜜多。這裡講的是什麼呢？是說「**菩薩摩訶薩所行般若波羅蜜多亦說爲『大』**」，換句話說，必須要通徹了所有的眞如法性才能成佛。最接近成佛的階段是第三大阿僧祇劫，那時所修的無非是大般若波羅蜜多。可是這個大般若波羅蜜多最初開始，就是遠波羅蜜多的三賢位中的開悟明心境界；那就是說，必須要先證得眞如性，證得如來藏的眞如性以後，你才能眞正瞭解般若經講的十八空，否則對十八空永遠都只能夠猜測，沒有辦法如實了知。在般若經裡面說內空等，這十八空的前際、中際、後際都不可得，所以說爲大，因爲十八空本身沒有前際、沒有中際、沒有後際。十八空以什麼爲際？以如來藏爲實際；而如來藏非心非色亦非空無，所以說爲大。因爲這樣的大，所以證悟而成爲摩訶薩，所行的般若波羅蜜多就隨之而稱爲大。又因爲眞如大的緣故，所以說菩薩摩訶薩行般若波羅蜜多也是大；是因爲眞實與如如所以才能稱爲大，不眞實也不能如如的離念靈知就不能稱爲大。因此，所證的法必須要眞實又如如，如果所證的法不眞實也不如如，就不能叫作大，那他宣稱親證般若就是騙人的。

眾生最愛的是覺知心、意識，修行人最貪著的是離念靈知，因爲離念靈知雖然離了語言妄念，照樣可以見色聞聲，嗅嚐觸覺也都可以。所以，離念靈知是上從大山頭的大法師，下到一般初學佛的人、初學禪的人，都一樣執著，都是很喜愛的。可是祂到底是不是眞實？那就要看祂會不會中斷、會不會間斷。也要看祂是不是所生法？換句話說，祂必須是本住法、本在法，不是所生法；必須是自己本自存在的，不必藉緣而出生及存在，那才叫作眞。可是離念靈知顯然不行，所以說祂不眞，不眞就不能稱爲大。離念靈知，當人家罵一句說：「你這個悟錯了，你還是凡夫，怎麼可以大妄語說你證聖了？」這一下子，臉色鐵青，青筋暴脹，臉色就變了。這樣一來，離念靈知到底是不是如？顯然不如呀！雖然落入離念靈知中的人，他們的離念靈知有時是如，人家讚歎的時候他能夠不動於心，認爲說：「你讚歎我，是應該的，我不必歡喜。」所以他如如不動；但是當人家說他弄錯了，他就不如了！既然也有不能如如不動的時候，怎能叫作如如？不眞也不如，那就不能稱爲大了！所以必須要親證的眞心確實是眞也是如，現觀那個心具有眞實、如如的法性，那樣的智慧才能稱爲大。

所以法界中有一個法性，就是在講眞如心如來藏；因爲如來藏遍在一切法界中存在，不管你的眼法界、耳法界，或者色法界、聲法界，乃至意識法界、意根法界，如來藏都同時存在而同在一起。這樣的法界，祂有一個法性，這個法性就是不虛妄性，因爲不是所生法；祂還有一個不變異性，你想要轉變祂的心性而使祂起心動念，永遠都不可能。當你高興的時候，你希望說：「你可以跟我一起高興吧！」對不起！你的如來藏不會跟你一起高興。祂從來都不會跟你一起高興，你要怎麼轉變祂都不可能。正在悲傷的時候，希望祂可以分攤悲傷，但你的如來藏才不理會你是否悲傷，你悲傷時儘管悲傷；當你需要悲傷的種子，如來藏就給你悲傷的種子，但你的如來藏可不跟你一起悲傷。如來藏永遠是如如不動的，誰都不能轉變祂，這叫作不變異性。

如來藏的平等性也是一樣，祂對一切法都平等。將來你成佛了，你看到某甲來了，心想：「這個人是聲聞種性，不能給他菩薩法；給了也沒用，他將來還是會入涅槃，乾脆就讓他證阿羅漢以後快活過一生就好了。這個人是菩薩種性，不但要給他菩薩法，還要給他二乘法，讓他在無佛之世也可以復興二乘法，而他將來要成佛是要廣利眾生的。」意識心中是這樣想的，可是無妨他還有另一個平等心，叫作如來藏。當他成佛的時候，他的如來藏就換個名字叫作無垢識，還是如同因地菩薩位中一樣地平等、平等，如如不動。

如來藏還有一個自性，叫作離生法性，因爲這個心是永遠離生的。二乘法所證的無生是將滅止生，是把五蘊自我滅了以後，將來入了無餘涅槃不再有生；而二乘聖人入無餘涅槃時所滅的覺知心，是曾經出生的，是有生的心。菩薩的法卻不是這樣，菩薩的法是所證的心本來就沒有生過，因此以後也不必滅，你不用像二乘聖人一樣去滅祂。如來藏心本來就不生，無始劫以來祂就是永恆的，是本來就自己存在著；是從來沒有出生過，無始以來就存在。既然沒有生過就不會有滅，所以有人問：「請問你證得的如來藏，是什麼時候出生才有的？」我說：「祂沒有出生過。」「為什麼祂可以沒有出生就存在？」我說：「這叫作法爾如是。」沒有道理可說啦！你去問諸佛，諸佛也沒有辦法告訴你說「為什麼祂本來就存在」。因為實相中的法界性，祂本來就這樣；為什麼祂是本住而無生，並沒有道理可說，法爾如是。就是在這種沒有道理可說之中，才會有種種生滅法及佛法出現。如果有道理可以說明祂為什麼會出生而後存在，那就不叫作實相了，因為祂的出生與存在可以被解釋出來。而如來藏金剛心是本來就不生，十方諸佛都看不到祂是何時出生的，也找不到祂可以被滅的方法與時候，怎麼能夠說祂可以有生的時候。這樣的離生性，也是法界性之一。所以，法界性有這四個：不虛妄性、不變異性、平等性、離生性。

可是這種法性，它是在法界中永遠不變，所以叫作「法定」；這個法決定如此。而且這樣的法性是住於實際虛空界中，這個實際虛空界講的就是如來藏。而這樣的不思議界（界又稱爲功能德用，所以稱爲種子，種子就是能生），才能夠稱爲眞正的大身；因爲這樣的大，所以說菩薩摩訶薩的般若波羅蜜多也稱爲大。換句話說，從法界性的不思議性、離生性、不虛妄性等，來說金剛心爲大的時候，菩薩轉依了這個大心，那麼他的意識覺知心所得的智慧就可以稱爲大；而這幾種的大，都是因爲眞如平等的緣故。

所有眾生，最卑賤的地獄有情，最尊貴的諸佛，所有的有情眞如法性都平等平等；因爲都平等的緣故，所以前際、中際、後際都不可得，這也說爲大。這個眞如法性沒有前際可說、沒有後際可說，因爲前際不管你怎麼往前推究，推到無量恆河沙數的阿僧祇劫之前，祂還是那樣。現觀當下，祂還是這樣；將來無量劫後成佛了，乃至成佛以後永不入滅，利樂眾生永無窮盡之後，也是沒有「之後」，因爲沒有窮盡，而祂還是如此。以這樣的平等眞如，所以說之爲大。因爲這樣的大，所以你證得這樣的般若波羅蜜的智慧，你的智慧就稱爲大；所以明心了就有這個智慧，就可以被稱爲菩薩摩訶薩。所以，你如果因此而改行童子行、童女行，出家成爲大乘道場中的常住，雖然你仍然現爲童子相、童女相，不示現聲聞相——沒有剃髮穿上壞色衣，你也是菩薩摩訶薩。

在這裡要跟諸位報告，我們禪三道場現在就有這樣的菩薩僧了；我們現在有顯現聲聞相的菩薩僧常住於道場，也有不顯現聲聞相而仍然蓄髮的出家常住僧，行童子、童女行。《阿含經》中不是有個童女迦葉嗎？率領五百比丘遊行人間，那也是出家人；雖然她沒有受聲聞戒而沒有穿起聲聞人所穿的袈裟，但她也是出家人；就像文殊、普賢這樣出家，是眞正的菩薩僧。我們把佛世大乘佛教的規格實現，以後也許還會有第二、第三、第四個。我們大溪道場中也有顯現聲聞相的出家菩薩僧，所以現在有兩種菩薩僧了：現出家相的菩薩僧住進禪三道場，也有現在家相的菩薩僧住進禪三道場。爲什麼現在家相的出家人也可以稱爲菩薩僧？因爲他的般若波羅蜜多「大」的緣故。大在哪裡？大在前中後際都不可得。因爲他所證的眞如就是如此，所以說爲大，因爲大就可以稱爲菩薩僧了。不管佛教界誰要出來罵，都一樣；如果他們想要罵，得先把《阿含經》推翻了再來講；因爲《阿含經》中就有童女菩薩迦葉率領五百比丘遊行人間，那是被聲聞阿羅漢們明文記錄下來的，當然，沒有被記錄下來的一定還有很多。

這個理說，我們再從另一個方面來講，這是《大方廣佛華嚴經》卷六所說：【「**佛身充滿於法界，普現一切眾生前；隨緣赴感靡不周，而恒處此菩提座。**」】

讀到這句「**佛身充滿於法界**」，很多人就想：「**法界是遍十方虛空的，所以我眼前也有佛身，可是我怎麼摸不到？**」以前就有很多善知識這麼講：「**遍滿虛空，所以叫作大自在。**」是哪個善知識？月溪法師呀！他不說這句話倒還好，但他這句話一講出來，我們馬上就抓到他的毛病，因爲眞如不是遍滿虛空的，佛身就是說有情各自都有的金剛心如來藏。遍滿法界的意思並不是遍滿虛空，因爲他把法界給誤會了才會這麼說。法界就是法的功能差別、法的種子，說是「法」的種子，就表示這個「法」能生三界諸法；而這個法的功能差別是現量可實證的，不是經由比量而知。所以「**佛身充滿於法界**」，講的就是祂充滿於你的十八法界、五陰法界，你的所有法的功能差別裡面都有祂。那你去想想：**你自己有多少的法？五陰有幾個陰？十八界有幾個界？**

六入有幾個入？這樣一一的去觀，統統都有祂，祂是充滿於法界的。

「普現一切眾生前」，如果依照以前那個善知識那樣講，那就有問題了！「既然說佛身普現一切眾生前，可是爲什麼那麼多眾生沒有看見，我自己也看不見，到底是什麼意思？這句經文有問題呵！」就會這麼講。可是經文眞意其實不是講這個道理，是說你的佛身本來就現在你的眼前，螞蟻的佛身也現在牠自己眼前，地獄有情的佛身也在他自己眼前。天界，譬如說欲界天、色界天、無色界天的眾生，他們各自的佛身如來藏，全都顯現在他們自己眼前。也許你想：「你騙人！無色界眾生也沒有眼，怎麼會現在他眼前？」但就是現在他眼前，那叫作心眼；無色界天人還有意識，既有意識就有心眼，當然可以知道。所以佛身眞的普現一切眾生前，可是眾生找不到祂；等到善知識幫忙，有一天找到了才說：「原來佛身這麼清楚分明，我爲什麼以前都找不到？」很簡單呀！就是「無明所罩」這四個字，不必作很多的解釋。因爲被無明所籠罩，所以找不到祂。而祂其實都在你自己眼前，一天到晚晃來晃去，卻還是找不到祂。祂都在你眼前晃來晃去，只是祂從來不會主動告訴你說：「喂！王某某，蕭某某，我在這裡呀！你趕快來找我呀！」祂不這樣想。後來當你找到了，祂也不會說：「你怎麼這樣笨！這麼久才找到我，我又沒有跟你捉迷藏。」祂也不會這樣想。你找到或找不到祂，祂都是如如不動，所以祂眞的「普現一切眾生前」。不可以依文解義說：「佛身是普現於一切眾生眼前，眾生每一個人都應該看得見呀！」其實不是這樣，因爲佛身講的就是法身：諸法所依之身，就是第八識如來藏金剛心。

並且祂「隨緣赴感靡不周」，當眾生往生去到極樂世界時需要祂，這個佛身也在幫忙他。他又往生來到娑婆世界時需要祂，這個佛身也在幫忙他，隨時都感應得到。也許造了善業生欲界天享福時需要祂，祂也在幫忙；下了地獄受苦時不想要祂幫忙出生苦受，祂也在幫忙，因爲需要供應給他痛苦的種子，所以祂也感應去幫忙，這叫「隨緣赴感靡不周」，沒有不周到的。眾生造了善業享福，需要祂供應善報種子，祂就供應；眾生造了惡業需要惡業果報的種子，祂就供應；祂全部都供應，永遠都隨緣赴感，沒有感應不到的。菩薩就因爲現前照見了法界中的眞相，所以「菩薩畏因」就是從這裡產生出來的。如果有菩薩悟了以後不畏因，那一定是鬼迷心竅，他著鬼了，才會不畏因。所以假使今天有個機會，說同修會已經有五百億財產，全部都可以把它貪污過來，我也不敢要，因為我的佛身「隨緣赴感靡不周」。我生存這一世不過幾十年，再活最多四十年好不好？假使這四十年能擁有這五百億元財產，可是死後下了地獄，我的佛身會幫忙讓我很痛苦，必然會感應到很大很長久的痛苦，那我貪它幹什麼？假使我在同修會把它搞了五萬塊錢來花，這五萬塊錢下一世要怎麼還，要還多少倍，如來藏就供應我還債的種子，祂還是會感應我，就給我那些很辛苦、很痛苦、很久才能夠還得完的種子，根本逃不掉，眞的「隨緣赴感靡不周」。因為一切有情永遠離不開祂，永遠都生活在祂裡面，從來都沒有離開過祂，當然祂是「隨緣赴感靡不周」。

可是這個佛身雖然如此，「而恒處此菩提座」。你所需要的佛菩提智慧都在祂裡面，祂都供應著，問題是你要不要拿它而已；你如果需要那些智慧，祂就給你；你不想要，因為被無明所障，祂也無所謂。這樣來看，《華嚴經》這首偈有沒有道理？有嘛！所以讀經時眞的不能依文解義。假使有人依文解義，你們聽了都要怨他；所以我不依文解義，我就依眞實義告訴諸位。我把義學告訴諸位，我不是跟諸位講玄學。你們要如何親自證實我所講的是義學而不是玄學？如果想要親自證實，你就趕快求證如來藏。當你證得如來藏以後，現前去觀看法界中的佛身時，想一想《華嚴經》中的這一首偈，以及我今天告訴你的法義；你先把這個偈記在腦筋裡面，去到禪三時如果破參而且被印證了，再把它誦一遍，看看是不是如此？一定會親自證實祂確實如此。所以這樣看來，祂還眞的是眞如。這個如來藏就是眞實而如如，所以祂永遠駐於菩提座上面，永遠坐得好好地，永遠不會掉下來，不會跌下法座。如果悟錯了就要擔心：「哪一天蕭平實把我給拈提了，我就掉下法座去了。」可是他掉下法座去了，他的眞如還是永遠不會落到法座下，還是「而恒處此菩提座」，這樣才是實相。

講了這麼多的理，到底祂是阿誰？祂又何在？我們就來看看宗門怎麼說：學禪的人有種種病，不是自己有病，而是病在邪師的教導，所以禪人以及禪法都沒有病。《大慧普覺禪師語錄》卷十四，記載大慧宗杲開示的秦國夫人計氏的故事時這麼說：

【徽猷與相公，親向謙道：「老母修行四十年，只欠這一著。公久侍徑山和尚，多所聞見，且留公早晚相伴說話，蓋某兄弟子母分上，難為開口。」見說每日與謙相聚，只一味激揚此事。一日問謙：「徑山和尚尋常如何為人？」

謙云：「和尚只教人看『狗子無佛性』話、竹篦子話，只是不得下語，不得思量，不得向舉起處會，不得去開口處承當。『狗子還有佛性也無？無！』只恁麼教人看。」渠遂諦信，日夜體究；每常愛看經禮佛，謙云：「和尚尋常道：『要辦此事，須是輟去看經、禮佛、誦咒之類；且息心參究，莫使工夫間斷。若一向執著看經禮佛希求功德，便是障道。候一念相應了，依舊看經禮佛，乃至一香一華一瞻一禮，種種作用皆無虛棄，盡是佛之妙用，亦是把本修行。』但相聽信，決不相誤。」渠聞謙言，便一時放下，專專只是坐禪，看狗子無佛性話。聞去冬，忽一夜睡中驚覺，乘興起來坐禪舉話，驀然有箇歡喜處。近日謙歸秦國，有親書并作數頌，來呈山僧。其間一頌云：「逐日看經文，如逢舊識人。勿言頻有礙，一舉一回新。」山僧常常爲兄弟說：「參得禪了，凡讀經、看文字，如去自家屋裏行一遭相似，又如與舊時相識底人相見一般。」今秦國此頌，乃暗合孫吳。爾看他是箇女流，宛有丈夫之作，能了大丈夫之事。謙禪，昨日上來告山僧，子細說些禪病，且與秦國結大衆般若緣，山僧向他道：「禪有甚麼病可說？禪又不曾患頭疼，又不曾患脚痛，又不曾患耳聾，又不曾患眼暗。只是參禪底人參得差別，證得差別，用心差別，依師差別；

因此差別故，說名爲病，非謂禪有病也！」如何是佛？即心是佛！有甚麼病？狗子還有佛性也無？無！有甚麼病？喚作竹篦則觸，不喚作竹篦則背。有甚麼病？如何是佛？麻三斤！有甚麼病？如何是佛？乾屎橛！有甚麼病！】

要這樣講禪才會親切啦！這是大慧宗杲寫信給某人的開示，一方面要鼓勵，一方面也得要開示，這樣對方才能夠生歡喜心，繼續去參禪。寫信開示可以寫這麼長，他可眞夠老婆。徽猷與相公，這是兩兄弟。大慧宗杲說：「這兩兄弟親自向開善道謙說（開善道謙是大慧宗杲的徒弟）：『我們家老母親修行已經四十年了，就欠這一著。』這就像王雲林老人跟我說：「我讀《大正藏》已經讀六遍了，就欠腦後一著。」講的就是這個，也就是欠禪宗這麼一悟。「公久侍徑山和尚」，「公」就是指開善道謙禪師，是說：「道謙禪師您奉侍大慧宗杲和尚已經很久了，在和尚身邊所聽所聞所見也已經很多了，我們現在暫且想要把您留下來陪伴我家老母親，跟她說說話；因爲某（我們兄弟）跟我家老母親是子母的份上，不好開口（我們總不能夠以兒子的身分來跟母親開示），所以您開善道謙禪師來爲她開示最適合。」這是徽猷與相公兄弟二人所說的，大慧宗杲是後來聽聞開善道謙報告這件事情。然後大慧宗杲就敘述說：

開善道謙陪伴秦國老夫人（又稱爲秦氏夫人，秦氏夫人本身姓計，大家都稱她爲秦氏夫人），「見說」就是聽說。聽開善道謙說：「秦國夫人每天與開善道謙相聚，所說的都只有一味，沒有別味，都是在激揚開悟這件事情。」秦國夫人有一天問道謙說：「徑山和尚（徑山和尚就是大慧宗杲）平常是怎麼樣幫助別人的？」道謙禪師說：「和尚都只教人家看『狗子無佛性』這句話。」也就是說，只看著一個話頭，這個話頭叫作「狗子無佛性」，「狗子無佛性」過去以後就看著「無」字。「除此以外都不看別的，就只看個『無』字。徑山和尚有時候又教人家看竹篦子話。」竹篦子話，是首山省念禪師教示的公案，這個說來話長，現在且不解釋。「可是和尚教人家這樣看話頭時，卻是不許下語（不可以說話），也不可以在那邊思量，也不可以向話頭舉起來的地方去領會。」

大慧宗杲這樣開示的意思，是因爲有很多人說：「我要找到如來藏，就得向妄想的前頭去找。因爲妄想種子都從如來藏來，那我就一直找，找到妄想的前頭去，那些妄想的前頭不就是如來藏了嗎？」我們以前也遇到過好幾位這樣的同修，我說：「你這樣找，找到驢年來了，也找不到。」所以不能夠想要修一念不生，然後看念頭起來的時候前面是什麼。念頭的前面還是無，不信的話，你去找話頭，去注意你的話頭；你可以去靜坐，看那個話頭或其他念頭是從哪裡來的。可是當念頭出現的時候，你都不知道念頭前面是什麼，因爲念頭前面什麼都沒有。就是因爲這個原因，所以就說：「不得向舉起處會，也不可以向開口的地方去承擔。」

有的人說：「我即將開口的時候，心中是沒有妄念的，沒有妄念時就是眞如境界了。」那其實還是錯了！要怎麼樣去參呢？心中起個「狗子還有佛性也無？」接著就在心中「無……」心裡面只看個「無」，一直看下去，連語言文字都沒了；開善道謙說：「徑山和尚只教人這樣子看。」「渠遂諦信」，渠就是指她——秦國夫人。這個「渠」，以前有一位老師把它解釋錯了，我不稱名道姓指稱是誰解釋錯了。這個「渠」是代名詞，就是「他」字，也就是指秦國夫人計氏。大慧宗杲敘述開善道謙所說的：「她就非常堅定的這樣相信，日夜體究。」可是她一面體究，有時候又常常愛看經、愛禮佛，道謙就告訴她說：「我們徑山和尚平常說，想要成辦開悟這件事情，必須要把看經、禮佛、誦咒之類的事情都暫時停止下來。」我們正覺同修會就是這樣，當你到了參話頭的時節，就不教你什麼看經禮佛，你禮佛的時候也是在參禪，不是在禮佛，是藉禮佛來參禪。

開善道謙就是教她要停掉看經和禮佛，暫時把心停下來好好地參究，教她「不要讓這個看話頭的功夫中斷了。如果一向執著看經禮佛希求功德，那就是障礙自己的道。等候將來一念相應了以後，依舊還去看經禮佛；那時候甚至於一香一華的供養，一瞻仰一禮拜的功德，種種作用都沒有虛棄了，那時候就知道這一些都是佛的妙用，這也是把住了根本來修行的人。你只要這樣相信徑山和尚的話，絕對不會跟你互相耽誤的。」大慧宗杲禪師轉述說：「秦國夫人聽了道謙這樣的話，就一時全都放下，專心的只是坐禪，只看著『狗子無佛性』的話頭，就只看個『無』字。我聽說去年冬天秦國夫人有一天晚上半夜突然驚醒過來了，因此就乘興起來坐禪，又舉起這個『無』的話頭；然後突然間有個歡喜處。」說她突然間悟了。怎麼悟的？她就看個無，不知何故，突然間嘴裡面就把「無」字喊出來了，她就知道實相是什麼了。會了沒？這「無」喊了出來，她就知道如來藏是什麼了，就是這樣悟的。

大慧禪師接著說：「然後最近幾天，道謙禪師因爲又回去秦國夫人那邊看她，秦國夫人就親自寫了一封書信，並且寫了幾首頌，吩咐道謙禪師回來交給山僧我。其中有一首頌是這麼講的：『逐日看經文』，每一天讀經文時，『就好像逢見了舊識人一樣』，好像每天遇見以前就認識的人。『如果不詳細去把它作說明的話，那麼想要證悟眞的很困難；可是如今悟了以後，卻要勸大家別再說參禪常常有障礙；等你把這個妙法悟了以後，每一次把經文請出來探討一番時，每一次都會有新的體悟。』山僧我常常爲我這些座下的兄弟們說：『參得禪了以後，凡是看經中的文字，就好像去自家屋裡面走一遭一樣，又如同與自己舊時相識的人相見一般。』如今秦國夫人這一首頌，其實是暗合孫、吳。」孫、吳知道嗎？孫、吳就是孫子兵法講的那一些，又像是兩軍征戰的時候那一些機關一樣；說秦國夫人暗合孫、吳，就是說她講的已經暗合禪法了。

大慧宗杲又寫道：「你看她是個女人之輩，可是卻很分明地有丈夫的作爲，能夠了卻大丈夫之事。道謙禪師昨天上來告訴我，仔細說了一些禪病，我不妨就跟秦國夫人以及與她親近的大眾結個般若緣，山僧我就向他們說：

『禪有什麼病可說？禪又不曾犯過頭疼，禪又不曾犯過腳痛，禪也不曾患耳背，禪也不曾患眼暗。其實只是參禪的人參得的內容有差別，實證時的對與錯有差別，用心參究的方向有差別，所依止的師父有差別；正因爲這些差別的緣故，所以才會有禪病，並不是說禪自己有什麼病！所以禪是沒有病的，譬如說『如何是佛？即心是佛！』有什麼病？『狗子還有佛性也無？無！』有什麼病？『喚作竹篦就錯了，不喚作竹篦也是與禪抵觸了，』這有什麼病？『如何是佛？麻三斤！』有什麼病？『如何是佛？乾屎橛！』有什麼病？」禪根本就沒有病！病的是什麼？病的是自己的話頭功夫不夠，病的是依止的師父不對，病的是自己的知見差錯，病的是自己悟錯了；禪本身沒有病，病的都是自己的事，這叫作禪病。

那麼我引述大慧宗杲的開示，已經講了很多了！你們證眞如了沒？「狗子還有佛性也無？無！」人家秦國計氏夫人這樣就悟了，你看她一個老夫人，眞不簡單欸！她就這樣悟了，所以這老夫人後來很感念大慧宗杲，國難時，大慧與他的師父克勤大師離散了，她就供養大慧三年報恩。到臨死的時候還在想著說：「我想要再與大慧宗杲禪師見面，看來是不可能了。」後來大慧宗杲被宋高宗從梅州放回到徑山的路途中，她的兒子張浚宰相到大慧可能經過的路上尋覓，好不容易找到了，與大慧宗杲連著兩夜趕路回到秦國夫人家中時，秦國夫人計氏已經不在人間了，那是非常感傷的時刻。但她當時悟了就是這麼高興，因爲她證明自己眞的悟了、明心了。人家一個「無」字就悟了，你們回去就「無……」看看吧！

再來看宗門第二個部分怎麼說：般若是無所得法，依無所得法而悟的才是大身，凡是悟的法是有所得法，都不是大身。譬如說離念靈知，離念靈知見色得色、聞聲得聲，乃至觸覺得覺、知法得法，哪有不得的？落入意識心中取了六塵而講無所得，都是自欺欺人；住在有所得中卻說自己無所得，其實都是有所得。我們來看看《大慧普覺禪師語錄》卷二十三裡面的記載：

【士大夫，多以有所得心，求無所得法。何謂有所得心？聰明靈利思量計較者是。何謂無所得法？思量不行、計較不到，聰明靈利無處安著者是。不見釋迦老子在法華會上，舍利弗殷勤三請，直得無啓口處，然後盡力道得箇「是法非思量分別之所能解」。此是釋迦老子初悟此事，開方便門、示眞實相之椎輪也。昔雪峰眞覺禪師，爲此事之切，三度到投子，九度上洞山，

因緣不相契。後聞德山周金剛王化，遂造其室。一日問德山：「從上宗風，以何法示人？」德山云：「我宗無語句，亦無一法與人。」後又問：「從上宗乘中事，學人還有分也無？」德山拈拄杖便打，云：「道甚麼？」」

諸位有沒有準備好要挨打？大慧宗杲說：「這些儒門的士大夫們，大部分人都是以有所得的心來求無所得的法。」可是古今一般都是想要用意識覺知心來變成眞心，所以就要求意識無念、離念，說離念以後這個覺知心就變眞心了。都是這樣想，這叫作以有所得心求無所得法。大慧禪師說：「什麼叫作有所得心呢？那個聰明靈利的、會思量會計較的，就是會作決定會計較的，那個心就是有所得心。什麼叫作無所得法？也就是說那個心不會思量也不會計較，你要在祂身上把聰明靈利安上去，絕對安不上去，祂沒個地方可以讓你安上去，這個沒辦法安上聰明靈利的心才是眞正的無所得心。」

然後又說：「你沒看見釋迦老爸在法華會上，舍利弗殷勤地三度請求講法華嗎？那麼舍利弗殷勤乞請之後，又不可以大庭廣眾直接爲他明講《法華經》中說的此經——如來藏心，當時釋迦老爸眞的無啓口處，最後盡量跟他講了一些開示，然後說：『這個法不是思量分別所能瞭解的。』」諸位證得此經如來藏以後，可以打量看看，看這個法是不是意識思惟分別作學問所能瞭解的？眞的不行欸！你眞的要去參禪而找到祂，才有辦法瞭解的。所以那些佛學研究者，有人研究了七、八十年以後死了，有的人研究了四十年、三十年，現在還活著；但不管他們是死的人、活的人，他們思量分別以後有沒有眞的瞭解了？答案是「沒有」，所以才會寫出一些很奇怪的、莫明其妙的禪書來，所以 佛說：「這個法不是思量分別之所能解。」大慧宗杲又說：「這個『此經如來藏』就是釋迦老子剛悟時所悟的事，釋迦老爸在人間示現剛開悟以後，這句話就是打開一個方便門而顯示眞實相的椎輪。」椎輪是什麼呢？就是有椎子，然後穿著個輪子可以在那邊一直轉，就是時時刻刻都在運作而顯示出來給你看。有時則是指雲板，代表佛法。

大慧禪師又說：「以前雪峰眞覺禪師，」也就是雪峰義存，眞覺是他的別號；「爲了想要知道明心這個事情，三度上投子山去見投子大同禪師，九次上洞山拜見洞山良价禪師，結果因緣都不相契。」他是在誰的手裡悟得的？是在他的師兄嚴頭全豁手裡悟的，這事情的細節這裡暫且不談。「在見過投子大同與洞山良价以後，他聽說德山宣鑑禪師的俗名是周金剛，已經證悟了，正在演說法王之法，所以就到德山的方丈室去參問。有一日，雪峰禪師問德山：『宗門向上事，這個宗風是以什麼樣的法來顯示給學人得證？』德山宣鑑禪師回答說：『我這個宗門裡面沒有語言文句，也沒有一個法可以給別人。』」

你看！這到底是不是很吝嗇？德山禪師是個吝嗇鬼呵！因爲德山得法眞是不容易，他從嶺北挑著一擔自己寫的註解《金剛經》的《青龍書鈔》，「得得南來」，洋洋得意地向南行到嶺南來，想要滅盡南方禪宗自稱開悟的魔子魔孫；結果在路上遇到個賣油粿的老婆子，先被老婆子殺了他的銳氣。那時嶺南嶺北來往有千里遠，婆子指引他去見龍潭崇信禪師，周金剛才眞的悟入實相般若。他是翻山越嶺辛苦南下，被婆子殺了銳氣，又參了龍潭禪師才開悟的，很不容易；你想：他有隨隨便便就給人家開悟的道理嗎？他悟得眞不容易，那一、二千里地來回，要花掉多少漿水錢？花掉多少飯館子錢、旅店的錢？還要花掉多少草鞋錢？以前都是穿草鞋走的，這樣一、二千里地來回，眞是不容易欸！哪有人初來參訪，德山就隨便把妙法給了？

我弘法早期隨便給人，是因爲我悟得太容易，覺得這沒什麼；是因爲我參禪十九天就悟了，沒有經過辛苦。我如果經過辛苦，一、二千里地這樣走路來回才能悟入，我也是不會隨便就放手幫人開悟的；因爲我如果也是這麼難才得到妙法，你隨便幾句話就想要跟我拿去？門都沒有！所以德山當然沒有隨便放手給人，可是德山有開示說：「我宗無語句，亦無一法與人。」到底這時他講了妙法沒有？其實他已經講了！可是這雪峰義存當時一樣聽不懂，於是接著又問：「從上宗乘中事，學人還有分也無？」因爲三度上投子、九度上洞山，都沒希望開悟，只好來到周金剛這裡求法；沒想到周金剛德山禪師說：「我這裡沒有什麼開示，也沒有一法給人。」他就只好像洩了氣的皮球，乾脆直接問：「學人我到底有沒有開悟的份兒？」這就好像攤牌一樣，如果沒有開悟的份，就要走人了！周金剛德山禪師聽他這麼一講，拈起拄杖就打，打完了才問他說：「你講什麼？」

上週《金剛經宗通》，宗說的部分講了第二個部分，今晚我們要作一個小結論說：在宗門下求悟般若禪，不應該以有所得心希望悟到無所得法；否則的話，想要求開悟，永遠都是遙遙無期。從所有的未悟者來講，在閱讀禪宗的公案、祖師的語錄時，總是會覺得深不可測，往往以爲證悟之後是有什麼稀奇古怪的境界在裡頭；但其實沒什麼稀奇古怪，因爲法界的實相，當你實證了就是了知父母未生前的本來面目。了知了法界的實相，使你有實相智慧出生，並不是有什麼神異的境界，可以拿來向世俗人表現。舉凡世俗法中的神異境界，只要顯示出來了，就很容易被世俗人推崇爲聖人的，其實都只是三界中的有爲法，都是凡夫境界。那與禪宗所悟的般若禪其實是無關的，因爲禪宗所悟的是般若，這個禪所悟的是世間和出世間的智慧，它無關於神通也無關於定境。雖然這個所悟的如來藏是永遠住於法界大定中，但這個定不通世俗法中的根本禪定，也不通於世俗法中由根本禪定衍生的種種定境和神妙境界，證得祂以後只是生起實相智慧。雖然說它只是智慧，但是這個智慧的深與淺之間差異非常大，深可以深到去改變自己或者改變別人的內相分，淺可以淺到只是知道實相心如來藏的所在，無法爲人說法；所以這完全是智慧，與定力其實無關。

但是我們卻會要求大家要有動中的基本定力，也就是一念相續、淨念相繼的功夫，就是要會看話頭的功夫；這樣子悟了才會有受用，不會成爲狂慧、乾慧，就不會退轉。凡是不作功夫的，沒有動中定的人，即使幫他明心了以後，他還是有可能受用不大，因此會產生炫耀的心態，然後不久他就想要超過諸佛、要比諸佛更勝妙，所以就會出問題，最後其實只是退回到意識裡面去，自以爲比諸佛還要厲害。這不是誇大其詞，而是有事實、有眞的事件可以這麼說的。譬如說，釋迦佛以前木槍刺足很痛，當時又沒有醫生可以爲祂作治療，那怎麼辦？因爲痛得不得了，乾脆就進入無想定去了；把意識滅了就不會領受到痛，等到有醫師來治療，慢慢好了再說。可是沒有基本的定，表示他根本沒有能力降伏一點點的煩惱，所以善知識輕易放手讓他知道密意以後，過個幾年他就會自己發明佛法，發明了以後就誇口說：「我們證佛地眞如的時候，這刀子割到了手，會流血，會痛；你如果眞的證佛地眞如時，當你叫它不流血，它就不流血，叫它不痛就不痛。」這樣看來，他好像比佛還要厲害，但這也違背了世間的生理法則，而諸佛卻都不會違背世間的生理法則。

所以那都是求「有」的心態，以有所得心一定會求有所得法，他想要求無所得法是不可能的；而這樣的人想要進入菩薩僧中，要求將來的佛果，都是不可得的。所以在悟前可以嚮往證悟後的般若智慧奇妙境界，但是千萬不要希求有所得的神異境界；因爲智慧的境界是無境界的，它就只是智慧，讓你可以了知法界的實相是怎麼樣：一切諸法等法界，原來都是從「此經」如來藏心而出，都附屬於「此經」如來藏心。證得「此經」以後，因此而出生了中道實相的智慧：不增不減、不垢不淨、不來不去、不斷不常等等，是在兩邊具足的狀況下卻同時離兩邊。這樣才是眞的中道，假使是求有所得法的境界，幫他證悟以後，他遲早還會退轉，反而落入常見外道法裡面去；卻沒有能力自我反省，會繼續沾沾自喜自以爲是超越天下一切賢聖的證境；所以，千萬不可期望悟後會得到有所得的有境界法，因爲那不是實相般若。這是一個學禪宗的人必須要建立的非常重要的知見。這個部分說過了，再來看宗門又怎麼說？這個「非身」，說伊是大身，所謂「大身」一定是「非身」。有身就不可能大，因爲它已經有一個侷限了。

那麼如何是非身呢？《大慧普覺禪師語錄》卷一：**【大慧宗杲禪師，入院上堂：「山僧未離泉州時，已與諸人相見了也。臨安府，亦與諸人相見了也。及乎來到山中，擊動法鼓、坐立儼然，眼眼相覷，爲甚麼卻不相識？只爲分明極，翻令所得遲。」】**

你們有些人看到這一段語錄，心中很歡喜；可是卻有許多人依舊與各大山頭的大法師們一樣，就好像鴨子聽雷——有聽沒有到。聽是聽到了，卻不懂那是什麼。大慧宗杲禪師入院，這是到他七十幾歲時的事了；他被放回徑山，七十歲後進了徑山禪院，上法堂開示的時候這麼說：「**山僧我還沒有離開泉州的時候，已經跟你們諸人在家裡相見過了。**」為什麼他會從泉州回來徑山？徑山是在江浙，泉州是在福建。有很多的台灣人祖宗牌位上寫著泉州、漳州，都是在福建省；如果是穎州、穎川，那是從廣東、廣西來，以前是發源於安徽、河南。換句話說，他們如果現在已經不說客家話了，其實也是有客家血統。綜合而言，都是從福建、兩廣來的，除非是後來大陸改換旗幟以後才來的；否則，眞正的台灣人其實很少。眞正的台灣人，是以前有刺青習慣的原住民，他們才眞有資格叫作台灣人。

當年大慧宗杲本來是嶺北的人，為什麼會離開泉州？因為他這個人不怕死，當面斥責秦檜，秦檜很不高興；他又支持岳飛反攻，想要救回被金朝擄去的二個皇帝，因此宋高宗也對他很不高興。後來南宋發明了神臂弓，其實就是一個木頭弄個弓，用繩子拉過來這樣射的。那比一般弓箭強多了，很有力量又很強，瞄頭也比較準確，在宋朝時是一個新發明。有了神臂弓幫助，南宋本來那時候可以反攻，可以攻回江北的。岳飛這一派是主張要攻回江北，趁著有好武器時反攻；但秦檜收了賄賂，宋高宗想要繼續當皇帝，所以不願意反攻回去，就主張議和。在大慧看來，這明明是可以贏的戰爭，爲什麼不打？爲什麼一定要畏畏縮縮的躲在江南？當時有徽、欽兩個皇帝被金朝俘虜了，應該要趕快救回來。他當面跟秦檜說：「人家古人挾天子以令諸侯，你是挾著金人以令皇帝。」所以秦檜對大慧宗杲很不高興，但一時不敢發作，因爲大慧宗杲太有名了。後來就藉著神臂弓的事，羅織大慧宗杲的罪；也因爲宋高宗想要繼續保有皇帝寶座，不想反攻救回兩位被金朝捉去的皇帝，於是大慧禪師就被秦檜藉這題目貶到福建衡州、梅州去了。

大慧宗杲的神臂弓偈子，本來不是評論政治的，是在譬喻說，有個人學禪，這個禪就好像神臂弓那麼猛利。沒想到秦檜就拿來作文章，討好不想北伐的宋高宗，就把大慧貶到衡州去。在衡州軟禁的那一段時間，因爲天童的虎丘禪師以及繼承者都不認眞復興佛門，大慧就繼續廣度學人開悟；被秦檜及宋高宗知道了，又把大慧宗杲貶到梅州一個海島去，讓人家無法跟他學佛學禪。這就是秦檜與宋高宗的惡劣心態。因爲這個緣故，後來宋高宗希望國家可以得到三寶的庇佑，才願意把大慧給放回江蘇，才能回到徑山。大慧從梅州離開，路經泉州，大家來迎接以及送行，大慧說：「那個時候我已經跟你們大家相見了。」然後路經臨安府，因爲一路上很多道場要迎請他當住持，他都不願意。他一生不想跟人家爭住持的位子，他只想當首座幫助克勤和尚的忙就好了；至於寺院「住持」這個人人要爭的位子，也就免了。他從來都不想當寺院的住持，所以他回徑山的一路上都在推辭。

在回來徑山的路程中間要經過臨安府，在臨安府大家又來相見，大慧宗杲說：「那時候也跟諸位以家裡人方式相見了，都用眞實面目相見了。」接著到最後說：「等到今天來到徑山裡面，打起法鼓來，在法座上這麼坐下來，也是儼然分明，也很清楚地跟大家以眞面目相見了；如今我跟諸位眼對眼，互相都看見了，爲什麼你們卻還說你們不知道？」有沒有呢？對呀！已經跟你們眼對眼相見了，爲什麼還說不知道本來面目？所以大家若是想要眞的看見，就看看還沒有離開泉州的時候，到底是什麼處曾經跟大家以眞實面目相見過了？後來離開泉州，來到了臨安府，那又是什麼地方與大家本來面目相見了呢？在住進徑山以後打起法鼓來，上了法座坐得好好地，又是什麼地方跟大家本來面目相見呢？到底是哪裡相見了？（有人答說：「這裡。」）誰說在這裡？這句話說得好，泉州相見就是在這裡相見了，臨安府相見也是在這裡相見，上了徑山擊法鼓也是在這裡相見，上了法座坐立儼然，也是在這裡相見。這裡是哪裡？這麼清楚了，我已經明講了！如果還不知道，不能怪我了！不過我們還是可以旁開一線，開一個小小的縫讓你們見一見。想不想見？（有人答：「想。」）想喲？好，我就讓你見——只爲分明極，翻令所得遲！

（未完，詳後第三輯續說。）

佛菩提二主要道次第概要表——二道並修，以外無別佛法

佛菩提道——大菩提道

遠波羅蜜多

資糧位

十信位修集信心 ——— 一劫乃至一萬劫

初住位修集布施功德（以財施爲主）。

二住位修集持戒功德。

三住位修集忍辱功德。

四住位修集精進功德。

五住位修集禪定功德。

六住位修集般若功德（熏習般若中觀及斷我見，加行位也）。

外門廣修六度萬行

見道位

七住位明心般若正觀現前，親證本來自性清淨涅槃。

八住位於一切法現觀般若中道。漸除性障。

十住位眼見佛性，世界如幻觀成就。

一至十行位，於廣行六度萬行中，依般若中道慧，現觀陰處界猶如陽焰，至第十行滿心位，陽焰觀成就。

一至十迴向位熏習一切種智；修除性障，唯留最後一分思惑不斷。第十迴向滿心位成就菩薩道如夢觀。

內門廣修六度萬行

初地：第十迴向位滿心時，成就道種智一分（八識心王一一親證後，領受五法、三自性、七種第一義、七種性自性、二種無我法）復由勇發十無盡願，成通達位菩薩。復又永伏性障而不具斷，能證慧解脫而不取證，由大願故留惑潤生。此地主修法施波羅蜜多及百法明門。證「猶如鏡像」現觀，故滿初地心。

二地：初地功德滿足以後，再成就道種智一分而入二地；主修戒波羅蜜多及一切種智。滿心位成就「猶如光影」現觀，戒行自然清淨。

解脫道：二乘菩提

- 斷三縛結，成初果解脫
- 薄貪瞋癡，成二果解脫
- 斷五下分結，成三果解脫
- 入地前的四加行令煩惱障現行悉斷，成四果解脫，留惑潤生。分段生死已斷，煩惱障習氣種子開始斷除，兼斷無始無明上煩惱。

近波羅蜜多　　大波羅蜜多　　圓滿波羅蜜多

修道位　　究竟位

心、五神通。能成就俱解脫果而不取證，留惑潤生。滿心位成就「猶如谷響」現觀及無漏妙定意生身。

四地：由三地再證道種智一分故入四地。主修精進波羅蜜多，於此土及他方世界廣度有緣，無有疲倦。進修一切種智，滿心位成就「如水中月」現觀。

五地：由四地再證道種智一分故入五地。主修禪定波羅蜜多及一切種智，斷除下乘涅槃貪。滿心位成就「變化所成」現觀。

六地：由五地再證道種智一分故入六地。此地主修般若波羅蜜多——依道種智現觀十二因緣一一有支及意生身化身，皆自心眞如變化所現，「非有似有」，成就細相觀，不由加行而自然證得滅盡定，成俱解脫大乘無學。

七地：由六地「非有似有」現觀，再證道種智一分故入七地。此地主修一切種智及方便波羅蜜多，由重觀十二有支一一支中之流轉門及還滅門一切細相，成就方便善巧，念念隨入滅盡定。滿心位證得「如犍闥婆城」現觀。

八地：由七地極細相觀成就故再證道種智一分而入八地。此地主修一切種智及願波羅蜜多。至滿心位純無相觀任運恆起，故於相土自在，滿心位復證「如實覺知諸法相意生身」故。

九地：由八地再證道種智一分故入九地。主修力波羅蜜多及一切種智，成就四無礙，滿心位證得「種類俱生無行作意生身」。

十地：由九地再證道種智一分故入此地。此地主修一切種智——智波羅蜜多。滿心位起大法智雲，及現起大法智雲所含藏種種功德，成受職菩薩。

等覺：由十地道種智成就故入此地。此地應修一切種智，圓滿等覺地無生法忍；於百劫中修集極廣大福德，以之圓滿三十二大人相及無量隨形好。

妙覺：示現受生人間已斷盡煩惱障一切習氣種子，並斷盡所知障一切隨眠，永斷變易生死無明，成就大般涅槃，四智圓明。人間捨壽後，報身常住色究竟天利樂十方地上菩薩；以諸化身利樂有情，永無盡期，成就究竟佛道。

七地滿心斷除故意保留之最後一分思惑時，煩惱障所攝色、受、想三陰有漏習氣種子全部斷盡。→

煩惱障所攝行、識二陰無漏習氣種子任運漸斷，所知障所攝上煩惱任運漸斷。→

斷盡變易生死成就大般涅槃

圓滿成就究竟佛果

佛子蕭平實　謹製
（二〇〇九、〇二　修訂）
（二〇一二、〇二　增補）

佛教正覺同修會〈修學佛道次第表〉

第一階段

* 以憶佛及拜佛方式修習動中定力。
* 學第一義佛法及禪法知見。
* 無相拜佛功夫成就。
* 具備一念相續功夫—動靜中皆能看話頭。
* 努力培植福德資糧，勤修三福淨業。

第二階段

* 參話頭，參公案。
* 開悟明心，一片悟境。
* 鍛鍊功夫求見佛性。
* 眼見佛性〈餘五根亦如是〉親見世界如幻，成就如幻觀。
* 學習禪門差別智。
* 深入第一義經典。
* 修除性障及隨分修學禪定。
* 修證十行位陽焰觀。

第三階段

* 學一切種智真實正理—楞伽經、解深密經、成唯識論…。
* 參究末後句。
* 解悟末後句。
* 透牢關—親自體驗所悟末後句境界，親見實相，無得無失。
* 救護一切衆生迴向正道。護持了義正法，修證十迴向位如夢觀。
* 發十無盡願，修習百法明門，親證猶如鏡像現觀。
* 修除五蓋，發起禪定。持一切善法戒。親證猶如光影現觀。
* 進修四禪八定、四無量心、五神通。進修大乘種智，求證猶如谷響現觀。

佛教正覺同修會 共修現況 及 招生公告　2016/1/16

一、共修現況：(請在共修時間來電，以免無人接聽。)

台北正覺講堂 103 台北市承德路三段 277 號九樓 捷運淡水線圓山站旁 Tel..**總機** 02-25957295（晚上）(**分機：九樓**辦公室 10、11；知客櫃檯 12、13。 **十樓**知客櫃檯 15、16；書局櫃檯 14。 **五樓**辦公室 18；知客櫃檯 19。**二樓**辦公室 20；知客櫃檯 21。)
Fax..25954493

第一講堂 台北市承德路三段 277 號九樓

禪淨班：週一晚上班、週三晚上班、週四晚上班、週五晚上班、週六下午班、週六上午班（皆須報名建立學籍後始可參加共修，欲報名者詳見本公告末頁）

增上班：瑜伽師地論詳解：每月第一、三、五週之週末 17.50～20.50 平實導師講解（僅限已明心之會員參加）

禪門差別智：每月第一週日全天 平實導師主講（事冗暫停）。

佛藏經詳解 平實導師主講。已於 2013/12/17 開講，歡迎已發成佛大願的菩薩種性學人，攜眷共同參與此殊勝法會聽講。詳解 釋迦世尊於《佛藏經》中所開示的眞實義理，更爲今時後世佛子四眾，闡述佛陀演說此經的本懷。眞實尋求佛菩提道的有緣佛子，親承聽聞如是勝妙開示，當能如實理解經中義理，亦能了知於大乘法中：如何是諸法實相？善知識、惡知識要如何簡擇？如何才是清淨持戒？如何才能清淨說法？於此末法之世，眾生五濁益重，不知佛、不解法、不識僧，唯見表相，不信眞實，貪著五欲，諸方大師不淨說法，各各將導大量徒眾趣入三塗，如是師徒俱堪憐憫。是故，平實導師以大慈悲心，用淺白易懂之語句，佐以實例、譬喻而爲演說，普令聞者易解佛意，皆得契入佛法正道，如實了知佛法大藏。

此經中，對於實相念佛多所著墨，亦指出念佛要點：以實相爲依，念佛者應依止淨戒、依止清淨僧寶，捨離違犯重戒之師僧，應受學清淨之法，遠離邪見。本經是現代佛門大法師所厭惡之經典：一者由於大法師們已全都落入意識境界而無法親證實相，故於此經中所說實相全無所知，都不樂有人聞此經名，以免讀後提出問疑時無法回答；二者現代大乘佛法地區，已經普被藏密喇嘛教滲透，許多有名之大法師們大多已曾或繼續在修練雙身法，都已失去聲聞戒體及菩薩戒體，成爲地獄種姓人，已非眞正出家之人，本質只是身著僧衣而住在寺院中的世俗人。這些人對於此經都是讀不懂的，也是極爲厭惡的；他們尚不樂見此經之印行，何況流通與講解？今爲救護廣大學佛人，兼欲護持佛教血脈永續常傳，特選此經宣講之。每逢週二 18.50~20.50 開示，不限制聽講資格。會外人士需憑身分證件換證入內聽講（此是大樓管理處之安全規定，敬請見諒）。桃園、台中、台南、高雄等地講堂，亦於每週二晚上播放平實導師所講本經之 DVD，不必出示身分證件即可入內聽講，歡迎各地善信同霑法益。

第二講堂　台北市承德路三段 267 號十樓。

禪淨班：週一晚上班、週六下午班。

進階班：週三晚上班、週四晚上班、週五晚上班（禪淨班結業後轉入共修）。

佛藏經詳解：平實導師講解。每週二 18.50~20.50（影像音聲即時傳輸）。本會學員憑上課證進入聽講，會外學人請以身分證件換證進入聽講（此為大樓管理處安全管理規定之要求，敬請諒解）。

第三講堂　台北市承德路三段 277 號五樓。

進階班：週一晚上班、週三晚上班、週四晚上班、週五晚上班。

佛藏經詳解：平實導師講解。每週二 18.50~20.50（影像音聲即時傳輸）。本會學員憑上課證進入聽講，會外學人請以身分證件換證進入聽講（此為大樓管理處安全管理規定之要求，敬請諒解）。

第四講堂　台北市承德路三段 267 號二樓。

進階班：週一晚上班、週三晚上班、週四晚上班、週五晚上班（禪淨班結業後轉入共修）。

佛藏經詳解：平實導師講解。每週二 18.50~20.50（影像音聲即時傳輸）。本會學員憑上課證進入聽講，會外學人請以身分證件換證進入聽講（此為大樓管理處安全管理規定之要求，敬請諒解）。

第五、第六講堂　為**開放式講堂**，不需以身分證件換證即可進入聽講，台北市承德路三段 267 號地下一樓、地下二樓。已規劃整修完成，每逢週二晚上講經時段開放給會外人士自由聽經，請由大樓側面梯階逕行進入聽講。**聽講者請尊重講者的著作權及肖像權，請勿錄音錄影，以免違法；若有錄音錄影被查獲者，將依法處理。**

正覺祖師堂　大溪鎮美華里信義路 650 巷坑底 5 之 6 號（台 3 號省道 34 公里處　妙法寺對面斜坡道進入）電話 03-3886110　傳真 03-3881692 本堂供奉 克勤圓悟大師，專供會員每年四月、十月各二次精進禪三共修，兼作本會出家菩薩掛單常住之用。除禪三時間以外，每逢單月第一週之週日 9:00~17:00 開放會內、外人士參訪，當天並提供午齋結緣。教內共修團體或道場，得另申請其餘時間作團體參訪，務請事先與常住確定日期，以便安排常住菩薩接引導覽，亦免妨礙常住菩薩之日常作息及修行。

桃園正覺講堂（第一、第二講堂）：桃園市介壽路 286、288 號 10 樓（陽明運動公園對面）電話：03-3749363（請於共修時聯繫，或與台北聯繫）

禪淨班：週一晚上班、週三晚上班、週四晚上班、週五晚上班。

進階班：週六上午班、週五晚上班。

佛藏經詳解：平實導師講解。每週二晚上，以台北正覺講堂所錄 DVD 放映；歡迎會外學人共同聽講，不需出示身分證件。

新竹正覺講堂 新竹市東光路 55 號二樓之一　電話 03-5724297（晚上）

第一講堂：

禪淨班：週一晚上班、週五晚上班、週六上午班。

進階班：週三晚上班、週四晚上班（由禪淨班結業後轉入共修）。

佛藏經詳解：平實導師講解。每週二晚上，以台北正覺講堂所錄 DVD 放映。歡迎會外學人共同聽講，不需出示身分證件。

第二講堂：

禪淨班：週三晚上班、週四晚上班。

佛藏經詳解：每週二晚上與第一講堂同時播放佛藏經詳解 DVD。

台中正覺講堂 04-23816090（晚上）

第一講堂 台中市南屯區五權西路二段 666 號 13 樓之四（國泰世華銀行樓上。鄰近縣市經第一高速公路前來者，由五權西路交流道可以快速到達，大樓旁有停車場，對面有素食館）。

禪淨班：週三晚上班、週四晚上班。

進階班：週一晚上班、週六上午班（由禪淨班結業後轉入共修）。

增上班：單週週末以台北增上班課程錄成 DVD 放映之，限已明心之會員參加。

佛藏經詳解：平實導師講解。每週二晚上，以台北正覺講堂所錄 DVD 放映。歡迎會外學人共同聽講，不需出示身分證件。

第二講堂 台中市南屯區五權西路二段 666 號 4 樓

禪淨班：週一晚上班、週三晚上班、週六上午班。

進階班：週五晚上班（由禪淨班結業後轉入共修）。

佛藏經詳解：每週二晚上與第一講堂同時播放佛藏經詳解 DVD。

第三講堂、第四講堂：台中市南屯區五權西路二段 666 號 4 樓。

嘉義正覺講堂 嘉義市友愛路 288 號八樓之一　電話：05-2318228

第一講堂：

禪淨班：週一晚上班、週四晚上班、週五晚上班。

進階班：週三晚上班（由禪淨班結業後轉入共修）。

佛藏經詳解：平實導師講解。每週二晚上，以台北正覺講堂所錄 DVD 放映。歡迎會外學人共同聽講，不需出示身分證件。

第二講堂 嘉義市友愛路 288 號八樓之二。

台南正覺講堂

第一講堂 台南市西門路四段 15 號 4 樓。06-2820541（晚上）

禪淨班：週一晚上班、週三晚上班、週四晚上班、週五晚上班、週六下午班。

增上班：單週週末下午，以台北增上班課程錄成 DVD 放映之，限已明心之會員參加。

佛藏經詳解：平實導師講解。每週二晚上，以台北正覺講堂所錄 DVD 放映。歡迎會外學人共同聽講，不需出示身分證件。

第二講堂　台南市西門路四段 15 號 3 樓。

佛藏經詳解：每週二晚上與第一講堂同時播放佛藏經詳解 DVD。

第三講堂　台南市西門路四段 15 號 3 樓。

進階班：週三晚上班、週四晚上班、週六上午班（由禪淨班結業後轉入共修）。

佛藏經詳解：每週二晚上與第一講堂同時播放佛藏經詳解 DVD。

高雄正覺講堂　高雄市新興區中正三路 45 號五樓 07-2234248（晚上）

第一講堂（五樓）：

禪淨班：週一晚上班、週三晚上班、週四晚上班、週五晚上班、週六上午班。

增上班：單週週末下午，以台北增上班課程錄成 DVD 放映之，限已明心之會員參加。

佛藏經詳解：平實導師講解。每週二晚上，以台北正覺講堂所錄 DVD 放映。歡迎會外學人共同聽講，不需出示身分證件。

第二講堂（四樓）：

進階班：週三晚上班、週四晚上班、週六上午班（由禪淨班結業後轉入共修）。

佛藏經詳解：每週二晚上與第一講堂同時播放佛藏經詳解 DVD。

第三講堂（三樓）：

進階班：週四晚上班（由禪淨班結業後轉入共修）。

香港正覺講堂　**☆已遷移新址☆**

九龍觀塘，成業街 10 號，電訊一代廣場 27 樓 E 室。

（觀塘地鐵站 B1 出口，步行約 4 分鐘）。電話：(852) 23262231

英文地址：Unit E, 27th Floor, TG Place, 10 Shing Yip Street, Kwun Tong, Kowloon

禪淨班：雙週六下午班 14:30-17:30，已經額滿。
雙週日下午班 14:30-17:30，2016 年 4 月底前尚可報名。

進階班：雙週五晚上班（由禪淨班結業後轉入共修）。

增上班：單週週末上午，以台北增上班課程錄成 DVD 放映之，限已明心之會員參加。

妙法蓮華經詳解：平實導師講解。雙週六 19:00-21:00，以台北正覺講堂所錄 DVD 放映；歡迎會外學人共同聽講，不需出示身分證件。

美國洛杉磯正覺講堂　☆已遷移新址☆

825 S. Lemon Ave Diamond Bar, CA 91798 U.S.A.
Tel. (909) 595-5222（請於週六 9:00~18:00 之間聯繫）
Cell. (626) 454-0607

禪淨班：每逢週末 15：30~17：30 上課。

進階班：每逢週末上午 10：00~12：00 上課。

佛藏經詳解：平實導師講解。每週六下午 13：00~15：00，以台北正覺講堂所錄 DVD 放映。歡迎各界人士共享第一義諦無上法益，不需報名。

二、招生公告　本會台北講堂及全省各講堂，每逢四月、十月下旬開新班，每週共修一次（每次二小時。開課日起三個月內仍可插班）；但美國洛杉磯共修處之禪淨班得隨時插班共修。各班共修期間皆為二年半，欲參加者請向本會函索報名表（各共修處皆於共修時間方有人執事，非共修時間請勿電詢或前來洽詢、請書），或直接從本會官方網站(http://www.enlighten.org.tw/newsflash/class)或成佛之道網站下載報名表。共修期滿時，若經報名禪三審核通過者，可參加四天三夜之禪三精進共修，有機會明心、取證如來藏，發起般若實相智慧，成為實義菩薩，脫離凡夫菩薩位。

三、新春禮佛祈福 農曆年假期間停止共修：自農曆新年前七天起停止共修與弘法，正月 8 日起回復共修、弘法事務。新春期間正月初一～初七 9.00～17.00 開放台北講堂、正月初一~初三開放新竹講堂、台中講堂、台南講堂、高雄講堂，以及大溪禪三道場（正覺祖師堂），方便會員供佛、祈福及會外人士請書。美國洛杉磯共修處之休假時間，請逕詢該共修處。

密宗四大派修雙身法，是外道性力派的邪法；又以生滅的識陰作為常住法，是常見外道，是假的藏傳佛教。

西藏覺囊巴以他空見弘揚第八識如來藏勝法，才是真藏傳佛教

佛教正覺同修會　弘法行事表

2017/03/31

1、**禪淨班**　以無相念佛及拜佛方式修習動中定力，實證一心不亂功夫。傳授解脫道正理及第一義諦佛法，以及參禪知見。共修期間：二年六個月。每逢四月、十月開新班，詳見招生公告表。

2、**《佛藏經》**詳解　平實導師主講。已於 2013/12/17 開講，歡迎已發成佛大願的菩薩種性學人，攜眷共同參與此殊勝法會聽講。詳解 釋迦世尊於《佛藏經》中所開示的眞實義理，更爲今時後世佛子四眾，闡述 佛陀演說此經的本懷。眞實尋求佛菩提道的有緣佛子，親承聽聞如是勝妙開示，當能如實理解經中義理，亦能了知於大乘法中：如何是諸法實相？善知識、惡知識要如何簡擇？如何才是清淨持戒？如何才能清淨說法？於此末法之世，眾生五濁益重，不知佛、不解法、不識僧，唯見表相，不信眞實，貪著五欲，諸方大師不淨說法，各各將導大量徒眾趣入三塗，如是師徒俱堪憐憫。是故，平實導師以大慈悲心，用淺白易懂之語句，佐以實例、譬喻而爲演說，普令聞者易解佛意，皆得契入佛法正道，如實了知佛法大藏。每逢週二 18.50~20.50 開示，不限制聽講資格。會外人士需憑身分證件換證入內聽講（此是大樓管理處之安全規定，敬請見諒）。桃園、新竹、台中、台南、高雄等地講堂，亦於每週二晚上播放平實導師講經之 DVD，不必出示身分證件即可入內聽講，歡迎各地善信同霑法益。

有某道場專弘淨土法門數十年，於教導信徒研讀《佛藏經》時，往往告誡信徒曰：「後半部不許閱讀。」由此緣故坐令信徒失去提升念佛層次之機緣，師徒只能低品位往生淨土，令人深覺愚癡無智。由有多人建議故，平實導師開始宣講《佛藏經》，藉以轉易如是邪見，並提升念佛人之知見與往生品位。此經中，對於實相念佛多所著墨，亦指出念佛要點：以實相爲依，念佛者應依止淨戒、依止清淨僧寶，捨離違犯重戒之師僧，應受學清淨之法，遠離邪見。本經是現代佛門大法師所厭惡之經典：一者由於大法師們已全都落入意識境界而無法親證實相，故於此經中所說實相全無所知，都不樂有人聞此經名，以免讀後提出問疑時無法回答；二者現代大乘佛法地區，已經普被藏密喇嘛教滲透，許多有名之大法師們大多已曾或繼續在修練雙身法，都已失去聲聞戒體及菩薩戒體，成爲地獄種姓人，已非眞正出家之人，本質上只是身著僧衣而住在寺院中的世俗人。這些人對於此經都是讀不懂的，也是極爲厭惡的；他們尚不樂見此經之印行，何況流通與講解？今爲救護廣大學佛人，兼欲護持佛教血脈永續常傳，特選此經宣講之，主講者平實導師。

3、**瑜伽師地論**詳解　詳解論中所言凡夫地至佛地等 17 師之修證境界與理論，從凡夫地、聲聞地……宣演到諸地所證一切種智之眞實正理。由平實導師開講，每逢一、三、五週之週末晚上開示，僅限已明心之會員參加。

4、**精進禪三**　主三和尚：平實導師。於四天三夜中，以克勤圓悟大師及大慧宗杲之禪風，施設機鋒與小參、公案密意之開示，幫助會員剋期取證，親證不生不滅之眞實心——人人本有之如來藏。每年四月、十月各舉辦二個梯次；平實導師主持。僅限本會會員參加禪淨班共修期滿，報名審核通過者，方可參加。並選擇會中定力、慧力、福德三條件皆已具足之已明心會員，給以指引，令得眼見自己無形無相之佛性遍佈山河大地，眞實而無障礙，得以肉眼現觀世界身心悉皆如幻，具足成就如幻觀，圓滿十住菩薩之證境。

5、**大法鼓經**詳解　詳解末法時代大乘佛法修行之道。佛教正法消毒妙藥塗於大鼓而以擊之，凡有眾生聞之者，一切邪見鉅毒悉皆消殞；此經即是大法鼓之正義，凡聞之者，所有邪見之毒悉皆滅除，見道不難；亦能發起菩薩無量功德，是故諸大菩薩遠從諸方佛土來此娑婆聞修此經。

本經破「有」而顯涅槃，以此名爲眞法；若墮在「有」中，皆名「非法」；若人如是宣揚佛法，名爲擊大法鼓；如是依「法」而捨「非法」，據以建立山門而爲眾說法，方可名爲法鼓山。此經中說，以「此經」爲菩薩道之本，以證得「此經」之正知見及法門作爲度人之「法」，方名眞實佛法，否則盡名「非法」。本經中對法與非法、有與涅槃，有深入之闡釋，歡迎教界一切善信（不論初機或久學菩薩），一同親沐 如來聖教，共沾法喜。由平實導師詳解。不限制聽講資格。

6、**不退轉法輪經**詳解　本經所說妙法極爲甚深難解，時至末法，已然無有知者；而其甚深絕妙之法，流傳至今依舊多人可證，顯示佛學眞是義學而非玄談，其中甚深極妙令人拍案稱絕之第一義諦妙義，平實導師將會加以解說。待《大法鼓經》宣講完畢時繼續宣講此經。

7、**阿含經**詳解　選擇重要之阿含部經典，依無餘涅槃之實際而加以詳解，令大眾得以現觀諸法緣起性空，亦復不墮斷滅見中，顯示經中所隱說之涅槃實際—如來藏—確實已於四阿含中隱說；令大眾得以聞後觀行，確實斷除我見乃至我執，證得**見到**眞現觀，乃至**身證**……等眞現觀；已得大乘或二乘見道者，亦可由此聞熏及聞後之觀行，除斷我所之貪著，成就慧解脫果。由平實導師詳解。不限制聽講資格。

8、**解深密經**詳解　重講本經之目的，在於令諸已悟之人明解大乘法道之成佛次第，以及悟後進修一切種智之內涵，確實證知三種自性性，並得據此證解七眞如、十眞如等正理。每逢週二 18.50~20.50 開示，由平實導師詳解。將於《大法鼓經》講畢後開講。不限制聽講資格。

9、**成唯識論**詳解　詳解一切種智眞實正理，詳細剖析一切種智之微細深妙廣大正理；並加以舉例說明，使已悟之會員深入體驗所證如來藏之微密行相；及證驗見分相分與所生一切法，皆由如來藏—阿賴耶識—直接或展轉而生，因此證知一切法無我，證知無餘涅槃之本際。將於增上班《瑜伽師地論》講畢後，由平實導師重講。僅限已明心之會員參加。

10、**精選如來藏系經典**詳解　精選如來藏系經典一部，詳細解說，以此完全印證會員所悟如來藏之眞實，得入不退轉住。另行擇期詳細解說之，由平實導師講解。僅限已明心之會員參加。

11、**禪門差別智**　藉禪宗公案之微細淆訛難知難解之處，加以宣說及剖析，以增進明心、見性之功德，啓發差別智，建立擇法眼。每月第一週日全天，由平實導師開示，僅限破參明心後，復又眼見佛性者參加（事冗暫停）。

12、**枯木禪**　先講智者大師的《小止觀》，後說《釋禪波羅蜜》，詳解四禪八定之修證理論與實修方法，細述一般學人修定之邪見與岔路，及對禪定證境之誤會，消除枉用功夫、浪費生命之現象。已悟般若者，可以藉此而實修初禪，進入大乘通教及聲聞教的三果心解脫境界，配合應有的大福德及後得無分別智、十無盡願，即可進入初地心中。親教師：平實導師。未來緣熟時將於大溪正覺寺開講。不限制聽講資格。

註：本會例行年假，自 2004 年起，改爲每年農曆新年前七天開始停息弘法事務及共修課程，農曆正月 8 日回復所有共修及弘法事務。新春期間（每日 9.00~17.00）開放台北講堂，方便會員禮佛祈福及會外人士請書。大溪區的正覺祖師堂，開放參訪時間，詳見〈正覺電子報〉或成佛之道網站。本表得因時節因緣需要而隨時修改之，不另作通知。

佛教正覺同修會　贈閱書籍 目錄　2015/09/29

1.**無相念佛**　平實導師著　回郵 10 元
2.**念佛三昧修學次第**　平實導師述著　回郵 25 元
3.**正法眼藏—護法集**　平實導師述著　回郵 35 元
4.**真假開悟簡易辨正法&佛子之省思**　平實導師著　回郵 3.5 元
5.**生命實相之辨正**　平實導師著　回郵 10 元
6.**如何契入念佛法門**（附：印順法師否定極樂世界）平實導師著　回郵 3.5 元
7.**平實書箋**—答元覽居士書　平實導師著　回郵 35 元
8.**三乘唯識**—如來藏系經律彙編　平實導師編　回郵 80 元
（精裝本　長 27 ㎝　寬 21 ㎝　高 7.5 ㎝　重 2.8 公斤）
9.**三時繫念全集**—修正本　回郵掛號 40 元（長 26.5 ㎝×寬 19 ㎝）
10.**明心與初地**　平實導師述　回郵 3.5 元
11.**邪見與佛法**　平實導師述著　回郵 20 元
12.**菩薩正道**—回應義雲高、釋性圓…等外道之邪見　正燦居士著　回郵 20 元
13.**甘露法雨**　平實導師述　回郵 20 元
14.**我與無我**　平實導師述　回郵 20 元
15.**學佛之心態**—修正錯誤之學佛心態始能與正法相應　孫正德老師著　回郵35元
附錄：平實導師著**《略說八、九識並存…等之過失》**
16.**大乘無我觀**—《悟前與悟後》別說　平實導師述著　回郵 20 元
17.**佛教之危機**—中國台灣地區現代佛教之真相（附錄：公案拈提六則）
平實導師著　回郵 25 元
18.**燈　影**—燈下黑（覆「求教後學」來函等）平實導師著　回郵 35 元
19.**護法與毀法**—覆上平居士與徐恒志居士網站毀法二文
張正圜老師著　回郵 35 元
20.**淨土聖道**—兼評選擇本願念佛　正德老師著　由正覺同修會購贈　回郵 25 元
21.**辨唯識性相**—對「紫蓮心海《辯唯識性相》書中否定阿賴耶識」之回應
正覺同修會 台南共修處法義組 著　回郵 25 元
22.**假如來藏**—對法蓮法師《如來藏與阿賴耶識》書中否定阿賴耶識之回應
正覺同修會 台南共修處法義組 著　回郵 35 元
23.**入不二門**—公案拈提集錦 第一輯（於平實導師公案拈提諸書中選錄約二十則，
合輯為一冊流通之）平實導師著　回郵 20 元
24.**真假邪說**—西藏密宗索達吉喇嘛《破除邪說論》真是邪說
釋正安法師著　回郵 35 元
25.**真假開悟**—真如、如來藏、阿賴耶識間之關係　平實導師述著　回郵 35 元
26.**真假禪和**—辨正釋傳聖之謗法謬說　孫正德老師著　回郵 30 元

27.**眼見佛性**—駁慧廣法師眼見佛性的含義文中謬說

游正光老師著　回郵25元

28.**普門自在**—公案拈提集錦 第二輯（於平實導師公案拈提諸書中選錄約二十則，合輯爲一冊流通之）平實導師著　回郵25元

29.**印順法師的悲哀**—以現代禪的質疑為線索　恒毓博士著　回郵25元

30.**識蘊真義**—現觀識蘊內涵、取證初果、親斷三縛結之具體行門。

—依《成唯識論》及《惟識述記》正義，略顯安慧《大乘廣五蘊論》之邪謬

平實導師著　回郵35元

31.**正覺電子報** 各期紙版本　免附回郵　每次最多函索三期或三本。

（已無存書之較早各期，不另增印贈閱）

32.**現代人應有的宗教觀**　蔡正禮老師 著　回郵3.5元

33.**遠惑趣道**—正覺電子報般若信箱問答錄　第一輯　回郵20元

34.**遠惑趣道**—正覺電子報般若信箱問答錄　第二輯　回郵20元

35.**確保您的權益**—器官捐贈應注意自我保護　游正光老師 著　回郵10元

36.**正覺教團電視弘法三乘菩提 DVD 光碟（一）**

由正覺教團多位親教師共同講述錄製 DVD 8 片，MP3 一片，共 9 片。有二大講題：一爲「三乘菩提之意涵」，二爲「學佛的正知見」。內容精闢，深入淺出，精彩絕倫，幫助大眾快速建立三乘法道的正知見，免被外道邪見所誤導。有志修學三乘佛法之學人不可不看。（製作工本費 100 元，回郵 25 元）

37.**正覺教團電視弘法 DVD 專輯（二）**

總有二大講題：一爲「三乘菩提之念佛法門」，一爲「學佛正知見（第二篇）」，由正覺教團多位親教師輪番講述，內容詳細闡述如何修學念佛法門、實證念佛三昧，以及學佛應具有的正確知見，可以幫助發願往生西方極樂淨土之學人，得以把握往生，更可令學人快速建立三乘法道的正知見，免於被外道邪見所誤導。有志修學三乘佛法之學人不可不看。（一套 17 片，工本費 160 元。回郵 35 元）

38.**佛藏經** 燙金精裝本　每冊回郵 20 元。正修佛法之道場欲大量索取者，請正式發函並蓋用大印寄來索取（2008.04.30 起開始敬贈）

39.**喇嘛性世界**—揭開假藏傳佛教譚崔瑜伽的面紗　張善思 等人合著

由正覺同修會購贈　回郵20元

40.**假藏傳佛教的神話**—性、謊言、喇嘛教　張正玄教授編著　回郵20元

由正覺同修會購贈　回郵20元

41.**隨　緣**—理隨緣與事隨緣　平實導師述　回郵20元。

42.**學佛的覺醒**　正枝居士 著　回郵25元

43.**導師之真實義**　蔡正禮老師 著　回郵10元

44.**淺談達賴喇嘛之雙身法**—兼論解讀「密續」之達文西密碼

吳明芷居士 著　回郵10元

45.**魔界轉世**　張正玄居士 著　回郵10元

46.**一貫道與開悟**　蔡正禮老師 著　回郵10元

47.**博愛**—愛盡天下女人　正覺教育基金會 編印　回郵10元
48.**意識虛妄經教彙編**—實證解脫道的關鍵經文　正覺同修會編印　回郵25元
49.**邪箭囈語**—破斥藏密外道多識仁波切《破魔金剛箭雨論》之邪說
陸正元老師著　上、下冊回郵各30元
50.**真假沙門**—依 佛聖教闡釋佛教僧寶之定義
蔡正禮老師著　俟正覺電子報連載後結集出版
51.**真假禪宗**—藉評論釋性廣《印順導師對變質禪法之批判
及對禪宗之肯定》以顯示真假禪宗
附論一：凡夫知見 無助於佛法之信解行證
附論二：世間與出世間一切法皆從如來藏實際而生而顯
余正偉老師著　俟正覺電子報連載後結集出版　回郵未定
52.**假鋒虛焰金剛乘**—揭示顯密正理，兼破索達吉師徒《般若鋒兮金剛焰》。
釋正安 法師著　俟正覺電子報連載後結集出版

★ 上列贈書之郵資，係台灣本島地區郵資，大陸、港、澳地區及外國地區，請另計酌增（大陸、港、澳、國外地區之郵票不許通用）。尚未出版之書，請勿先寄來郵資，以免增加作業煩擾。

★ 本目錄若有變動，唯於後印之書籍及「成佛之道」網站上修正公佈之，不另行個別通知。

函索書籍請寄：佛教正覺同修會　103台北市承德路3段277號9樓
台灣地區函索書籍者請附寄郵票，無時間購買郵票者可以等值現金抵用，但不接受郵政劃撥、支票、匯票。大陸地區得以人民幣計算，國外地區請以美元計算（請勿寄來當地郵票，在台灣地區不能使用）。欲以掛號寄遞者，請另附掛號郵資。

親自索閱：正覺同修會各共修處。　★請於共修時間前往取書，餘時無人在道場，請勿前往索取；共修時間與地點，詳見書末正覺同修會共修現況表（以近期之共修現況表為準）。

註：正智出版社發售之局版書，請向各大書局購閱。若書局之書架上已經售出而無陳列者，請向書局櫃台指定洽購；若書局不便代購者，請於正覺同修會共修時間前往各共修處請購，正智出版社已派人於共修時間送書前往各共修處流通。 郵政劃撥購書及 大陸地區 購書，請詳別頁正智出版社發售書籍目錄最後頁之說明。

成佛之道 網站：http://www.a202.idv.tw　正覺同修會已出版之結緣書籍，多已登載於 成佛之道 網站，若住外國、或住處遙遠，不便取得正覺同修會贈閱書籍者，可以從本網站閱讀及下載。　書局版之《宗通與說通》亦已上網，台灣讀者可向書局洽購，售價300元。《狂密與真密》第一輯~第四輯，亦於 2003.5.1.全部於本網站登載完畢；台灣地區讀者請向書局洽購，每輯約400頁，售價300元（網站下載紙張費用較貴，容易散失，難以保存，亦較不精美）。

＊＊假藏傳佛教修雙身法，非佛教＊＊

正智出版社 籌募弘法基金發售書籍目錄 2017/04/22

1.**宗門正眼**—公案拈提 第一輯 重拈 平實導師著 500 元

因重寫內容大幅度增加故，字體必須改小，並增爲 576 頁 主文 546 頁。比初版更精彩、更有內容。初版《禪門摩尼寶聚》之讀者，可寄回本公司免費調換新版書。免附回郵，亦無截止期限。（2007 年起，每冊附贈本公司精製公案拈提〈超意境〉CD 一片。市售價格 280 元，多購多贈。）

2.**禪淨圓融** 平實導師著 200 元（第一版舊書可換新版書。）

3.**真實如來藏** 平實導師著 400 元

4.**禪—悟前與悟後** 平實導師著 上、下冊，每冊 250 元

5.**宗門法眼**—公案拈提 第二輯 平實導師著 500 元

（2007 年起，每冊附贈本公司精製公案拈提〈超意境〉CD 一片）

6.**楞伽經詳解** 平實導師著 全套共 10 輯 每輯 250 元

7.**宗門道眼**—公案拈提 第三輯 平實導師著 500 元

（2007 年起，每冊附贈本公司精製公案拈提〈超意境〉CD 一片）

8.**宗門血脈**—公案拈提 第四輯 平實導師著 500 元

（2007 年起，每冊附贈本公司精製公案拈提〈超意境〉CD 一片）

9.**宗通與說通**—成佛之道 平實導師著 主文 381 頁 全書 400 頁售價 300 元

10.**宗門正道**—公案拈提 第五輯 平實導師著 500 元

（2007 年起，每冊附贈本公司精製公案拈提〈超意境〉CD 一片）

11.**狂密與真密** 一～四輯 平實導師著 西藏密宗是人間最邪淫的宗教，本質不是佛教，只是披著佛教外衣的印度教性力派流毒的喇嘛教。此書中將西藏密宗密傳之男女雙身合修樂空雙運所有祕密與修法，毫無保留完全公開，並將全部喇嘛們所不知道的部分也一併公開。內容比大辣出版社喧騰一時的《西藏慾經》更詳細。並且函蓋藏密的所有祕密及其錯誤的中觀見、如來藏見……等，藏密的所有法義都在書中詳述、分析、辨正。每輯主文三百餘頁 每輯全書約 400 頁 售價每輯 300 元

12.**宗門正義**—公案拈提 第六輯 平實導師著 500 元

（2007 年起，每冊附贈本公司精製公案拈提〈超意境〉CD 一片）

13.**心經密意**—心經與解脫道、佛菩提道、祖師公案之關係與密意 平實導師述 300 元

14.**宗門密意**—公案拈提 第七輯 平實導師著 500 元

（2007 年起，每冊附贈本公司精製公案拈提〈超意境〉CD 一片）

15.**淨土聖道**—兼評「選擇本願念佛」 正德老師著 200 元

16.**起信論講記** 平實導師述著 共六輯 每輯三百餘頁 售價各 250 元

17.**優婆塞戒經講記** 平實導師述著 共八輯 每輯三百餘頁 售價各 250 元

18.**真假活佛**—略論附佛外道盧勝彥之邪說（對前岳靈犀網站主張「盧勝彥是證悟者」之修正） 正犀居士（岳靈犀）著 流通價 140 元

19.**阿含正義**—唯識學探源 平實導師著 共七輯 每輯 300 元

20.**超意境** CD 以平實導師公案拈提書中超越意境之頌詞，加上曲風優美的旋律，錄成令人嚮往的超意境歌曲，其中包括正覺發願文及平實導師親自譜成的黃梅調歌曲一首。詞曲雋永，殊堪翫味，可供學禪者吟詠，有助於見道。內附設計精美的彩色小冊，解說每一首詞的背景本事。每片 280 元。【每購買公案拈提書籍一冊，即贈送一片。】

21.**菩薩底憂鬱** CD 將菩薩情懷及禪宗公案寫成新詞，並製作成超越意境的優美歌曲。 1.主題曲〈菩薩底憂鬱〉，描述地後菩薩能離三界生死而迴向繼續生在人間，但因尚未斷盡習氣種子而有極深沈之憂鬱，非三賢位菩薩及二乘聖者所知，此憂鬱在七地滿心位方才斷盡；本曲之詞中所說義理極深，昔來所未曾見；此曲係以優美的情歌風格寫詞及作曲，聞者得以激發嚮往諸地菩薩境界之大心，詞、曲都非常優美，難得一見；其中勝妙義理之解說，已印在附贈之彩色小冊中。 2.以各輯公案拈提中直示禪門入處之頌文，作成各種不同曲風之超意境歌曲，值得玩味、參究；聆聽公案拈提之優美歌曲時，請同時閱讀內附之印刷精美說明小冊，可以領會超越三界的證悟境界；未悟者可以因此引發求悟之意向及疑情，眞發菩提心而邁向求悟之途，乃至因此眞實悟入般若，成眞菩薩。 3.正覺總持咒新曲，總持佛法大意；總持咒之義理，已加以解說並印在隨附之小冊中。本 CD 共有十首歌曲，長達 63 分鐘。每盒各附贈二張購書優惠券。每片 280 元。

22.**禪意無限** CD 平實導師以公案拈提書中偈頌寫成不同風格曲子，與他人所寫不同風格曲子共同錄製出版，幫助參禪人進入禪門超越意識之境界。盒中附贈彩色印製的精美解說小冊，以供聆聽時閱讀，令參禪人得以發起參禪之疑情，即有機會證悟本來面目而發起實相智慧，實證大乘菩提般若，能如實證知般若經中的眞實意。本 CD 共有十首歌曲，長達 69 分鐘，每盒各附贈二張購書優惠券。每片 280 元。

23.**我的菩提路**第一輯 釋悟圓、釋善藏等人合著 售價 300 元

24.**我的菩提路**第二輯 郭正益、張志成等人合著 售價 300 元

25.**我的菩提路**第三輯 王美伶等人合著 預定 2017/6/30 發行 售價 300 元

26.**鈍鳥與靈龜**—考證後代凡夫對大慧宗杲禪師的無根誹謗。

平實導師著 共 458 頁 售價 350 元

27.**維摩詰經講記** 平實導師述 共六輯 每輯三百餘頁 售價各 250 元

28.**真假外道**—破劉東亮、杜大威、釋證嚴常見外道見 正光老師著 200 元

29.**勝鬘經講記**—兼論印順《勝鬘經講記》對於《勝鬘經》之誤解。

平實導師述 共六輯 每輯三百餘頁 售價250 元

30.**楞嚴經講記** 平實導師述 共 15 輯，每輯三百餘頁 售價 300 元

31.**明心與眼見佛性**—駁慧廣〈蕭氏「眼見佛性」與「明心」之非〉文中謬說

正光老師著 共 448 頁 售價 300 元

32.**見性與看話頭** 黃正倖老師 著，本書是禪宗參禪的方法論。

內文 375 頁，全書 416 頁，售價 300 元。

33.**達賴真面目**—玩盡天下女人 白正偉老師 等著 中英對照彩色精裝大本 800 元
34.**喇嘛性世界**—揭開假藏傳佛教譚崔瑜伽的面紗　張善思 等人著　200 元
35.**假藏傳佛教的神話**—性、謊言、喇嘛教　正玄教授編著　200 元
36.**金剛經宗通**　平實導師述　共九輯　每輯售價 250 元。
37.**空行母**—性別、身分定位，以及藏傳佛教。
珍妮・坎貝爾著 呂艾倫 中譯 售價 250 元
38.**末代達賴**—性交教主的悲歌　張善思、呂艾倫、辛燕編著 售價 250 元
39.**霧峰無霧**—給哥哥的信　辨正釋印順對佛法的無量誤解
游宗明 老師著　售價 250 元
40.**第七意識與第八意識？**—穿越時空「超意識」
平實導師述　每冊 300 元
41.**黯淡的達賴**—失去光彩的諾貝爾和平獎
正覺教育基金會編著　每冊 250 元
42.**童女迦葉考**—論呂凱文〈佛教輪迴思想的論述分析〉之謬。
平實導師 著 定價 180 元
43.**人間佛教**—實證者必定不悖三乘菩提
平實導師 述，定價 400 元
44.**實相經宗通**　平實導師述　共八輯　每輯 250 元
45.**真心告訴您(一)**—達賴喇嘛在幹什麼？
正覺教育基金會編著　售價 250 元
46.**中觀金鑑**—詳述應成派中觀的起源與其破法本質
孫正德老師著　分爲上、中、下三冊，每冊 250 元
47.**佛法入門**—迅速進入三乘佛法大門，消除久學佛法漫無方向之窘境。
○○居士著　將於正覺電子報連載後出版。售價 250 元
48.**藏傳佛教要義**—《狂密與真密》之簡體字版　平實導師 著 上、下冊
僅在大陸流通　每冊 300 元
49.**法華經講義**　平實導師述　共二十五輯　每輯 300 元
已於 2015/05/31 起開始出版，每二個月出版一輯
50.**西藏「活佛轉世」制度**—附佛、造神、世俗法
許正豐、張正玄老師合著　定價 150 元
51.**廣論三部曲**　郭正益老師著　定價 150 元
52.**真心告訴您(二)**—達賴喇嘛是佛教僧侶嗎？
—補祝達賴喇嘛八十大壽
正覺教育基金會編著　售價 300 元
53.**廣論之平議**—宗喀巴《菩提道次第廣論》之平議　正雄居士著
約二或三輯　俟正覺電子報連載後結集出版　書價未定
54.**末法導護**—對印順法師中心思想之綜合判攝　正慶老師著　書價未定
55.**菩薩學處**—菩薩四攝六度之要義　陸正元老師著　出版日期未定。
56.**八識規矩頌**詳解　○○居士 註解　出版日期另訂　書價未定。

57.**印度佛教史**—法義與考證。依法義史實評論印順《印度佛教思想史、佛教史地考論》之謬說　正偉老師著　出版日期未定　書價未定

58.**中國佛教史**—依中國佛教正法史實而論。 ○○老師 著　書價未定。

59.**中論正義**—釋龍樹菩薩《中論》頌正理。
孫正德老師著　出版日期未定　書價未定

60.**中觀正義**—註解平實導師《中論正義頌》。
○○法師（居士）著　出版日期未定　書價未定

61.**佛藏經講記**　平實導師述　出版日期未定　書價未定

62.**阿含經講記**—將選錄四阿含中數部重要經典全經講解之，講後整理出版。
平實導師述　約二輯　每輯300元　出版日期未定

63.**寶積經講記**　平實導師述　每輯三百餘頁 優惠價300元 出版日期未定

64.**解深密經講記**　平實導師述 約四輯　將於重講後整理出版

65.**成唯識論略解**　平實導師著　五～六輯　每輯300元　出版日期未定

66.**修習止觀坐禪法要講記**　平實導師述　每輯三百餘頁
將於正覺寺建成後重講、以講記逐輯出版　出版日期未定

67.**無門關**—《無門關》公案拈提　平實導師著　出版日期未定

68.**中觀再論**—兼述印順《中觀今論》謬誤之平議。正光老師著 出版日期未定

69.**輪迴與超度**—佛教超度法會之真義。
○○法師（居士）著　出版日期未定　書價未定

70.**《釋摩訶衍論》平議**—對偽稱龍樹所造《釋摩訶衍論》之平議
○○法師（居士）著　出版日期未定　書價未定

71.**正覺發願文**註解—以真實大願為因 得證菩提
正德老師著　出版日期未定　書價未定

72.**正覺總持咒**—佛法之總持　正圜老師著　出版日期未定　書價未定

73.**涅槃**—論四種涅槃　平實導師著　出版日期未定　書價未定

74.**三自性**—依四食、五蘊、十二因緣、十八界法，說三性三無性。
作者未定　出版日期未定

75.**道品**—從三自性說大小乘三十七道品　作者未定　出版日期未定

76.**大乘緣起觀**—依四聖諦七真如現觀十二緣起 作者未定　出版日期未定

77.**三德**—論解脫德、法身德、般若德。　作者未定　出版日期未定

78.**真假如來藏**—對印順《如來藏之研究》謬說之平議　作者未定 出版日期未定

79.**大乘道次第**　作者未定　出版日期未定　書價未定

80.**四緣**—依如來藏故有四緣。　作者未定　出版日期未定

81.**空之探究**—印順《空之探究》謬誤之平議　作者未定 出版日期未定

82.**十法義**—論阿含經中十法之正義　作者未定　出版日期未定

83.**外道見**—論述外道六十二見　作者未定　出版日期未定

正智出版社有限公司書籍介紹

禪淨圓融：言淨土諸祖所未曾言，示諸宗祖師所未曾示；禪淨圓融，另闢成佛捷徑，兼顧自力他力，闡釋淨土門之速行易行道，亦同時揭櫫聖教門之速行易行道；令廣大淨土行者得免緩行難證之苦，亦令聖道門行者得以藉著淨土速行道而加快成佛之時劫。乃前無古人之超勝見地，非一般弘揚禪淨法門典籍也，先讀爲快。平實導師著 200元。

宗門正眼—**公案拈提**第一輯：繼承克勤圜悟大師碧巖錄宗旨之禪門鉅作。先則舉示當代大法師之邪說，消弭當代禪門大師鄉愿之心態，摧破當今禪門「世俗禪」之妄談；次則旁通教法，表顯宗門正理；繼以道之次第，消弭古今狂禪；後藉言語及文字機鋒，直示宗門入處。悲智雙運，禪味十足，數百年來難得一睹之禪門鉅著也。平實導師著 500元（原初版書《禪門摩尼寶聚》，改版後補充爲五百餘頁新書，總計多達二十四萬字，內容更精彩，並改名爲《宗門正眼》，讀者原購初版《禪門摩尼寶聚》皆可寄回本公司免費換新，免附回郵，亦無截止期限）（2007年起，凡購買公案拈提第一輯至第七輯，每購一輯皆贈送本公司精製公案拈提〈超意境〉CD一片，市售價格280元，多購多贈）。

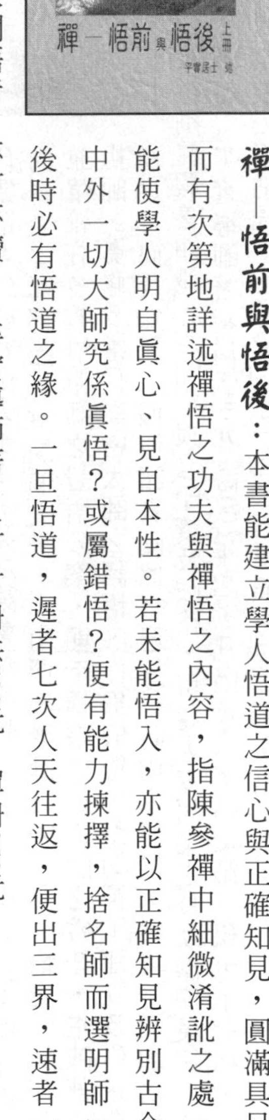

禪—悟前與悟後：本書能建立學人悟道之信心與正確知見，圓滿具足而有次第地詳述禪悟之功夫與禪悟之內容，指陳參禪中細微淆訛之處，能使學人明自眞心、見自本性。若未能悟入，亦能以正確知見辨別古今中外一切大師究係眞悟？或屬錯悟？便有能力揀擇，捨名師而選明師，後時必有悟道之緣。一旦悟道，遲者七次人天往返，便出三界，速者一生取辦。學人欲求開悟者，不可不讀。平實導師著。上、下冊共500元，單冊250元。

真實如來藏：如來藏眞實存在，乃宇宙萬有之本體，並非印順法師、達賴喇嘛等人所說之「唯有名相、無此心體」。如來藏是涅槃之本際，是一切有智之人竭盡心智、不斷探索而不能得之生命實相；是古今中外許多大師自以爲悟而當面錯過之生命實相。如來藏即是阿賴耶識，乃是一切有情本自具足、不生不滅之眞實心。當代中外大師於此書出版之前所未能言者，作者於本書中盡情流露、詳細闡釋。眞悟者讀之，必能增益悟境、智慧增上；錯悟者讀之，必能檢討自己之錯誤，免犯大妄語業；未悟者讀之，能知參禪之理路，亦能以之檢查一切名師是否眞悟。此書是一切哲學家、宗教家、學佛者及欲昇華心智之人必讀之鉅著。平實導師著 售價400元。

宗門法眼—**公案拈提**第二輯：列舉實例，闡釋土城廣欽老和尚之悟處；並直示這位不識字的老和尚妙智橫生之根由，繼而剖析禪宗歷代大德之開悟公案，解析當代密宗高僧卡盧仁波切之錯悟證據，並例舉當代顯宗高僧、大居士之錯悟證據（凡健在者，爲免影響其名聞利養，皆隱其名）。藉辨正當代名師之邪見，向廣大佛子指陳禪悟之正道，彰顯宗門法眼。悲勇兼出，強捋虎鬚；慈智雙運，巧探驪龍；摩尼寶珠在手，直示宗門入處，禪味十足；若非大悟徹底，不能爲之。禪門精奇人物，允宜人手一冊，供作參究及悟後印證之圭臬。本書於2008年4月改版，增寫為大約500頁篇幅，以利學人研讀參究時更易悟入宗門正法，以前所購初版首刷及初版二刷舊書，皆可免費換取新書。平實導師著 500元（2007年起，凡購買公案拈提第一輯至第七輯，每購一輯皆贈送本公司精製公案拈提〈超意境〉CD一片，市售價格280元，多購多贈）。

宗門道眼—**公案拈提**第三輯：繼宗門法眼之後，再以金剛之作略、慈悲之胸懷、犀利之筆觸，舉示寒山、拾得、布袋三大士之悟處，消弭當代錯悟者對於寒山大士……等之誤會及誹謗。亦舉出民初以來與虛雲和尚齊名之蜀郡鹽亭袁煥仙夫子——南懷瑾老師之師，其「悟處」何在？並蒐羅許多眞悟祖師之證悟公案，顯示禪宗歷代祖師之睿智，指陳部分祖師、奧修及當代顯密大師之謬悟，作爲殷鑑，幫助禪子建立及修正參禪之方向及知見。假使讀者閱此書已，一時尚未能悟，亦可一面加功用行，一面以此宗門道眼辨別眞假善知識，避開錯誤之印證及歧路，可免大妄語業之長劫慘痛果報。欲修禪宗之禪者，務請細讀。平實導師著 售價500元（2007年起，凡購買公案拈提第一輯至第七輯，每購一輯皆贈送本公司精製公案拈提〈超意境〉CD一片，市售價格280元，多購多贈）。

楞伽經詳解：本經是禪宗見道者印證所悟眞僞之根本經典，亦是禪宗見道者悟後起修之依據經典；故達摩祖師於印證二祖慧可大師之後，將此經典連同佛鉢祖衣一併交付二祖，令其依此經典佛示金言、進入修道位，修學一切種智。由此可知此經對於眞悟之人修學佛道，是非常重要之一部經典。此經能破外道邪說，亦破佛門中錯悟名師之謬說，亦破禪宗部分祖師之狂禪：不讀經典、一向主張「一悟即成究竟佛」之謬執。並開示愚夫所行禪、觀察義禪、攀緣如禪、如來禪等差別，令行者對於三乘禪法差異有所分辨；亦糾正禪宗祖師古來對於如來禪之誤解，嗣後可免以訛傳訛之弊。此經亦是法相唯識宗之根本經典，禪者悟後欲修一切種智而入初地者，必須詳讀。　平實導師著，全套共十輯，已全部出版完畢，每輯主文約320頁，每冊約352頁，定價250元。

宗門血脈—**公案拈提第四輯**：末法怪象—許多修行人自以爲悟，每將無念靈知認作眞實；崇尚二乘法諸師及其徒眾，則將外於如來藏之緣起性空—無因論之無常空、斷滅空、一切法空—錯認爲 佛所說之般若空性。這兩種現象已於當今海峽兩岸及美加地區顯密大師之中普遍存在；人人自以爲悟，心高氣壯，便敢寫書解釋祖師證悟之公案，大多出於意識思惟所得，言不及義，錯誤百出，因此誤導廣大佛子同陷大妄語之地獄業中而不能自知。彼等書中所說之悟處，其實處處違背第一義經典之聖言量。彼等諸人不論是否身披袈裟，都非佛法宗門血脈，或雖有禪宗法脈之傳承，亦只徒具形式；猶如螟蛉，非眞血脈，未悟得根本眞實故。禪子欲知佛、祖之眞血脈者，請讀此書，便知分曉。平實導師著，主文452頁，全書464頁，定價500元（2007年起，凡購買公案拈提第一輯至第七輯，每購一輯皆贈送本公司精製公案拈提〈超意境〉CD一片，市售價格280元，多購多贈）。

宗通與說通：古今中外，錯誤之人如麻似粟，每以常見外道所說之靈知心，認作眞心；或妄想虛空之勝性能量爲眞如，或錯認物質四大元素藉冥性（靈知心本體）能成就吾人色身及知覺，或認初禪至四禪中之了知心爲不生不滅之涅槃心。此等皆非通宗者之見地。復有錯悟之人一向主張「宗門與教門不相干」，此即尚未通達宗門之人也。其實宗門與教門互通不二，宗門所證者乃是眞如與佛性，教門所說者乃說宗門證悟之眞如佛性，故教門與宗門不二。本書作者以宗教二門互通之見地，細說「宗通與說通」，從初見道至悟後起修之道、細說分明；並將諸宗諸派在整體佛教中之地位與次第，加以明確之教判，學人讀之即可了知佛法之梗概也。欲擇明師學法之前，允宜先讀。平實導師著，主文共381頁，全書392頁，只售成本價300元。

宗門正道—**公案拈提**第五輯：修學大乘佛法有二果須證解脫果及大菩提果。二乘人不證大菩提果，唯證解脫果；此果之智慧，名爲聲聞菩提、緣覺菩提。大乘佛子所證二果之菩提果爲佛菩提，故名大菩提果，其慧名爲一切種智函蓋二乘解脫果。然此大乘二果修證，須經由禪宗之宗門證悟方能相應。而宗門證悟極難，自古已然；其所以難者，咎在古今佛教界普遍存在三種邪見：1.以修定認作佛法，2.以無因論之緣起性空—否定涅槃本際如來藏以後之一切法空作爲佛法，3.以常見外道邪見（離語言妄念之靈知性）作爲佛法。如是邪見，或因自身正見未立所致，或因邪師之邪教導所致，或因無始劫來虛妄熏習所致。若不破除此三種邪見，永劫不悟宗門眞義、不入大乘正道，唯能外門廣修菩薩行。平實導師於此書中，有極爲詳細之說明，有志佛子欲摧邪見、入於內門修菩薩行者，當閱此書。主文共496頁，全書512頁。售價500元（2007年起，凡購買公案拈提第一輯至第七輯，每購一輯皆贈送本公司精製公案拈提〈超意境〉CD一片，市售價格280元，多購多贈）。

狂密與眞密：密教之修學，皆由有相之觀行法門而入，其最終目標仍不離顯教經典所說第一義諦之修證；若離顯教第一義經典、或違背顯教第一義經典，即非佛教。西藏密教之觀行法，如灌頂、觀想、遷識法、寶瓶氣、大聖歡喜雙身修法、喜金剛、無上瑜伽、大樂光明、樂空雙運等，皆是印度教兩性生生不息思想之轉化，自始至終皆以如何能運用交合淫樂之法達到全身受樂為其中心思想，純屬欲界五欲的貪愛，不能令人超出欲界輪迴，更不能令人斷除我見；何況大乘之明心與見性，更無論矣！故密宗之法絕非佛法也。而其明光大手印、大圓滿法教，又皆同以常見外道所說離語言妄念之無念靈知心錯認為佛地之眞如，不能直指不生不滅之眞如。西藏密宗所有法王與徒眾，都尚未開頂門眼，不能辨別眞僞，以依人不依法、依密續不依經典故，不肯將其上師喇嘛所說對照第一義經典，純依密續之藏密祖師所說為準，因此而誇大其證德與證量，動輒謂彼祖師上師為究竟佛、為地上菩薩；如今台海兩岸亦有自謂其師證量高於 釋迦文佛者，然觀其師所述，猶未見道，仍在觀行即佛階段，尚未到禪宗相似即佛、分證即佛階位，竟敢標榜為究竟佛及地上法王，誑惑初機學人。凡此怪象皆是狂密，不同於眞密之修行者。近年狂密盛行，密宗行者被誤導者極眾，動輒自謂已證佛地眞如，自視為究竟佛，陷於大妄語業中而不知自省，反謗顯宗眞修實證者之證量粗淺；或如義雲高與釋性圓…等人，於報紙上公然誹謗眞實證道者為「騙子、無道人、人妖、癩蛤蟆…」等，造下誹謗大乘勝義僧之大惡業；或以外道法中有為有作之甘露、魔術……等法，誑騙初機學人，狂言彼外道法為眞佛法。如是怪象，在西藏密宗及附藏密之外道中，不一而足，舉之不盡，學人宜應愼思明辨，以免上當後又犯毀破菩薩戒之重罪。密宗學人若欲遠離邪知邪見者，請閱此書，即能了知密宗之邪謬，從此遠離邪見與邪修，轉入眞正之佛道。平實導師著 共四輯 每輯約400頁（主文約340頁）每輯售價300元。

宗門正義—公案拈提第六輯：佛教有六大危機，乃是藏密化、世俗化、膚淺化、學術化、宗門密意失傳、悟後進修諸地之次第混淆；其中尤以宗門密意之失傳，爲當代佛教最大之危機。由宗門密意失傳故，易令 世尊本懷普被錯解，易令 世尊正法被轉易爲外道法，以及加以淺化、世俗化，是故宗門密意之廣泛弘傳與具緣佛弟子，極爲重要。然而欲令宗門密意之廣泛弘傳予具緣之佛弟子者，必須同時配合錯誤知見之解析、普令佛弟子知之，然後輔以公案解析之直示入處，方能令具緣之佛弟子悟入。而此二者，皆須以公案拈提之方式爲之，方易成其功、竟其業，是故平實導師續作宗門正義一書，以利學人。全書500餘頁，售價500元（2007年起，凡購買公案拈提第一輯至第七輯，每購一輯皆贈送本公司精製公案拈提〈超意境〉CD一片，市售價格280元，多購多贈）。

心經密意—心經與解脫道、佛菩提道、祖師公案之關係與密意。二乘菩提所證之解脫道，實依第八識心之斷除煩惱障現行而立解脫之名；大乘菩提所證之佛菩提道，實依親證第八識如來藏之涅槃性、清淨自性、及其中道性而立般若之名；禪宗祖師公案所證之眞心，即是此第八識如來藏；是故三乘佛法所修所證之三乘菩提，皆依此如來藏心而立名也。此第八識心，即是《心經》所說之心也。證得此如來藏已，即能漸入大乘佛菩提道，亦可因證知此心而了知二乘無學所不能知之無餘涅槃本際，是故《心經》之密意，與三乘佛菩提之關係極爲密切、不可分割，三乘佛法皆依此心而立名故。今者平實導師以其所證解脫道之無生智及佛菩提之般若種智，將《心經》與解脫道、佛菩提道、祖師公案之關係與密意，以演講之方式，用淺顯之語句和盤托出，發前人所未言，呈三乘菩提之眞義，令人藉此《心經密意》一舉而窺三乘菩提之堂奧，迥異諸方言不及義之說；欲求眞實佛智者、不可不讀！主文317頁，連同跋文及序文…等共384頁，售價300元。

宗門密意—公案拈提第七輯：佛教之世俗化，將導致學人以信仰作爲學佛，則將以感應及世間法之庇祐，作爲學佛之主要目標，不能了知學佛之主要目標爲親證三乘菩提。大乘菩提則以般若實相智慧爲主要修習目標，以二乘菩提解脫道爲附帶修習之標的；是故學習大乘法者，應以禪宗之證悟爲要務，能親入大乘菩提之實相般若智慧中故，般若實相智慧非二乘聖人所能知故。此書則以台灣世俗化佛教之三大法師，說法似是而非之實例，配合眞悟祖師之公案解析，提示證悟般若之關節，令學人易得悟入。平實導師著，全書五百餘頁，售價500元（2007年起，凡購買公案拈提第一輯至第七輯，每購一輯皆贈送本公司精製公案拈提〈超意境〉CD一片，市售價格280元，多購多贈）。

淨土聖道—兼評日本本願念佛：佛法甚深極廣，般若玄微，非諸二乘聖僧所能知之，一切凡夫更無論矣！所謂一切證量皆歸淨土是也！是故大乘法中「聖道之淨土、淨土之聖道」，其義甚深，難可了知；乃至眞悟之人，初心亦難知也。今有正德老師眞實證悟後，復能深探淨土與聖道之緊密關係，憐憫眾生之誤會淨土實義，亦欲利益廣大淨土行人同入聖道，同獲淨土中之聖道門要義，乃振奮心神、書以成文，今得刊行天下。主文279頁，連同序文等共301頁，總有十一萬六千餘字，正德老師著，成本價200元。

起信論講記：詳解大乘起信論**心生滅門**與**心眞如門**之眞實意旨，消除以往大師與學人對起信論所說**心生滅門**之誤解，由是而得了知眞心如來藏之非常非斷中道正理；亦因此一講解，令此論以往隱晦而被誤解之眞實義，得以如實顯示，令大乘佛菩提道之正理得以顯揚光大；初機學者亦可藉此正論所顯示之法義，對大乘法理生起正信，從此得以眞發菩提心，眞入大乘法中修學，世世常修菩薩正行。平實導師演述，共六輯，都已出版，每輯三百餘頁，售價250元。

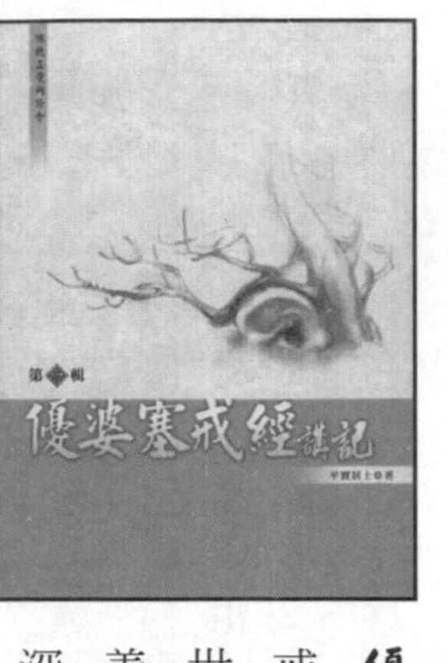

優婆塞戒經講記：本經詳述在家菩薩修學大乘佛法，應如何受持菩薩戒？對人間善行應如何看待？對三寶應如何護持？應如何正確地修集此世後世證法之福德？應如何修集後世「行菩薩道之資糧」？並詳述第一義諦之正義：五蘊非我非異我、自作自受、異作異受、不作不受……等深妙法義，乃是修學大乘佛法、行菩薩行之在家菩薩所應當了知者。出家菩薩今世或未來世登地已，捨報之後多數將如華嚴經中諸大菩薩，以在家菩薩身而修行菩薩行，故亦應以此經所述正理而修之，配合《楞伽經、解深密經、楞嚴經、華嚴經》等道次第正理，方得漸次成就佛道；故此經是一切大乘行者皆應證知之正法。平實導師講述，每輯三百餘頁，售價各250元；共八輯，已全部出版。

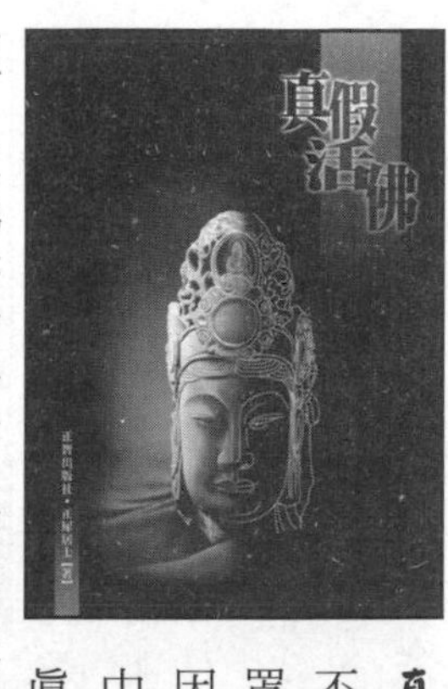

真假活佛—略論附佛外道盧勝彥之邪說：人人身中都有眞活佛，永生不滅而有大神用，但眾生都不了知，所以常被身外的西藏密宗假活佛籠罩欺瞞。本來就眞實存在的眞活佛，才是眞正的密宗無上密！諾那活佛因此而說禪宗是大密宗，但藏密的所有活佛都不知道、也不曾實證自身中的眞活佛。本書詳實宣示眞活佛的道理，舉證盧勝彥的「佛法」不是眞佛法，也顯示盧勝彥是假活佛，直接的闡釋第一義佛法見道的眞實正理。眞佛宗的所有上師與學人們，都應該詳細閱讀，包括盧勝彥個人在內。正犀居士著，優惠價140元。

阿含正義—唯識學探源：廣說四大部《阿含經》諸經中隱說之眞正義理，一一舉示佛陀本懷，令阿含時期初轉法輪根本經典之眞義，如實顯現於佛子眼前。並提示末法大師對於阿含眞義誤解之實例，一一比對之，證實唯識增上慧學確於原始佛法之阿含諸經中已隱覆密意而略說之，證實 世尊確於原始佛法中已曾密意而說第八識如來藏之總相；亦證實 世尊在四阿含中已說此藏識是名色十八界之因、之本—證明如來藏是能生萬法之根本心。佛子可據此修正以往受諸大師（譬如西藏密宗應成派中觀師：印順、昭慧、性廣、大願、達賴、宗喀巴、寂天、月稱、……等人）誤導之邪見，建立正見，轉入正道乃至親證初果而無困難；書中並詳說三果所證的**心解脫**，以及四果**慧解脫**的親證，都是如實可行的具體知見與行門。全書共七輯，已出版完畢。平實導師著，每輯三百餘頁，售價300元。

超意境CD：以平實導師公案拈提書中超越意境之頌詞，加上曲風優美的旋律，錄成令人嚮往的超意境歌曲，其中包括正覺發願文及平實導師親自譜成的黃梅調歌曲一首。詞曲雋永，殊堪翫味，可供學禪者吟詠，有助於見道。內附設計精美的彩色小冊，解說每一首詞的背景本事。每片280元。【每購買公案拈提書籍一冊，即贈送一片。】

鈍鳥與靈龜：鈍鳥及靈龜二物，被宗門證悟者說爲二種人：前者是精修禪定而無智慧者，也是以定爲禪的愚癡禪人；後者是或有禪定、或無禪定的宗門證悟者，凡已證悟者皆是靈龜。但後來被人虛造事實，用以嘲笑大慧宗杲禪師，說他雖是靈龜，卻不免被天童禪師預記「患背」痛苦而亡：「**鈍鳥離巢易，靈龜脫殼難**。」藉以貶低大慧宗杲的證量。同時將天童禪師實證如來藏的證量，曲解爲意識境界的離念靈知。自從大慧禪師入滅以後，錯悟凡夫對他的不實毀謗就一直存在著，不曾止息，並且捏造的假事實也隨著年月的增加而越來越多，終至編成「鈍鳥與靈龜」的假公案、假故事。本書是考證大慧與天童之間的不朽情誼，顯現這件假公案的虛妄不實；更見大慧宗杲面對惡勢力時的正直不阿，亦顯示大慧對天童禪師的至情深義，將使後人對大慧宗杲的誣謗至此而止，不再有人誤犯毀謗賢聖的惡業。書中亦舉證宗門的所悟確以第八識如來藏爲標的，詳讀之後必可改正以前被錯悟大師誤導的參禪知見，日後必定有助於實證禪宗的開悟境界，得階大乘眞見道位中，即是實證般若之賢聖。全書459頁，售價350元。

我的菩提路第一輯：凡夫及二乘聖人不能實證的佛菩提證悟，末法時代的今天仍然有人能得實證，由正覺同修會釋悟圓、釋善藏法師等二十餘位實證如來藏者所寫的見道報告，已為當代學人見證宗門正法之絲縷不絕，證明大乘義學的法脈仍然存在，為末法時代求悟般若之學人照耀出光明的坦途。由二十餘位大乘見道者所繕，敘述各種不同的學法、見道因緣與過程，參禪求悟者必讀。全書三百餘頁，售價300元。

我的菩提路第二輯：由郭正益老師等人合著，書中詳述彼等諸人歷經各處道場學法，一一修學而加以檢擇之不同過程以後，因閱讀正覺同修會、正智出版社書籍而發起抉擇分，轉入正覺同修會中修學；乃至學法及見道之過程，都一一詳述之。其中張志成等人係由前現代禪轉進正覺同修會，張志成原為現代禪副宗長，以前未閱本會書籍時，曾被人藉其名義著文評論 平實導師（詳見《宗通與說通》辨正及《眼見佛性》書末附錄…等）；後因偶然接觸正覺同修會書籍，深覺以前聽人評論平實導師之語不實，於是投入極多時間閱讀本會書籍、深入思辨，詳細探索中觀與唯識之關聯與異同，認為正覺之法義方是正法，深覺相應；亦解開多年來對佛法的迷雲，確定應依八識論正理修學方是正法。乃不顧面子，毅然前往正覺同修會面見平實導師懺悔，並正式學法求悟。今已與其同修王美伶（亦為前現代禪傳法老師），同樣證悟如來藏而證得法界實相，生起實相般若真智。此書中尚有七年來本會第一位眼見佛性者之見性報告一篇，一同供養大乘佛弟子。全書共四百頁，售價300元。

我的菩提路第三輯：由王美伶老師等人合著。自從正覺同修會成立以來，每年夏初、冬初都舉辦精進禪三共修，藉以助益會中同修們得以證悟明心發起般若實相智慧；凡已實證而被平實導師印證者，皆書具見道報告用以證明佛法之眞實可證而非玄學，證明佛法並非純屬思想、理論而無實質，是故每年都能有人證明正覺同修會的「實證佛教」主張並非虛語。特別是眼見佛性一法，自古以來中國禪宗祖師實證者極寡，較之明心開悟的證境更難令人信受；至2017年初，正覺同修會中的證悟明心者已近五百人，然而其中眼見佛性者至今唯十餘人爾，可謂難能可貴，是故明心後欲冀眼見佛性者實屬不易。黃正倖老師是懸絕七年無人見性後的第一人，她於2009年的見性報告刊於本書的第二輯中，爲大眾證明佛性確實可以眼見；其後七年之中求見性者都屬解悟佛性而無人眼見，幸而又經七年後的2016冬初，以及2017夏初的禪三，復有三人眼見佛性，希冀鼓舞四眾佛子求見佛性之大心，今則具載一則於書末，顯示求見佛性之事實經歷，供養現代佛教界欲得見性之四眾弟子。全書四百頁，售價300元，預定2017年6月30日發行。

維摩詰經講記：本經係 世尊在世時，由等覺菩薩維摩詰居士藉疾病而演說之大乘菩提無上妙義，所說函蓋甚廣，然極簡略，是故今時諸方大師與學人讀之悉皆錯解，何況能知其中隱含之深妙正義，是故普遍無法爲人解說；若強爲人說，則成依文解義而有諸多過失。今由平實導師公開宣講之後，詳實解釋其中密意，令維摩詰菩薩所說大乘不可思議解脫之深妙正法得以正確宣流於人間，利益當代學人及與諸方大師。書中詳實演述大乘佛法深妙不共二乘之智慧境界，顯示諸法之中絕待之實相境界，建立大乘菩薩妙道於永遠不敗不壞之地，以此成就護法偉功，欲冀永利娑婆人天。已經宣講圓滿整理成書流通，以利諸方大師及諸學人。全書共六輯，每輯三百餘頁，售價各250元。

真假外道：本書具體舉證佛門中的常見外道知見實例，並加以教證及理證上的辨正，幫助讀者輕鬆而快速的了知常見外道的錯誤知見，進而遠離佛門內外的常見外道知見，因此即能改正修學方向而快速實證佛法。游正光老師著。成本價200元。

勝鬘經講記：如來藏爲三乘菩提之所依，若離如來藏心體及其含藏之一切種子，即無三界有情及一切世間法，亦無二乘菩提緣起性空之出世間法；本經詳說無始無明、一念無明皆依如來藏而有之正理，藉著詳解煩惱障與所知障間之關係，令學人深入了知二乘菩提與佛菩提相異之妙理；聞後即可了知佛菩提之特勝處及三乘修道之方向與原理，邁向攝受正法而速成佛道的境界中。平實導師講述，共六輯，每輯三百餘頁，售價各250元。

楞嚴經講記：楞嚴經係密教部之重要經典，亦是顯教中普受重視之經典；經中宣說明心與見性之內涵極爲詳細，將一切法都會歸如來藏及佛性—妙眞如性；亦闡釋佛菩提道修學過程中之種種魔境，以及外道誤會涅槃之狀況，旁及三界世間之起源。然因言句深澀難解，法義亦復深妙寬廣，學人讀之普難通達，是故讀者大多誤會，不能如實理解佛所說之明心與見性內涵，亦因是故多有悟錯之人引爲開悟之證言，成就大妄語罪。今由平實導師詳細講解之後，整理成文，以易讀易懂之語體文刊行天下，以利學人。全書十五輯，全部出版完畢。每輯三百餘頁，售價每輯300元。

明心與眼見佛性：本書細述明心與眼見佛性之異同，同時顯示了中國禪宗破初參明心與重關眼見佛性二關之間的關聯；書中又藉法義辨正而旁述其他許多勝妙法義，讀後必能遠離佛門長久以來積非成是的錯誤知見，令讀者在佛法的實證上有極大助益。也藉慧廣法師的謬論來教導佛門學人回歸正知正見，遠離古今禪門錯悟者所墮的意識境界，非唯有助於斷我見，也對未來的開悟明心實證第八識如來藏有所助益，是故學禪者都應細讀之。游正光老師著　共448頁　售價300元。

菩薩底憂鬱CD將菩薩情懷及禪宗公案寫成新詞，並製作成超越意境的優美歌曲。1.主題曲〈菩薩底憂鬱〉，描述地後菩薩能離三界生死而迴向繼續生在人間，但因尚未斷盡習氣種子而有極深沈之憂鬱，非三賢位菩薩及二乘聖者所知，此憂鬱在七地滿心位方才斷盡；本曲之詞中所說義理極深，昔來所未曾見；此曲係以優美的情歌風格寫詞及作曲，聞者得以激發嚮往諸地菩薩境界之大心，詞、曲都非常優美，難得一見；其中勝妙義理之解說，已印在附贈之彩色小冊中。2.以各輯公案拈提中直示禪門入處之頌文，作成各種不同曲風之超意境歌曲，值得玩味、參究；聆聽公案拈提之優美歌曲時，請同時閱讀內附之印刷精美說明小冊，可以領會超越三界的證悟境界；未悟者可以因此引發求悟之意向及疑情，眞發菩提心而邁向求悟之途，乃至因此眞實悟入般若，成眞菩薩。3.正覺總持咒新曲，總持佛法大意；總持咒之義理，已加以解說並印在隨附之小冊中。本CD共有十首歌曲，長達63分鐘，附贈二張購書優惠券。每片280元。

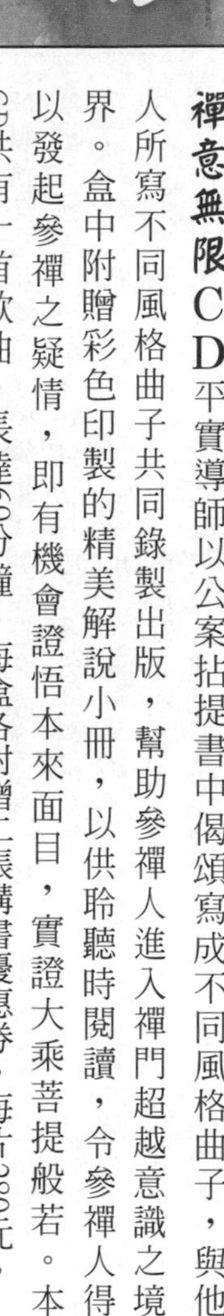

禪意無限CD平實導師以公案拈提書中偈頌寫成不同風格曲子，與他人所寫不同風格曲子共同錄製出版，幫助參禪人進入禪門超越意識之境界。盒中附贈彩色印製的精美解說小冊，以供聆聽時閱讀，令參禪人得以發起參禪之疑情，即有機會證悟本來面目，實證大乘菩提般若。本CD共有十首歌曲，長達69分鐘，每盒各附贈二張購書優惠券。每片280元。

金剛經宗通：三界唯心，萬法唯識，是成佛之修證內容，是諸地菩薩之所修；般若則是成佛之道（實證三界唯心、萬法唯識）的入門，若未證悟實相般若，即無成佛之可能，必將永在外門廣行菩薩六度，永在凡夫位中。然而實相般若的發起，全賴實證萬法的實相；若欲證知萬法的眞相，則必須探究萬法之所從來，則須實證自心如來—金剛心如來藏，然後現觀這個金剛心的金剛性、眞實性、如如性、清淨性、涅槃性、能生萬法的自性性、本住性，名爲證眞如；進而現觀三界六道唯是此金剛心所成，人間萬法須藉八識心王和合運作方能現起。如是實證《華嚴經》的「三界唯心、萬法唯識」以後，由此等現觀而發起實相般若智慧，繼續進修第十住位的如幻觀、第十行位的陽焰觀、第十迴向位的如夢觀，再生起增上意樂而勇發十無盡願，方能滿足三賢位的實證，轉入初地；自知成佛之道而無偏倚，從此按部就班、次第進修乃至成佛。第八識自心如來是般若智慧之所依，般若智慧的修證則要從實證金剛心自心如來開始；《金剛經》則是解說自心如來之經典，是一切三賢位菩薩所應進修之實相般若經典。這一套書，是將平實導師宣講的《金剛經宗通》內容，整理成文字而流通之；書中所說義理，迥異古今諸家依文解義之說，指出大乘見道方向與理路，有益於禪宗學人求開悟見道，及轉入內門廣修六度萬行。講述完畢後結集出版，總共9輯，每輯約三百餘頁，售價各250元。

空行母—性別、身分定位，以及藏傳佛教：本書作者爲蘇格蘭哲學家，因爲嚮往佛教深妙的哲學內涵，於是進入當年盛行於歐美的假藏傳佛教密宗，擔任卡盧仁波切的翻譯工作多年以後，被邀請成爲卡盧的空行母（又名佛母、明妃），開始了她在密宗裡的實修過程；後來發覺在密宗雙身法中的修行，其實無法使自己成佛，也發覺密宗對女性岐視而處處貶抑，並剝奪女性在雙身法中擔任一半角色時應有的身分定位。當她發覺自己只是雙身法中被喇嘛利用的工具，沒有獲得絲毫應有的尊重與基本定位時，發現了密宗的父權社會控制女性的本質；於是作者傷心地離開了卡盧仁波切與密宗，但是卻被恐嚇不許講出她在密宗裡的經歷，也不許她說出自己對密宗的教義與教制下對女性剝削的本質，否則將被咒殺死亡。後來她去加拿大定居，十餘年後方才擺脫這個恐嚇陰影，下定決心將親身經歷的實情及觀察到的事實寫下來並且出版，公諸於世。出版之後，她被流亡的達賴集團人士大力攻訐，誣指她爲精神狀態失常、說謊……等。但有智之士並未被達賴集團的政治操作及各國政府政治運作吹捧達賴的表相所欺，使她的書銷售無阻而又再版。正智出版社鑑於作者此書是親身經歷的事實，所說具有針對「藏傳佛教」而作學術研究的價值，也有使人認清假藏傳佛教剝削佛母、明妃的男性本位實質，因此洽請作者同意中譯而出版於華人地區。珍妮·坎貝爾女士著，呂艾倫 中譯，每冊250元。

霧峰無霧—給哥哥的信：本書作者藉兄弟之間信件往來論義，略述佛法大義；並以多篇短文辨義，舉出釋印順對佛法的無量誤解證據，並一一給予簡單而清晰的辨正，令人一讀即知。久讀、多讀之後即能認清楚釋印順的六識論見解，與眞實佛法之牴觸是多麼嚴重；於是在久讀、多讀之後，於不知不覺之間提升了對佛法的極深入理解，正知正見就在不知不覺間建立起來了。當三乘佛法的正知見建立起來之後，對於三乘菩提的見道條件便將隨之具足，於是聲聞解脫道的見道也就水到渠成；接著大乘見道的因緣也將次第成熟，未來自然也會有親見大乘菩提之道的因緣，悟入大乘實相般若也將自然成功，自能通達般若系列諸經而成實義菩薩。作者居住於南投縣霧峰鄉，自喻見道之後不復再見霧峰之霧，故鄉原野美景一一明見，於是立此書名爲《霧峰無霧》；讀者若欲撥霧見月，可以此書爲緣。游宗明 老師著 售價250元。

假藏傳佛教的神話—性、謊言、喇嘛教：本書編著者是由一首名叫「阿姊鼓」的歌曲爲緣起，展開了序幕，揭開假藏傳佛教—喇嘛教—的神祕面紗。其重點是蒐集、摘錄網路上質疑「喇嘛教」的帖子，以揭穿「假藏傳佛教的神話」爲主題，串聯成書，並附加彩色插圖以及說明，讓讀者們瞭解西藏密宗及相關人事如何被操作爲「神話」的過程，以及神話背後的眞相。作者：張正玄教授。售價200元。

達賴真面目—玩盡天下女人：假使您不想戴綠帽子，請記得詳細閱讀此書；假使您不想讓好朋友戴綠帽子，請您將此書介紹給您的好朋友。假使您想保護家中的女性，也想要保護好朋友的女眷，請記得將此書送給家中的女性和好友的女眷都來閱讀。本書爲印刷精美的大本彩色中英對照精裝本，爲您揭開達賴喇嘛的眞面目，內容精彩不容錯過，爲利益社會大眾，特別以優惠價格嘉惠所有讀者。編著者：白志偉等。大開版雪銅紙彩色精裝本。售價800元。

喇嘛性世界—揭開假藏傳佛教譚崔瑜伽的面紗：這個世界中的喇嘛，號稱來自世外桃源的香格里拉，穿著或紅或黃的喇嘛長袍，散布於我們的身邊傳教灌頂，吸引了無數的人嚮往學習；這些喇嘛虔誠地爲大眾祈福，手中拿著寶杵（金剛）與寶鈴（蓮花），口中唸著咒語：「唵．嘛呢．叭咪．吽……」，咒語的意思是說：「我至誠歸命金剛杵上的寶珠伸向蓮花寶穴之中」！「喇嘛性世界」是什麼樣的「世界」呢？本書將爲您呈現喇嘛世界的面貌。當您發現眞相以後，您將會唸：「噢！喇嘛．性．世界，譚崔性交嘛！」作者：張善思、呂艾倫。售價200元。

末代達賴──性交教主的悲歌：簡介從藏傳僞佛教（喇嘛教）的修行核心──性力派男女雙修，探討達賴喇嘛及藏傳僞佛教的修行內涵。書中引用外國知名學者著作、世界各地新聞報導，包含：歷代達賴喇嘛的祕史、達賴六世修雙身法的事蹟，以及《時輪續》中的性交灌頂儀式……等；達賴喇嘛書中開示的雙修法、達賴喇嘛的黑暗政治手段；達賴喇嘛所領導的寺院爆發喇嘛性侵兒童；新聞報導《西藏生死書》作者索甲仁波切性侵女信徒、澳洲喇嘛秋達公開道歉、美國最大假藏傳佛教組織領導人邱陽創巴仁波切的性氾濫；等等事件背後眞相的揭露。作者：張善思、呂艾倫、辛燕。售價250元。

第七意識與第八意識？──穿越時空「超意識」：「三界唯心，萬法唯識」是佛教中應該實證的聖教，也是《華嚴經》中明載而可以實證的法界實相。唯心者，三界一切境界、一切諸法唯是一心所成就，即是每一個有情的第八識如來藏，不是意識心。唯識者，即是人類各各都具足的八識心王──眼識、耳鼻舌身意識、意根、阿賴耶識，第八阿賴耶識又名如來藏，人類五陰相應的萬法，莫不由八識心王共同運作而成就，故說萬法唯識。依聖教量及現量、比量，都可以證明意識是二法因緣生，是由第八識藉意根與法塵二法爲因緣而出生，又是夜夜斷滅不存之生滅心，即無可能反過來出生第七識意根、第八識如來藏，當知不可能從生滅性的意識心中，細分出恆審思量的第七識意根，更無可能細分出恆而不審的第八識如來藏。本書是將演講內容整理成文字，細說如是內容，並已在〈正覺電子報〉連載完畢，今彙集成書以廣流通，欲幫助佛門有緣人斷除意識我見，跳脫於識陰之外而取證聲聞初果；嗣後修學禪宗時即得不墮外道神我之中，得以求證第八識金剛心而發起般若實智。平實導師 述，每冊300元。

黯淡的達賴—失去光彩的諾貝爾和平獎：本書舉出很多證據與論述，詳述達賴喇嘛不爲世人所知的一面，顯示達賴喇嘛並不是眞正的和平使者，而是假借諾貝爾和平獎的光環來欺騙世人；透過本書的說明與舉證，讀者可以更清楚的瞭解，達賴喇嘛是結合暴力、黑暗、淫欲於喇嘛教裡的集團首領，其政治行爲與宗教主張，早已讓諾貝爾和平獎的光環染污了。　本書由財團法人正覺教育基金會寫作、編輯，由正覺出版社印行，每冊250元。

童女迦葉考—論呂凱文〈佛教輪迴思想的論述分析〉之謬：童女迦葉是佛世率領五百大比丘遊行於人間的歷史事實，是以童貞行而依止菩薩戒弘化於人間的大菩薩，不依別解脫戒（聲聞戒）來弘化於人間。這是大乘佛教與聲聞佛教同時存在於佛世的歷史明證，證明大乘佛教不是從聲聞法中分裂出來的部派佛教的產物，卻是聲聞佛教分裂出來的部派佛教聲聞凡夫僧所不樂見的史實；於是古今聲聞法中的凡夫都欲加以扭曲而作詭說，更是末法時代高聲大呼「大乘非佛說」的六識論聲聞凡夫極力想要扭曲的佛教史實之一，於是想方設法扭曲迦葉菩薩爲聲聞僧，以及扭曲迦葉童女爲比丘僧等荒謬不實之論著便陸續出現，古時聲聞僧寫作的《分別功德論》是最具體之事例，現代之代表作則是呂凱文先生的〈佛教輪迴思想的論述分析〉論文。鑑於如是假藉學術考證以籠罩大眾之不實謬論，未來仍將繼續造作及流竄於佛教界，繼續扼殺大乘佛教學人法身慧命，必須舉證辨正之，遂成此書。平實導師 著，每冊180元。

人間佛教—實證者必定不悖三乘菩提：「大乘非佛說」的講法似乎流傳已久，卻只是日本人企圖擺脫中國正統佛教的影響，而在明治維新時期才開始提出來的說法；台灣佛教、大陸佛教的淺學無智之人，由於未曾實證佛法而迷信日本人錯誤的學術考證，錯認爲這些別有用心的日本佛學考證的講法爲天竺佛教的眞實歷史；甚至還有更激進的反對佛教者提出「釋迦牟尼佛並非眞實存在，只是後人捏造的假歷史人物」，竟然也有少數人願意跟著「學術」的假光環而信受不疑，於是開始有一些佛教界人士造作了反對中國佛教而推崇南洋小乘佛教的行爲，使佛教的信仰者難以檢擇，導致一般大陸人士開始轉入基督教的盲目迷信中。在這些佛教及外教人士之中，也就有一分人根據此邪說而大聲主張「大乘非佛說」的謬論，這些人以「人間佛教」的名義來抵制中國正統佛教，公然宣稱中國的大乘佛教是由聲聞部派佛教的凡夫僧所創造出來的。這樣的說法流傳於台灣及大陸佛教界凡夫僧之中已久，卻非眞正的佛教歷史中曾經發生過的事，只是繼承六識論的聲聞法中凡夫僧依自己的意識境界立場，純憑臆想而編造出來的妄想說法，卻已經影響許多無智之凡夫僧俗信受不移。本書則是從佛教的經藏法義實質及實證的現量內涵本質立論，證明大乘佛法本是佛說，是從《阿含正義》尚未說過的不同面向來討論「人間佛教」的議題，證明「大乘眞佛說」。閱讀本書可以斷除六識論邪見，迴入三乘菩提正道發起實證的因緣；也能斷除禪宗學人學禪時普遍存在之錯誤知見，對於建立參禪時的正知見有很深的著墨。平實導師 述，內文488頁，全書528頁，定價400元。

見性與看話頭：黃正倖老師的《見性與看話頭》於《正覺電子報》連載完畢，今集結出版。書中詳說禪宗看話頭的詳細方法，並細說看話頭與眼見佛性的關係，以及眼見佛性者求見佛性前必須具備的條件。本書是禪宗實修者追求明心開悟時參禪的方法書，也是求見佛性者作功夫時必讀的方法書，內容兼顧眼見佛性的理論與實修之方法，是依實修之體驗配合理論而詳述，條理分明而且極爲詳實、周全、深入。本書內文375頁，全書416頁，售價300元。

中觀金鑑—詳述應成派中觀的起源與其破法本質：學佛人往往迷於中觀學派之不同學說，被應成派與自續派所迷惑；修學般若中觀二十年後自以爲實證般若中觀了，卻仍不曾入門，甫聞實證般若中觀者之所說，則茫無所知，迷惑不解；隨後信心盡失，不知如何實證佛法；凡此，皆因惑於這二派中觀學說所致。自續派中觀所說同於常見，以意識境界立爲第八識如來藏之境界，應成派所說則同於斷見，但又同立意識爲常住法，故亦具足斷常二見。今者孫正德老師有鑑於此，乃將起源於密宗的應成派中觀學說，追本溯源，詳考其來源之外，亦一一舉證其立論內容，詳加辨正，令密宗雙身法祖師以識陰境界而造之應成派中觀學說本質，詳細呈現於學人眼前，令其維護雙身法之目的無所遁形。若欲遠離密宗此二大派中觀謬說，欲於三乘菩提有所進道者，允宜具足閱讀並細加思惟，反覆讀之以後將可捨棄邪道返歸正道，則於般若之實證即有可能，證後自能現觀如來藏之中道境界而成就中觀。本書分上、中、下三冊，每冊250元，已全部出版完畢。

真心告訴您(一)—達賴喇嘛在幹什麼？這是一本報導篇章的選集，更是「破邪顯正」的暮鼓晨鐘。「破邪」是戳破假象，說明達賴喇嘛及其所率領的密宗四大派法王、喇嘛們，弘傳的佛法是仿冒的佛法；他們是假藏傳佛教，是坦特羅(譚崔性交)外道法和藏地崇奉鬼神的苯教混合成的「喇嘛教」，推廣的是以所謂「無上瑜伽」的男女雙身法冒充佛法的假佛教，詐財騙色誤導眾生，常常造成信徒家庭破碎、家中兒少失怙的嚴重後果。「顯正」是揭櫫眞相，指出眞正的藏傳佛教只有一個，就是覺囊巴，傳的是 釋迦牟尼佛演繹的第八識如來藏妙法，稱爲他空見大中觀。正覺教育基金會即以此古今輝映的如來藏正法正知見，在眞心新聞網中逐次報導出來，將箇中原委「眞心告訴您」，如今結集成書，與想要知道密宗眞相的您分享。售價250元。

實相經宗通：學佛之目的在於實證一切法界背後之實相，禪宗稱之為本來面目或本地風光，佛菩提道中稱之為實相法界；此實相法界即是金剛藏，又名佛法之祕密藏，即是能生有情五陰、十八界及宇宙萬有（山河大地、諸天、三惡道世間）的第八識如來藏，又名阿賴耶識心，即是禪宗祖師所說的眞如心，此心即是三界萬有背後的實相。證得此第八識心時，自能瞭解般若諸經中隱說的種種密意，即得發起實相般若——實相智慧。每見學佛人修學佛法二十年後仍對實相般若茫然無知，亦不知如何入門，茫無所趣；更因不知三乘菩提的互異互同，是故越是久學者對佛法越覺茫然，都肇因於尚未瞭解佛法的全貌，亦未瞭解佛法的修證內容即是第八識心所致。本書對於修學佛法者所應實證的實相境界提出明確解析，並提示趣入佛菩提道的入手處，有心親證實相般若的佛法實修者，宜詳讀之，於佛菩提道之實證即有下手處。平實導師述著，共八輯，全部出版完畢，每輯成本價250元。

法華經講義：此書為平實導師始從2009/7/21演述至2014/1/14之講經錄音整理所成。世尊一代時教，總分五時三教，即是華嚴時、聲聞緣覺教、般若教、種智唯識教、法華時；依此五時三教區分為藏、通、別、圓四教。本經是最後一時的圓教經典，圓滿收攝一切法教於本經中，是故最後的圓教聖訓中，特地指出無有三乘菩提，其實唯有一佛乘；皆因眾生愚迷故，方便區分為三乘菩提以助眾生證道。世尊於此經中特地說明如來示現於人間的唯一大事因緣，便是為有緣眾生「開、示、悟、入」諸佛的所知所見——第八識如來藏妙眞如心，並於諸品中隱說「妙法蓮花」如來藏心的密意。然因此經所說甚深難解，眞義隱晦，古來難得有人能窺堂奧；平實導師以知如是密意故，特為末法佛門四眾演述《妙法蓮華經》中各品蘊含之密意，使古來未曾被古德註解出來的「此經」密意，如實顯示於當代學人眼前。乃至〈藥王菩薩本事品〉、〈妙音菩薩品〉、〈觀世音菩薩普門品〉、〈普賢菩薩勸發品〉中的微細密意，亦皆一併詳述之，開前人所未曾言之密意，示前人所未見之妙法。最後乃至以〈法華大意〉而總其成，全經妙旨貫通始終，而依佛旨圓攝於一心如來藏妙心，厥為曠古未有之大說也。平實導師述　已於2015/5/31起出版第一輯，每兩個月出版一輯，共有25輯。每輯300元。

西藏「活佛轉世」制度—附佛、造神、世俗法：歷來關於喇嘛教活佛轉世的研究，多針對歷史及文化兩部分，於其所以成立的理論基礎，較少系統化的探討。尤其是此制度是否依據「佛法」而施設？是否合乎佛法眞實義？現有的文獻大多含糊其詞，或人云亦云，不曾有明確的闡釋與如實的見解。因此本文先從活佛轉世的由來，探索此制度的起源、背景與功能，並進而從活佛的尋訪與認證之過程，發掘活佛轉世的特徵，以確認「活佛轉世」在佛法中應具足何種果德。定價150元。

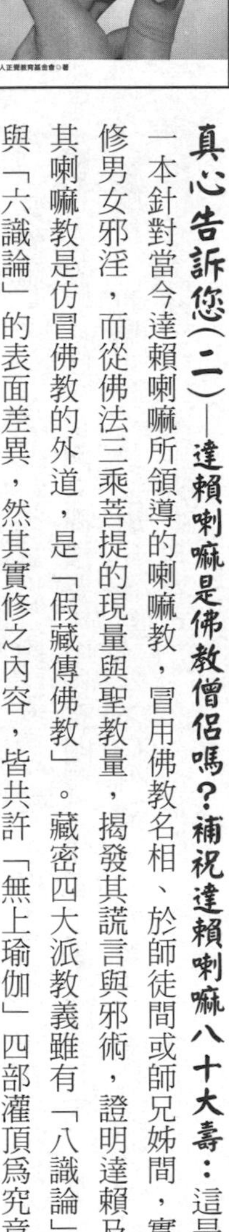

眞心告訴您(二)—達賴喇嘛是佛教僧侶嗎？補祝達賴喇嘛八十大壽：這是一本針對當今達賴喇嘛所領導的喇嘛教，冒用佛教名相、於師徒間或師兄姊間，實修男女邪淫，而從佛法三乘菩提的現量與聖教量，揭發其謊言與邪術，證明達賴及其喇嘛教是仿冒佛教的外道，是「假藏傳佛教」。藏密四大派教義雖有「八識論」與「六識論」的表面差異，然其實修之內容，皆共許「無上瑜伽」四部灌頂爲究竟「成佛」之法門，也就是共以男女雙修之邪淫法爲「即身成佛」之密要，雖美其名曰「欲貪爲道」之「金剛乘」，並誇稱其成就超越於（應身佛）釋迦牟尼佛所傳之顯教般若乘之上；然詳考其理論，則或以意識離念時之粗細心爲第八識如來藏，或以中脈裡的明點爲第八識如來藏，或如宗喀巴與達賴堅決主張第六意識爲常恆不變之眞心者，分別墮於外道之常見與斷見中；全然違背　佛說能生五蘊之如來藏的實質。售價300元。

修習止觀坐禪法要講記：修學四禪八定之人，往往錯會禪定之修學知見，欲以無止盡之坐禪而證禪定境界，卻不知修除性障之行門才是修證四禪八定不可或缺之要素，故智者大師云「性障初禪」；性障不除，初禪永不現前，云何修證二禪等？又：行者學定，若唯知數息，而不解六妙門之方便善巧者，欲求一心入定，極難可得，智者大師名之爲「事障未來」：障礙未到地定之修證。又禪定之修證，不可違背二乘菩提及第一義法，否則縱使具足四禪八定，亦不能實證涅槃而出三界。此諸知見，智者大師於《修習止觀坐禪法要》中皆有闡釋。作者平實導師以其第一義之見地及禪定之實證證量，曾加以詳細解析。將俟正覺寺竣工啓用後重講，不限制聽講者資格；講後將以語體文整理出版。欲修習世間定及增上定之學者，宜細讀之。平實導師述著。

解深密經講記：本經係 世尊晚年第三轉法輪，宣說地上菩薩所應熏修之唯識正義經典，經中所說義理乃是大乘一切種智增上慧學，以阿陀那識—如來藏—阿賴耶識爲主體。禪宗之證悟者，若欲修證初地無生法忍乃至八地無生法忍者，必須修學《楞伽經、解深密經》所說之八識心王一切種智；此二經所說正法，方是眞正成佛之道；印順法師否定如來藏之後所說萬法緣起性空之法，是以誤會後之二乘解脫道取代大乘眞正成佛之道，亦已墮於斷滅見中，不可謂爲成佛之道也。平實導師曾於本會郭故理事長往生時，於喪宅中從初七至第十七，宣講圓滿，作爲郭老之往生佛事功德，迴向郭老早證八地、速返娑婆住持正法；茲爲今時後世學人故，將擇期重講《解深密經》，以淺顯之語句講畢後將會整理成文，用供證悟者進道；亦令諸方未悟者，據此經中佛語正義，修正邪見，依之速能入道。平實導師述著，全書輯數未定，每輯三百餘頁，將於未來重講完畢後逐輯出版。

佛法入門：學佛人往往修學二十年後仍不知如何入門，茫無所入漫無方向，不知如何實證佛法；更因不知三乘菩提的互異互同之處，導致越是久學者越覺茫然，都是肇因於尚未瞭解佛法的全貌所致。本書對於佛法的全貌提出明確的輪廓，並說明三乘菩提的異同處，讀後即可輕易瞭解佛法全貌，數日內即可明瞭三乘菩提入門方向與下手處。○○菩薩著 出版日期未定。

阿含講記——小乘解脫道之修證：數百年來，南傳佛法所說證果之不實，所說解脫道之虛妄，所弘解脫道法義之世俗化，皆已少人知之；從南洋傳入台灣與大陸之後，所說法義虛謬之事，亦復少人知之；今時台灣全島印順系統之法師居士，多不知南傳佛法數百年來所說解脫道之義理已然偏斜、已然世俗化、已非眞正之二乘解脫正道，猶極力推崇與弘揚。彼等南傳佛法近代所謂之證果者多非眞實證果者，譬如阿迦曼、葛印卡、帕奧禪師、一行禪師……等人，悉皆未斷我見故。近年更有台灣南部大願法師，高抬南傳佛法之二乘修證行門為「捷徑究竟解脫之道」者，然而南傳佛法縱使眞修實證，得成阿羅漢，至高唯是二乘菩提解脫之道，絕非究竟解脫，無餘涅槃中之實際尚未得證故，法界之實相尚未了知故，習氣種子待除故，一切種智未實證故，焉得謂為「究竟解脫」？即使南傳佛法近代眞有實證之阿羅漢，尚且不及三賢位中之七住明心菩薩本來自性清淨涅槃智慧境界，不知此賢位菩薩所證之無餘涅槃實際，仍非大乘佛法中之見道者，何況普未實證聲聞果乃至未斷我見之人？謬充證果已屬逾越，更何況是誤會二乘菩提之後，以未斷我見之凡夫知見所說之二乘菩提解脫偏斜法道，焉可高抬為「究竟解脫」？而且自稱「捷徑之道」？又妄言解脫之道即是成佛之道，完全否定般若實智、否定三乘菩提所依之如來藏心體，此理大大不通也！平實導師為令修學二乘菩提欲證解脫果者，普得迴入二乘菩提正見、正道中，是故選錄四阿含諸經中，對於二乘解脫道法義有具足圓滿說明之經典，預定未來十年內將會加以詳細講解，令學佛人得以了知二乘解脫道之修證理路與行門，庶免被人誤導之後，未證言證，干犯道禁，成大妄語，欲升反墮。本書首重斷除我見，以助行者斷除我見而實證初果為著眼之目標，若能根據此書內容，配合平實老師所著《識蘊眞義》《阿含正義》內涵而作實地觀行，實證初果非為難事，行者可以藉此三書自行確認聲聞初果為實際可得現觀成就之事。此書中除依二乘經典所說加以宣示外，亦依斷除我見等之證量，及大乘法中道種智之證量，對於意識心之體性加以細述，令諸二乘學人必定得斷我見、常見，免除三縛結之繫縛。次則宣示斷除我執之理，欲令升進而得薄貪瞋痴，乃至斷五下分結…等。平實導師述，共二冊，每冊三百餘頁。每輯300元。

總經銷： 飛鴻 國際行銷股份有限公司
231 新北市新店市中正路 501 之 9 號 2 樓
Tel.02－82186688（五線代表號） Fax.02-82186458、82186459

零售：1.**全台連鎖經銷書局：**
三民書局、誠品書局、何嘉仁書店
敦煌書店、紀伊國屋、金石堂書局、建宏書局

2.**台北市：**佛化人生 羅斯福路 3 段 325 號 6 樓之 4　台電大樓對面

3.**新北市：**春大地書店 **蘆洲**中正路 117 號

4.**桃園市縣：**誠品書局 **桃園市**中正路 20 號遠東百貨地下室一樓
金石堂 **桃園市**大同路 24 號　金石堂 **桃園**八德市介壽路 1 段 987 號
諾貝爾圖書城 **桃園市**中正路 56 號地下室　御書堂 **龍潭**中正路 123 號
墊腳石文化書店 **中壢市**中正路 89 號

5.**新竹市縣：**大學書局 **新竹**建功路 10 號　誠品書局 **新竹**東區信義街 68 號
誠品書局 **新竹**東區中央路 229 號 5 樓　誠品書局 **新竹**東區力行二路 3 號
墊腳石文化書店 **新竹**中正路 38 號

6.**台中市：**　瑞成書局、各大連鎖書店。
詠春書局 **台中市**永春東路 884 號　文春書局 **霧峰**中正路 1087 號

7.**彰化市縣：**心泉佛教流通處 **彰化市**南瑤路 286 號
員林鎮：墊腳石圖書文化廣場 中山路 2 段 49 號（04-8338485）

8.**台南市：**博大書局　**新營**三民路 128 號
藝美書局 **善化**中山路 436 號　宏欣書局 **佳里**光復路 214 號

9.**高雄市：**各大連鎖書店、**瑞成**書局
政大書城 **三民區**明仁路 161 號　政大書城 **苓雅區**光華路 148-83 號
明儀書局 **三民區**明福街 2 號　明儀書局 三多四路 63 號
青年書局 青年一路 141 號

10.**宜蘭縣市：**金隆書局　宜蘭市中山路 3 段 43 號
宋太太梅鋪　羅東鎮中正北路 101 號（039-534909）

11.**台東市：**東普佛教文物流通處 台東市博愛路 282 號

12.**其餘鄉鎮市經銷書局：**請電詢總經銷**飛鴻**公司。

13.**大陸地區請洽：**

香港：樂文書店
旺角店 :香港九龍旺角西洋菜街 62 號 3 樓
電話 : (852) 2390 3723 email: luckwinbooks@gmail.com
銅鑼灣店 :香港銅鑼灣駱克道 506 號 2 樓
電話 : (852) 2881 1150 email: luckwinbs@gmail.com

廈門：廈門外圖臺灣書店有限公司
地址：廈門市思明區湖濱南路 809 號 廈門外圖書城 3 樓 郵編：361004
電話：0592-5061658（臺灣地區請撥打 86-592-5061658）
E-mail：JKB118＠188.COM

14.**美國：世界日報圖書部：**紐約圖書部　電話 7187468889#6262
洛杉磯圖書部　電話 3232616972#202

15.**國內外地區網路購書：**

正智出版社 書香園地　http://books.enlighten.org.tw/
（書籍簡介、直接聯結下列網路書局購書）

三民 網路書局　http://www.Sanmin.com.tw

誠品 網路書局　http://www.eslitebooks.com

博客來 網路書局　http://www.books.com.tw

金石堂 網路書局　http://www.kingstone.com.tw

飛鴻 網路書局　http://fh6688.com.tw

附註：1.請儘量向各經銷書局購買：郵政劃撥需要十天才能寄到（本公司在您劃撥後第四天才能接到劃撥單，次日寄出後第四天您才能收到書籍，此八天中一定會遇到週休二日，是故共需十天才能收到書籍）若想要早日收到書籍者，請劃撥完畢後，將劃撥收據貼在紙上，旁邊寫上您的姓名、住址、郵區、電話、買書詳細內容，直接傳眞到本公司 02-28344822，並來電 02-28316727、28327495 確認是否已收到您的傳眞，即可提前收到書籍。 2.因台灣每月皆有五十餘種宗教類書籍上架，書局書架空間有限，故唯有新書方有機會上架，通常每次只能有一本新書上架；本公司出版新書，大多上架不久便已售出，若書局未再叫貨補充者，書架上即無新書陳列，則請直接向書局櫃台訂購。 3.若書局不便代購時，可於晚上共修時間向正覺同修會各共修處請購（共修時間及地點，詳閱**共修現況表**。每年例行年假期間請勿前往請書，年假期間請見共修現況表）。 4.郵購：郵政劃撥帳號 19068241。 5.正覺同修會會員購書都以八折計價（戶籍台北市者爲一般會員，外縣市爲護持會員）都可獲得優待，欲一次購買全部書籍者，可以考慮入會，節省書費。入會費一千元（第一年初加入時才需要繳），年費二千元。**6.尚未出版之書籍，請勿預先郵寄書款與本公司，謝謝您！** 7.若欲一次購齊本公司書籍，或同時取得正覺同修會贈閱之全部書籍者，請於正覺同修會共修時間，親到各共修處請購及索取；**台北市讀者**請洽：103 台北市承德路三段 267 號 10 樓（捷運淡水線 圓山站旁）請書時間：週一至週五爲 18.00~21.00，第一、三、五週週六爲 10.00~21.00，雙週之週六爲 10.00~18.00 請購處專線電話：25957295-分機 14（於請書時間方有人接聽）。

敬告大陸讀者：

大陸讀者購書、索書捷徑（尚未在大陸出版的書籍，以下二個途徑都可以購得，電子書另包括結緣書籍）：

1.廈門外國圖書公司：廈門市思明區湖濱南路 809 號 廈門外圖書城 3F
郵編：361004　電話：0592-5061658　網址：JKB118＠188.COM

2.電子書：正智出版社有限公司及正覺同修會在台灣印行的各種局版書、結緣書，已有『**正覺電子書**』陸續上線中，提供讀者於手機、平板電腦上購書、下載、閱讀正智出版社、正覺同修會及正覺教育基金會所出版之電子書，詳細訊息敬請參閱『正覺電子書』專頁：http://books.enlighten.org.tw/ebook

關於平實導師的書訊，請上網查閱：

成佛之道　http://www.a202.idv.tw

正智出版社 書香園地　http://books.enlighten.org.tw/

中國網採訪佛教正覺同修會、正覺教育基金會訊息：

http://big5.china.com.cn/gate/big5/fangtan.china.com.cn/2014-06/19/content 32714638.htm

http://pinpai.china.com.cn/

★ 正智出版社有限公司售書之稅後盈餘，全部捐助財團法人正覺寺籌備處、佛教正覺同修會、正覺教育基金會，供作弘法及購建道場之用；懇請諸方大德支持，功德無量。

★ 聲　明 ★

本社於 2015/01/01 開始調整本目錄中部分書籍之售價，以因應各項成本的持續增加。

＊ 喇嘛教修外道雙身法、墮識陰境界，非佛教 ＊

＊ 弘揚如來藏他空見的覺囊派才是真正藏傳佛教 ＊

售後服務—換書啓事(免附回郵)　2012/09/24

《楞嚴經講記》第 14 輯初版首刷本免費調換新書啓事：本講記第 14 輯出版前因 平實導師諸事繁忙，未將之重新閱讀而只改正校對時發現的錯別字，故未能發覺十年前所說法義有部分錯誤，於第 15 輯付印前重閱時才發覺第 14 輯中有部分錯誤尚未改正。今已重新審閱修改並已重印完成，煩請所有讀者將以前所購第 14 輯初版首刷本，寄回本社免費換新(初版二刷本無錯誤)，本社將於寄回新書時同時附上您寄書回來換新時所付的郵資，並在此向所有讀者致上最誠懇的歉意。

《心經密意》初版書免費調換二版新書啓事：本書係演講錄音整理成書，講時因時間所限，省略部分段落未講。後於再版時補寫增加 13 頁，維持原價流通之。茲為顧及初版讀者權益，自 2003/9/30 開始免費調換新書，原有初版一刷、二刷書籍，皆可寄來本來公司換書。

《宗門法眼》已經增寫改版為 464 頁新書，2008 年 6 月中旬出版。讀者原有初版之第一刷、第二刷書本，都可以寄回本社免費調換改版新書。改版後之公案及錯悟事例維持不變，但將內容加以增說，較改版前更具有廣度與深度，將更能助益讀者參究實相。

換書者免附回郵，亦無截止期限；舊書請寄：111 台北郵政 73-151 號信箱 或 103 台北市承德路三段 267 號 10 樓 正智出版社有限公司。舊書若有塗鴨、殘缺、破損者，仍可換取新書；但缺頁之舊書至少應仍有五分之三頁數，方可換書。所有讀者不必顧念本公司是否有盈餘之問題，都請踴躍寄來換書；本公司成立之目的不是營利，只要能眞實利益學人，即已達到成立及運作之目的。若以郵寄方式換書者，免附回郵；並於寄回新書時，由本社附上您寄來書籍時耗用的郵資。造成您不便之處，再次致上萬分的歉意。

正智出版社有限公司 啓

國家圖書館出版品預行編目(CIP)資料

金剛經宗通／平實導師述. －－初版. －－臺北市：
正智，2013.01
冊；　公分
ISBN 978-986-6431-33-3（第 1 輯：平裝）
ISBN 978-986-6431-37-1（第 2 輯：平裝）
ISBN 978-986-6431-38-8（第 3 輯：平裝）
ISBN 978-986-6431-39-5（第 4 輯：平裝）
ISBN 978-986-6431-48-7（第 5 輯：平裝）
ISBN 978-986-6431-49-4（第 6 輯：平裝）
ISBN 978-986-6431-50-0（第 7 輯：平裝）
ISBN 978-986-6431-51-7（第 8 輯：平裝）
ISBN 978-986-6431-60-9（第 9 輯：平裝）
1.般若部
221.44　　　　101007242

金剛經宗通——第二輯

著述者：平實導師
音文轉換：劉惠莉
校　對：章乃鈞 陳介源 孫淑貞 傅素嫻 王美伶
出版者：正智出版社有限公司
電話：〇二 28327495　28316727（白天）
傳眞：〇二 28344822
111 台北郵政 73-151 號信箱
郵政劃撥帳號：一九〇六八二四一
正覺講堂：總機〇二 25957295（夜間）
總經銷：飛鴻國際行銷股份有限公司
231 新北市新店區中正路 501-9 號 2 樓
電話：〇二 82186688（五線代表號）
傳眞：〇二 82186458　82186459
初版首刷：二〇一二年七月三十一日　二千冊
初版八刷：二〇一七年四月　二千冊
定　價：二五〇元